国家出版基金资助项目
中国城市建设技术文库
丛书主编 鲍家声

Research on the Theoretical Model, International Comparison and Key Planning Fields of Urban Shrinkage Governance

城市收缩治理的理论模型、国际比较和关键规划领域研究

周恺 戴燕归 夏依宁 著

华中科技大学出版社
http://press.hust.edu.cn
中国·武汉

图书在版编目（CIP）数据

城市收缩治理的理论模型、国际比较和关键规划领域研究 / 周恺，戴燕归，夏依宁著. -- 武汉：华中科技大学出版社，2024.7. --（中国城市建设技术文库）. -- ISBN 978-7-5772-1068-1

Ⅰ. F299.23

中国国家版本馆CIP数据核字第20241ZQ040号

城市收缩治理的理论模型、国际比较
和关键规划领域研究　　　　　　　　　　　周　恺　戴燕归　夏依宁　著

Chengshi Shousuo Zhili de Lilun Moxing、Guoji Bijiao
he Guanjian Guihua Lingyu Yanjiu

出版发行：华中科技大学出版社（中国·武汉）	电话：（027）81321913
地　　址：武汉市东湖新技术开发区华工科技园	邮编：430223

策划编辑：金　紫
责任编辑：梁　任　　　　　　　　　　　　　　封面设计：王　娜
责任校对：王亚钦　　　　　　　　　　　　　　责任监印：朱　玢

审 图 号：湘S（2024）150号
录　　排：华中科技大学惠友文印中心
印　　刷：武汉科源印刷设计有限公司
开　　本：710 mm×1000 mm　1/16
印　　张：20.5
字　　数：342千字
版　　次：2024年7月第1版第1次印刷
定　　价：168.00元

投稿邮箱：283018479@qq.com
本书若有印装质量问题，请向出版社营销中心调换
全国免费服务热线：400-6679-118　　竭诚为您服务
版权所有　侵权必究

"中国城市建设技术文库"丛书编委会

主　编　鲍家声

委　员　（以姓氏笔画为序）

万　敏　　华中科技大学

王　林　　江苏科技大学

朱育帆　　清华大学

张孟喜　　上海大学

胡　纹　　重庆大学

顾保南　　同济大学

顾馥保　　郑州大学

戴文亭　　吉林大学

作者简介

周 恺 湖南大学建筑与规划学院教授，英国曼彻斯特大学博士，美国富布赖特学者，注册城乡规划师；主要研究方向为收缩城市及其规划应对、社会公正和规划价值观；主要社会兼职包括收缩城市国际研究网络（Shrinking City International Research Network, SCIRN）成员，中国收缩城市研究网络（Shrinking City Research Network of China, SCRNC）成员，中国城市规划学会城乡治理与政策研究专业委员会青年委员，中国城市科学研究会城市转型与创新研究专业委员会委员，中国自然资源学会国土空间规划研究专业委员会委员，中国国土经济学会国土空间规划专业委员会委员。

戴燕归 湖南大学建筑与规划学院博士生；主要研究方向为收缩城市、社会公正与空间正义、人口回流与城乡发展；参与国家自然科学基金项目1项，参与编纂和翻译著作多本，公开发表论文多篇，《世界地理研究》期刊审稿人；曾获得"2021年金经昌中国城市规划优秀论文遴选"佳作奖。

夏依宁 湖南大学建筑与规划学院博士生，注册城乡规划师；主要研究方向为空间评价体系构建、社会公正和规划价值观；参与省级重大规划编制以及技术指南制定多项，参与编纂和翻译著作多本，公开发表论文多篇。

序　言

本书是对我们过去近十年积累的"收缩城市"（shrinking city）研究成果的整理和汇编。十年前，在很多学术会议上，收缩城市的概念还屡屡受到质疑，但是，如今越来越多的研究者开始关注收缩城市研究话题，越来越丰富的论文成果被发表，各种学术会议中也常有相关议题。推动这种观念转变的因素很多，如经济发展方式的转变、建设生态文明的要求、人口发展转型进入新阶段、内部和外部发展新格局的出现等，但是，其根本原因还是收缩城市研究话题本身具有独特吸引力。

首先，这个研究话题弥补了原有城镇化研究所忽略的一面，从增长的反面（即收缩）来理解城镇化的过程和影响。这一领域的研究帮助我们理解城市发展周期后半程的现象和规律。并且，当我们习惯了制定服务于增长的城市政策和规划方案时，这也是在提醒大家，有必要思考如何应对可能的收缩趋势并解决城市收缩时产生的社会、经济、空间问题。

其次，这个话题具有广阔的全球视野，也涉及独特的历史过程。一方面，城市收缩现象在世界各地普遍出现，如西欧工业城市和港口城市的衰败，中东欧在政治变革中大量人口向西欧迁移，日本在"老龄化""少子化"下出现"消失的城市"，美国五大湖地区的锈带城市等，它们相互关联又各有特点。另一方面，在历史时间轴上，研究者看到全球化、郊区化、工业化、去工业化都能影响城市的增长和收缩，工业化革命、信息化革命也都可能导致城市的崛起和衰败，城市发展中的起伏长久不绝。

最后，研究者对收缩城市的研究热情也源于人本关怀。成功的城市总是研究者乐于发掘的故事，失败的城市也是学术界应该面对的问题。虽然资本的空间流动、产业的搬迁转移、企业的兴衰罔替、城市的繁荣萧条，这些在很多人眼中是"自然而然"的过程，但是必须注意到，在人口、经济数据变化的背后，是一个个城市居民的生存境况。资本、产业、企业是流动的，但是并不是所有的人都能一直追随它们的步伐，在空间上不断迁徙。因此，在收缩的城市中我们看到了很多离不开的人和不愿离开的人。如何让这些人在收缩的城市中依然体面地生活，是收缩城市研究关注的重点。

未来，人类美好的生活很多都会在城市中发生，城市仍然会是高品质生活的主要载体。收缩城市的研究者并不反对城镇化和增长，更加不是在唱衰发展，而是真诚地希望生活在城市中的人，不管是在城市的增长阶段还是收缩阶段，都能够同等地享受到城市生活的美好。城市的管理者和规划师不仅需要促进城市增长期的繁荣，也应该用各种政策和技术，保障城市收缩期的可持续发展。为了实现这一目标，我们需要对收缩城市进行现象、机制、政策和治理等多个层面上的研究和思考。

基于上述思路，本书分为五个部分进行讲解：理论模型、国际比较、规划应对、实证研究、未来展望。

第一部分"理论模型"是对背景、概念和理论的阐释。这个部分包含两章。第1章"收缩城市：逆增长情境下的城市发展路径"详细地解释了国际收缩城市的概念、现象和动因、过程机制、表现类型和影响后果、政策与规划应对。通过对理论发展脉络的梳理，希望能让读者对收缩城市研究的历程和前沿建立基本的认识。第2章"新时代背景下'紧凑+收缩'城市发展格局"阐述了当前时代发展下收缩城市研究的国际环境和国内背景。在可持续发展和高质量发展的话语体系下，本书提出我国城市未来有必要进行"紧凑发展和收缩发展"。

第二部分"国际比较"是对国内和国外研究前沿的综述。这个部分也包含两章。第3章"增长语境下中国收缩城市研究的兴起与进展"回顾了收缩城市概念在我国的兴起和发展过程，总结梳理了过去二十年中国研究者进行的多方面、多角度、多案例的探讨。其中也提到了当前研究的困难和不足。第4章"城市收缩模型和收缩治理模式的国际比较综述"再次将眼光投向国外，带着"如何来应对收缩"这一问题，回顾那些比我们更早遇到城市收缩现象、更早实施收缩应对政策的国家，过去几十年在收缩治理方面有哪些理论、模式和经验。基于这样的国际比较综述，本书最终将收缩城市应对政策的工作领域聚焦到三个方面：①针对发展资源匮乏的问题，在多层级政府体系下展开协同治理；②面对城市风貌衰败，基于精明收缩理念进行形态管控；③防止生活品质下降，基于人本思考致力于提升城市吸引力。

第三部分"规划应对"是对"协同治理、形态管控、吸引力提升"这三个关键领域的详细论述。第5章"协同治理：国家、区域、地方协同下的收缩治理"通过对中国、美国和捷克的三个案例进行对比，揭示出三者在各自的治理体系下都存在收缩治理的困难，指出收缩城市治理不是单层级政府可以独立完成的工作，需要多层级政府之间的协调和合作。第6章"形态管控：断面模型与精明收缩的耦合框架"受精明增长理论中的断面模型研究启发，提出利用反向断面模型来绘制从自然乡村到高密度城市的城市断面，基于形态要素合理分配、平滑过渡的原则来控制城市收缩阶段的风貌衰败和形态变化，以实现精明收缩。第7章"吸引力提升：中小城市人口流出、流入与回流引导"通过对一个小城镇洋溪的案例进行剖析，阐述在全球化和地方化共同影响下，城市吸引力既受到基于知识、资本、技术及人才交互的流动空间网络的影响，也受到建立在地缘、亲缘、业缘之上的地方空间的控制。因此，收缩的中小城镇和乡村的活力提升，以及人口流出、流入与回流变化变得更加复杂。

在第四部分"实证研究"中，基于以上理论模型、国际比较和规划应对研究成果，本书选取所在的中部地区湖南省展开实证探索。本部分共有5章。第8章"湖南省多地理尺度下的人口'收缩地图'"是现状判读和趋势分析。从历次全国人口普查数据可以看出，湖南省人口发展由"增长型"转向"稳定型"，由"放缓型"转为"负增长"；多源的空间定量数据也展现出了湖南省人口在各空间尺度下的收缩现实。第9章"湖南省人口收缩情境下的城市政策应对"在第8章定量的宏观描述性分析的基础上，选取了几个湖南收缩城市案例，对其人口收缩特征、收缩历程与动因机制、收缩治理政策的阶段演化与内在逻辑展开分析。面对调查中发现的问题，笔者试图进一步基于收缩城市理论对这些案例城市展开对策研究。第10、11、12章对冷水江市、邵东市城市发展中出现的城区、矿区、中心区收缩问题进行了规划应对研究。第10章"城镇开发边界收缩调整与中心区复兴设计：以冷水江市和邵东市为例"从总体规划层面对冷水江市中心城区的土地规模进行调整，希望通过总体规划方案的"减量"优化实现其未来人地关系协调发展的目标；也从详细规划层面对中心城区的邵东工业品市场进行城市更新与设计，以复兴中心区活力。第11章"基于断面模型的收缩城市空间形态管控与调整：以冷水江市为例"利用反向断面模型绘制了冷水江市的断面模型序列图，并思考如何基于形态研究和规划管控的工具，改善其城乡风貌特征消失、城市发展与自然保护相冲突、城市公共空间逐步退化等问题。第12章"精明收缩理念下的生态安全格局修复：以锡矿山街道为例"针对冷水江锡矿山街道尝试了另外一种空间治理方法，即基于生态安全格局修复方法的地理设计技术路线。基于科学的数据分析，本章探索了资源型城市面临收缩时的生态安全格局修复工作思路，为资源枯竭型收缩城市有计划地、系统地开展精明收缩提供参考。

第五部分"未来展望"在国土空间规划体系下，面向收缩城市这一未来将越发普遍的城市类型，初步探索国土空间形态调整、国土空间规划管理工作中可能开展的前瞻性思考和制度安排。这个部分包含两章。第13章"国土空间规划下城市收缩与复兴中的空间形态调整"中，首先，总结城市收缩的空间模式与形态类型，从各类型城市中总结收缩发展的客观规律；其次，基于市县级国土空间总体规划编制要求，提出国土空间总体规划编制中的空间优化策略和形态调整措施。第14章"收缩城市治理在国土空间规划管理中的应用领域初探"关注在国土空间规划管理层面，如何将收缩治理的思想、议题、方法与国土空间规划管理事务相结合，探讨其共同工作的领域。

本书是国家自然科学基金面上项目"城市收缩治理的理论模型、国际比较和关键规划领域研究"（项目批准号：52078197）的主要成果。感谢国家留学基金管理委员会"中美富布赖特研究学者项目（2018—2019年）"支持本人去美国进修访问，这段经历对收缩城市研究的助力很大。书中部分内容在学术期刊上已经发表过：《现代城市研究》（2015年第9期、2022年第11期）、《规划师》（2017年第1期）、《地理研究》（2017年第2期）、《北京规划建设》（2019年第3期）、《国际城市规划》（2020年第2期）、《经济地理》（2021年第4期）、《自然资源学报》（2023年第1期）、*International Journal of Urban and Regional Research*（2022年第3期）。感谢以上期刊授予我们汇编出书的权利。感谢湖南大学的研究生钱芳芳、严妍、刘力銮、涂姵、黄一凡、果然然、周洋，书中也有很多他们的研究工作成果。感谢国外合作者捷克扬·埃文格里斯塔·普尔基涅大学（Jan Evangelista Purkyně University）的Jaroslav Koutsky教授和美国塔夫茨大学（Tufts University）的Justin B.Hollander教授。感谢湖南省第三测绘院帮助我们完成地图制作和送审工作。感谢华中科技大学出版社金紫等几位编辑，没有她们的策划及不断督促，这本书也很难这么快和读者见面。

本书的主要读者对象包括：①有兴趣了解收缩城市理论的学生，不管是城市研究专业的学生还是规划设计专业的学生，这本书都可以作为他们了解这个领域的开始；②未来有意加入收缩城市相关探索的研究者，本书对现有研究脉络的综述，以及对将来研究前沿领域的思考，也许能够对研究选题有所启发；③城市政策制定者和规划方案设计师，如果他们工作的城市正处在收缩期，希望本书中的政策应对讨论和城市治理分析能够为其决策制定和规划设计提供参考；④想要了解城镇化发展的广大读者，除去本书中一些专有名词和学术语汇，希望本书提到的国际案例中关于收缩城市的故事，能为读者带来阅读乐趣。

周恺
2023年9月于湖南大学

目　录

第一部分　理论模型

1 收缩城市：逆增长情境下的城市发展路径　　003
   1.1　收缩城市概念　　005
   1.2　现象与动因　　008
   1.3　过程机制、表现类型与影响后果　　013
   1.4　政策与规划应对　　018
   1.5　小结　　025

2 新时代背景下"紧凑＋收缩"城市发展格局　　027
   2.1　可持续发展语境下的国际环境　　028
   2.2　高质量发展语境下的国内背景　　030
   2.3　紧凑型和收缩型城市发展理论　　032
   2.4　紧凑和收缩城市案例研究　　035
   2.5　小结　　041

第二部分　国际比较

3 增长语境下中国收缩城市研究的兴起与进展　　045
   3.1　中国城镇化研究的新议题　　046
   3.2　中国收缩城市研究的兴起　　048

3.3　中国收缩城市现象研究进展　　054

　　3.4　中国收缩城市治理研究进展　　056

　　3.5　小结　　058

4　城市收缩模型和收缩治理模式的国际比较综述　　061

　　4.1　城市增长与收缩的理论模型　　062

　　4.2　收缩治理模式的国际比较　　066

　　4.3　收缩应对政策的关键领域　　073

　　4.4　小结　　078

第三部分　规划应对

5　协同治理：国家、区域、地方协同下的收缩治理　　081

　　5.1　收缩城市的治理困境　　082

　　5.2　比较研究设计　　085

　　5.3　国际案例比较　　088

　　5.4　多层级治理收缩城市　　094

　　5.5　小结　　096

6　形态管控：断面模型与精明收缩的耦合框架　　099

　　6.1　断面模型与精明收缩　　101

　　6.2　形态管控技术路径　　105

　　6.3　基于耦合框架的形态管控案例　　110

　　6.4　小结　　118

7　吸引力提升：中小城市人口流出、流入与回流引导　　121

　　7.1　地方空间和流动空间　　123

　　7.2　案例概况　　124

　　7.3　产业、人口和空间的活力演化　　127

　　7.4　乡镇活力提升的驱动机制讨论　　131

　　7.5　小结　　133

第四部分　实证研究

8　湖南省多地理尺度下的人口"收缩地图" … 137
　8.1　省域尺度：人口发展和城镇化的总体趋势 … 138
　8.2　地州市尺度：人地失调与空间极化 … 144
　8.3　县市区尺度：人口增长收缩的识别、比较与分类 … 147
　8.4　乡镇街道尺度：人口收缩的空间格局 … 159
　8.5　小结 … 161

9　湖南省人口收缩情境下的城市政策应对 … 163
　9.1　中心裹夺型：邵东市的收缩特征与政策应对 … 164
　9.2　空心衰减型：桃源县的收缩特征与政策应对 … 172
　9.3　资源枯竭型：冷水江市的收缩特征与政策应对 … 179
　9.4　应对局部人口收缩的规划政策探讨 … 186
　9.5　小结 … 188

10　城镇开发边界收缩调整与中心区复兴设计：以冷水江市和邵东市为例 … 191
　10.1　国土空间规划下的收缩城市应对策略 … 192
　10.2　总体规划应对：冷水江市城镇开发边界收缩调整 … 194
　10.3　详细规划应对：邵东市中心区复兴设计 … 201
　10.4　小结 … 207

11　基于断面模型的收缩城市空间形态管控与调整：以冷水江市为例 … 209
　11.1　收缩城市的空间形态困境解析 … 210
　11.2　断面模型序列的构建 … 212
　11.3　多空间尺度下的形态管控策略 … 221
　11.4　小结 … 227

12　精明收缩理念下的生态安全格局修复：以锡矿山街道为例 … 229
　12.1　数据来源与研究方法 … 231
　12.2　生态源地识别与阻力面构建 … 238
　12.3　生态廊道与障碍点的空间分布特征 … 239

  12.4 基于精明收缩理念的障碍点分期修复与检验 242

  12.5 小结 244

第五部分 未来展望

13 国土空间规划下城市收缩与复兴中的空间形态调整 249

  13.1 区域和城市收缩的空间模式与形态演化规律及类型 250

  13.2 收缩与复兴中的空间形态调整 258

  13.3 小结 260

14 收缩城市治理在国土空间规划管理中的应用领域初探 263

  14.1 基于空间规划管理构建收缩城市多层级治理框架 264

  14.2 探索构建适应收缩城市治理的空间组织模式及实施路径 266

  14.3 小结 269

参考文献 271

插图索引 303

表格索引 307

第一部分

理论模型

收缩城市：逆增长情境下的城市发展路径

城市也具备"出生（产生）—成长（发展）—衰老（衰落）—死亡（消亡）"的生命周期。从历史时空维度看，每一次技术革命、经济危机、结构转型、战争、灾害或气候变化都伴随着城市的兴起和衰亡[1]。当前，在工业化、后工业化和全球化发展浪潮的推进下，世界城市文明已经历了上百年的发展，以至于快速城市化与经济增长已成为当前全球城市普遍追寻的"标准发展路径"。然而，随着全球经济整体增长放缓和局部经济危机的不断出现，"长期增长"在部分地区已经不再现实、不可持续和不具普遍性[2, 3]，而"局部收缩"成为越来越常见的现象[4]。这使得部分学者转而开始关注城市在慢增长或逆增长（收缩）情境下，会面对怎样的发展问题，并探索在收缩的环境中可持续发展的路径。在过去的几十年中，学术界以"收缩城市"为题，开始在全球范围内搜索过往百年中有过经济衰退和人口减少的城市研究样本，并通过对单样本纵向剖析和多样本横向比较，来揭示城市在其生命周期后半段的演化规律，构建解释非增长型变化中各种动因-机制-后果的城市发展理论。

虽然城市衰亡不是一个新的现象，但它却需要新的规划范式和管理策略来应对[4]。第二次世界大战以后发展起来的现代城市规划思想体系大多以增长为前提，寻求增长动力、解决增长问题、协调增长利益是当前规划范式的核心，是"增长的规划"[5]。长期以来，收缩是被管理者和规划师忽视甚至抵触的现象，如何进行"收缩的规划"还未受重视，其基本原则和方法都还有待建立。首先，大部分决策者和规划者还没有清晰地认识到收缩的事实，没有完整地理解城市收缩过程中的各种现象和机制。其次，规划决策者还没有认识到，收缩也可以成为城市发展的机遇，而不仅是挑战或问题。最后，规划设计者还在摸索恰当的规划手段和政策方法，用于创造性地解决收缩城市中的人口、经济、环境和空间问题。总之，在非增长的情境下，如何寻求改善城市生活的发展路径还是有待探讨的问题[6]。

基于以上认识，本章综述了西方收缩城市研究文献，总结相关研究脉络。首先，本章对收缩城市概念的外延和内涵进行了阐述，明确研究问题的内容与边界。其次，根据收缩现象的发生逻辑，从现象、动因、过程机制、表现类型和影响后果等方面阐述收缩作为城市变化过程的一般性规律。最后，本章归纳总结了全球各地针对收缩问题提出的政策与规划应对措施，以此作为我国进行收缩地区规划设计和政策制定的参考。

1.1 收缩城市概念

"收缩城市"概念源于20世纪中期的人口流失研究，在1988年德国学者Häubermann和Siebel[7]提出"收缩城市"术语之前，大部分研究中使用下降（decline）、衰减（decay）、病态（blight）、弃置（abandonment）、去城市化（deurbanization）、城市危机（urban crisis）和人口衰减（demographic depression）等词汇。2000年之后，"收缩城市"逐渐获得公众的关注，此后，它还在国际政策研讨中获得更多的认可和使用，并成为实证研究的一种新框架——从探讨人口流失的相关后果到探寻引起城市人口流失的原因，进而讨论城市衰败的轨迹类型和针对城市收缩的规划应对措施[8]。有两个关键性的事件推动了"收缩城市"概念的传播。首先，从2002年开始，建筑师Philipp Oswalt在德国联邦文化基金会（German Federal Cultural Foundation）的资助下牵头开展了"收缩城市"研究项目，调查分析了以下典型地区：美国的底特律（Detroit）、德国的哈雷（Halle）和莱比锡（Leipizig）、英国的曼彻斯特（Manchester）和利物浦（Liverpool）、俄罗斯的伊万诺沃。在这个影响深远的研究项目中，200多名艺术家、建筑师、学者和地方组织组成了国际化的研究网络，通过展览、文章、电子出版物等多种形式，将"收缩城市"概念在全球推广。该研究项目成果最终结集出版了两本书，即 *Shrinking Cities, Volume 1: International Research* 和 *Shrinking Cities, Volume 2: Interventions*，这两本书启发了收缩城市研究领域的大量后续探索。其次，在2004年，出于对新兴的收缩城市概念的好奇，加利福尼亚大学伯克利分校（University of California, Berkeley）城市区域发展中心的一群青年学者、博士生、访问学者组建了SCIRN。其核心成员后续都成为收缩城市研究领域的重要学者，他们的研究推动了收缩城市研究的不断发展。此后，收缩城市研究队伍不断壮大，研究的重心也逐渐由注重数量规模变化的人口学量化研究转向关注动因机制与后果响应的城市规划学研究。在这个转化过程中，由于语种、语义存在差别且术语缺乏限定[9]，"收缩城市"概念的释义与传播远远滞后于对收缩问题本身长期而广泛的研究。

1.1.1 概念外延界定

为了进一步明确相关文献的研究内容和边界，可以从四个方面限定"收缩城市"的概念。

第一，在时间上，收缩城市研究聚焦于近百年的城市变化。一般认为，20世纪中期左右，人口学家对欧美大城市城区人口减少的密切关注是收缩城市研究的起源与基石。Beauregard将1980年以后经历了人口流失的城市归为"收缩城市"，以此区别于在1950—1980年因人口流失而衰落的城市[10]，因为这一时期郊区的增长与城区的衰落在许多城市同时上演[11]。20世纪80年代后期，有学者在德国发起了探讨东德城市衰落问题的收缩城市项目（shrinking city project，SCP）研究网络，引起了国内外的关注与响应。它成了收缩城市由人口量化研究向理论框架构建的重要转折，为收缩城市研究体系的建立奠定了基础。虽然，有研究者将某些传统工业城市（例如曼彻斯特和利物浦）的收缩历史追溯到工业革命后期，但大部分案例研究仍将人口变化限定在近一百年范围内（即20世纪初期至今）。该时间界定一是将长历史跨度的城市自然生长和消亡变化排除在外，避免研究问题过于宽泛；二是有利于研究者利用近代人口统计数据进行国际比较分析；三是符合一般公共政策的作用周期，有利于研究相关政策对收缩现象的影响效果。

第二，在动因机制上，收缩城市被限定为由结构性危机导致的城市变化，区别于长历史时期内由某种主导因素（如环境变化、气候变化等）诱发的城市消亡，也不同于由短时间内突发事件（如自然灾害、环境灾害、战争、核污染、疾病、政治决策等）导致的城市灾难。收缩城市研究更加倾向于分析多元、复杂动因影响下的城市变化趋势。它往往是由受多个因素制约的均衡格局被某种外部力量打破而引发的，即所谓的结构性危机。20世纪80年代至今，全球化、后工业化、经济转型、社会主义改革等因素在不同区域、不同时期的相互作用，导致了城市的结构性危机，从而导致部分地区的人口在短时期内流失、经济剧烈衰退并引发了一系列社会问题，造就了形式各异的收缩城市。

第三，结构性危机导致人口流失，因此收缩城市常成为空间上发展异常的点或片区。城市收缩不一定是城市的整体衰落。即使是处于增长期的城市，其中部分地区或区域也可能经历着人口流失与经济衰退。收缩城市往往在数十年内经历了剧烈的人口变化。例如，圣路易斯（St Louis）的人口从1950年的85.7万人下降到2012年的31.9万人，人口流失率达62.8%[12]；底特律在2000—2010年，丧失了25%的人口[13]；利物浦在1931年人口达到85.5万人，但到2008年仅剩44.1万人，人口下降了48.4%[14]。人口变化和经济变化的"特异性"，使这些城市和地区与其周边环境形成巨大的反差，成为醒目的收缩城市样本，获得各方面的关注。

第四，个别城市和片区的收缩变化是区域整体变化趋势的反映，收缩城市的研究具有预警性和启示性。收缩城市案例是预示发展危机的"金丝雀"[15]，它传达出的是全球化、后工业化和郊区化挑战旧有体系的预警信号。例如，美国五大湖地区在第二次世界大战以后的衰退，就是传统工业世界面临全球城市危机的信号，也预示着两百多年来依靠化石能源的工业化路径的终结，这预示着全球化背景下廉价劳动力冲击，老龄化、人口和技术结构调整新浪潮带来的城市发展危机。收缩城市对预言增长终结和寻求应对手段具有深刻的启迪作用。城市不应当被动、悲观和无奈地等待衰亡，而应当在提前感知的机遇下，制定充分的弹性应对政策，预留充分的能动调整空间。

1.1.2 概念内涵表述

学术界尚未形成"收缩城市"概念清晰和统一的表述。现有文献对概念内涵的提炼有两种视角。一方面，部分文献从因果关系视角定义收缩。Sousa和Pinho[6]认为收缩城市是某些地区由于单一或多种问题导致的空间上的收缩。Martinez-Fernandez等[16]认为收缩城市是指经历了以结构性危机为特征的人口流失、经济衰退、失业增加和社会问题的城市地区（城市、城区、都市区或城镇）。Bontje[17]和Pallagst[18]认为21世纪的城市收缩以全球化、结构化和多维现象为特征，伴随着显著的人口减少、经济衰退或国内国际地位下降，从而影响区域、都市区或城市某些地区的发展。Oswalt[19]则认为收缩城市是全球化经济角逐中的失败者。另一方面，部分学者从人口变化的速度和规模视角定义收缩。SCP认为收缩城市是指暂时或永久性失去大量居民的城市，并且将流失人口占总人口10%或年均流失人口超过总人口的1%作为城市进入收缩阶段的两个重要标准[6]。Turok和Mykhnenko[20]将人口变化率低于全国平均水平的地区称为收缩城市。2004年，SCIRN试图界定收缩城市的通用概念："收缩城市是指拥有至少1万居民，在超过2年的时间内大部分地区经历人口流失，并且正在经历以某种结构性危机为特征的经济转型的人口密集的城市地区。"[21, 22] 根据各国家和地区的不同情况，学者在定义收缩城市的人口基数、收缩年限和规模等标准上还存在争议，如Schilling和Logan[23]认为收缩城市是老工业城市的一种特殊的类型，必须经历持续的人口流失（即在40年间流失了超过25%的人口），并且伴随着建筑的空置和废弃；而Hoekveld[24]认为人口流失超过5年的城市就可称为收缩城市。尽管如此，SCIRN的定义基本包括了收缩城市概念的外延和内涵，是目前国际上较为认同的、流行的表述。

综上所述，当今的收缩不再是一个简单的线性过程，而是受多种因素影响的过程。收缩城市既是一个研究对象，也是一种研究框架，更是一种具有启发性的新的城市变化类型和自然发展轨迹。它不仅作为不可回避的发展状态站在了增长的对立面，同时也代表着一种新的发展思路和运行机制。在历经种种曲折之后，城市收缩最终将会被认为是与城市增长一样的常规发展过程[15]。

1.2 现象与动因

1.2.1 全球城市收缩现象

20世纪上半叶，当全球城市化进程还在加速进行的时候，英国的老工业城市已经出现了人口收缩的趋势。第二次世界大战后，美国、日本、德国、意大利等国家的部分城市也加入了收缩的行列[25]。20世纪80至90年代，随着苏联解体，东欧前社会主义国家的大部分城市遭遇了收缩的创伤。1990—2000年，有四分之一的大城市经历了人口衰减[26]；截至2007年，全球有六分之一的城市经历了人口流失[27]；欧洲220个大城市和中等城市，仅在1996—2001年，就有约57%的城市出现不同程度的人口流失[5]；2000年之后的东欧，四分之三的大城市都难逃人口流失的厄运[28]。

现有文献中的收缩城市案例主要分布在美国、欧洲、日本，也有个别分布在巴西、墨西哥、俄罗斯、澳大利亚和加拿大。近几十年研究文献中明确提供了人口变化数据的收缩城市有33个，其收缩时间不等、规模不一（图1-1）。首先，通过横向比较，资源型城市的收缩问题最突出。例如，日本的夕张在1960—2008年，人口收缩比率（人口收缩比率=人口收缩规模/基期年人口规模×100%）高达89.6%，这几乎使一座曾经辉煌的矿业城市变为空城[29]；芬兰的木材采伐和加工城市列克萨（Lieksa）在1959—2010年，人口收缩了52.6%[30]。其次，全球范围内的传统工业制造业城市收缩明显，人口收缩比率普遍在50%以上。例如，美国五大湖传统工业地带的圣路易斯收缩了62.7%[12]、底特律收缩了61.4%[13]、克利夫兰（Cleveland）收缩了56.6%[31]、匹兹堡（Pittsburgh）收缩了54.8%[32]、扬斯敦（Youngstown）收缩了56.2%[33]；欧洲老工业城市利物浦收缩了48.5%[14, 34]、曼彻斯特收缩了44.9%[25]，也都经历了漫长的收缩过程。东欧国家在冷战之后的政治变局中经历了持续的收缩。

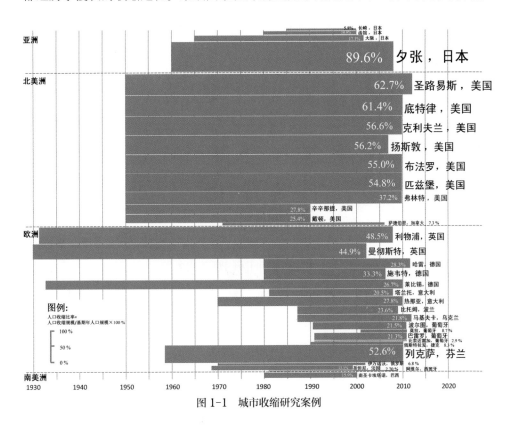

图1-1 城市收缩研究案例

例如，德国莱比锡收缩了26.7%[35]、哈雷收缩了28.3%[8]、施韦特（Schwedt）收缩了33.3%[32]，波兰比托姆（Bytom）收缩了23.6%[14]，乌克兰马基夫卡（Makiivka）收缩了21.8%[8]。自20世纪90年代后期开始，部分南欧城市在低生育率、郊区化和欧盟非均衡发展格局下，也出现了10%~30%不等的人口减少。例如，意大利热那亚（Genoa）收缩了27.8%[36]、塔兰托（Taranto）收缩了20.5%[4]，葡萄牙波尔图（Porto）收缩了21.5%[26]。

当今的城市收缩研究已不再局限于对某个或某几个衰落城市发展特例的分析。在全球经济增长放缓与地区性金融危机的大环境下，任何城市都可能出现收缩。收缩已由地理分布不平衡的个别现象，成了城市和区域普遍存在的风险。

1.2.2 动因和作用方式

对城市收缩本质的认识存在人口运动和资本运动两种理论视角。人口运动理论通过人口变化来解释城市的发展或衰亡。在这一视角下，城市收缩既受由人口自然发展造成的生育率下降、预期寿命增长和老龄化的影响，也是由经济活动和就业机会驱动的移民流动的结果。传统的城市化研究框架通过人口在时间和空间上的变化来解释城市化中的郊区化、再城市化和蔓延等现象，进而将城市收缩放在城市自然生命周期中进行解读。资本运动理论认为人口运动背后的本质是资本在时间和空间上的循环积累过程。Harvey[37, 38]和Smith[39]指出，资本在增值的驱动下做出投资、撤出投资、再投资的周期决策，它有意识地促使城市化的非均衡发展成为常态。获得资本投资的地区成为发展中的赢家，失去资本投资或失去投资吸引力的地区就成为人口下降的收缩城市。并且，资本增长所依赖的空间要素是不断变化的，新资本投资趋向于在新环境下重新布局，而摆脱旧有要素环境的阻碍和束缚。因此，资本主义经济在创造发展奇迹的同时，也造成了旧区的衰落和收缩。

总结现有文献中对各案例城市的分析，城市收缩的动因可分为人口变化、环境变化、经济变化、政治变化和空间变化五大类别，各大类下共有19个具体动因，这些动因在现有文献中共体现出27种作用方式（表1-1）。在收缩案例中，可以清晰地看到不同动因进行交叉作用，形成每个城市独特的动因组合，构成所谓的结构性危机，进而产生收缩现象。虽然收缩城市的最终结果都是人口流失与经济衰退，动因和作用方式大多没有超出表1-1中的列举，但是，普适的因素在各个城市案例中的组合方式、在收缩过程中的作用方式，以及贡献的大小都有所不同，因此形成了多种多样的城市收缩故事[35]。

表1-1 城市收缩动因及作用方式

动因		作用方式
人口变化	人口演化	城镇化发展的阶段性和周期性规律对城市人口规模的影响
	年龄变化	老龄化进程导致死亡率高于出生率，劳动力人群不足
		低出生率或出生率下降，导致城市自然增长人口减少
		高预期寿命导致老龄化，社会劳动力和城市活力不足
	移民流动	其他地区更好的就业、教育、服务等的引力与当地衰落困境的推力推动人口的外流
		移民的选择性，流出的多是年轻人、受教育人群，老人、穷人和低教育水平人群被困在衰落区内，加剧了城市的衰落
		在紧张的种族冲突的影响下，人口外流
环境变化	气候变化	气候变化导致地区小气候改变，出现荒漠化、热浪及大面积干旱，影响农业生产，城镇收缩
	环境污染	工业化时期积累的环境污染物影响居民健康，城市对追求高品质生活的居民失去吸引力
经济变化	全球化	经济转型导致产业结构调整，经济和就业基础发生变化，就业需求改变
		地域劳动分工导致产业部门迁移，就业结构变化
		全球化竞争导致市场份额减少，产业萎缩，就业岗位减少
	资源衰竭	资源或以资源为依托的产业的衰退导致相关就业机会消失
	去工业化	工业部门的衰落或转移导致工业区衰败、工人失业
	住房市场衰落	住房供给不足或住房破旧，迫使人口迁往郊区或其他城镇，且无法吸纳新居民
		住房供给过剩导致房地产市场萧条

续表

动因		作用方式
经济变化	经济非均衡发展	国家或区域层面自上而下的经济结构调整，影响地区主导产业的发展
		地区垄断型企业受经济变化影响进行自下而上的投资结构调整及产业转型
	经济发展自然周期	经济发展本身存在周期性规律，经济下行阶段导致产业收缩
	生产技术进步	生产率得到提高，对劳动力需求减少，就业岗位减少
	交通技术进步	新的交通方式的出现与革新使交通区位优势丧失
政治变化	意识形态变化	前社会主义国家在进行政治制度改革时，经济结构发生巨大变化，产业和就业受到影响
	政策决策失误	地区金融危机或政府财政的决策失误，导致城市经济运行危机
空间变化	郊区化	人口由城市中心迁往郊区导致内城收缩
	城市蔓延	人口向城市外围地区蔓延，导致城市人口密度整体下降
空间变化	卫星城效应	卫星城的发展将人口由中心城区抽离出来，导致城区人口下降
	区域非均衡发展	国家或区域空间发展战略政策的制定或调整导致区域呈现非均衡发展状态，部分区域衰落和收缩

以东德为代表的中东欧城市主要是受到20世纪八九十年代社会主义变革的政治变化影响。一方面，在苏联高度集中的计划经济体制向资本主义市场经济体制转型，福特主义向后福特主义转变的过程中，大量国有企业在变革中倒闭致使失业人口激增；另一方面，冷战后两大阵营经济悬殊（特别是两德统一之后），导致大量居民为了寻求更好的就业和生活环境离开前社会主义城市，再加上此时欧洲普遍存在的出生率下降和老龄化问题，使得中东欧城市的人口进一步减少。正因如此，中东欧城市成了收缩城市研究的重点地区。

北美、西欧老工业城市的收缩动因主要是全球化和去工业化，以及小汽车普及后的郊区化生活方式的发展。工业革命完成后，受到去工业化经济转型和产业升级的冲击，以及全球化背景下产业转移和技术革新的影响，部分传统工业地区和产业的就业需求减少，失业率增加。同时，随着郊区化或城市蔓延现象的出现，内城人口不断减少。收缩的老工业城市之间还各有差别。例如，同样是美国收缩城市，以克利夫兰为代表的资源型城市主要受到能源需求结构的影响；底特律还受到种族问题的影响，种族冲突的加剧造成了白人逃离（white flight）的现象，物质财富、精神文化和更新希望也随白人撤离，低出生率、老龄化等因素又加剧了这一收缩进程；匹兹堡收缩过程的主要特点是郊区化，这使得它不断衰落的中心城区和持续增长的大都市区同时存在。

北欧和日本等的城市主要受到低出生率、老龄化和高预期寿命等人口结构演化要素影响。新生人口远不能填补老龄化进程中因高死亡率而减少的人口，若不考虑国际移民的因素，这些城市的收缩将更加明显。

从关注收缩现象到探究动因机制，是收缩城市研究在2000年后的方向转变。正如上文所列举的，收缩城市的成因复杂多元，并且城市收缩往往是多个因素相互组合、共同制约的结果，动因之间的互相嵌套与碰撞作用常常又催生出新的动因，这种互相强化的机制促使收缩的力量进一步积聚，加速了城市的衰落。不同城市由于所处发展阶段和发展背景不同，其成因也各有差异，而某一城市的收缩成因也会随着时间的推移而发生变化，这就增加了对城市收缩成因探究的不确定性和难以预料性。因此，需要用综合和动态的观念来研究收缩城市的动因机制。

1.3　过程机制、表现类型与影响后果

1.3.1　因果循环反馈机制

当今的城市收缩不再是一个简单的线性过程，而是一个多元因素导致、多种后果综合交叉影响下的系统过程（图1-2）。动因菜单（表1-1）中各个因素之间的碰撞组合、相互制约和彼此强化形成了城市各自不同的过程机制，不同的机制又都产生了以人口衰减、经济衰退为表象的收缩后果，而人口经济数据变化之下隐含的是社会文化生活的变迁以及城市化轨迹的更替或逆行。

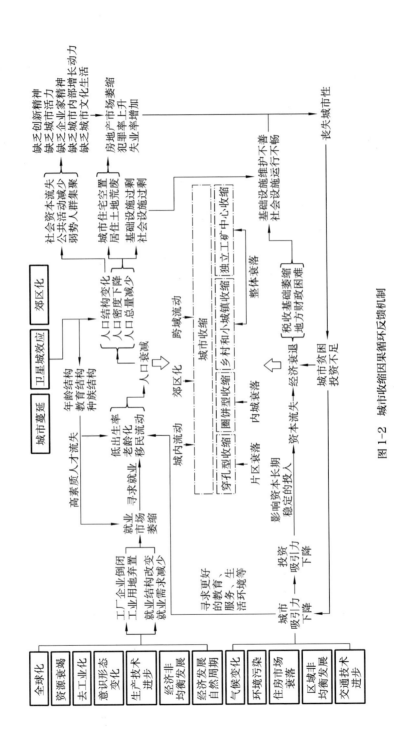

图1-2 城市收缩因果循环反馈机制

首先，全球化、资源衰竭、去工业化、经济非均衡发展、经济发展自然周期、生产技术进步或意识形态变化等因素，可能通过改变经济发展格局促使产业部门的衰落或转型，也可能通过提高生产效率而淘汰落后的产能。如果现有的产业和企业未能在变革中突出重围，则大批工厂就会倒闭或迁移。这不仅造成了资本撤离和用地闲置，也将导致就业需求减少和结构改变，使城市的就业市场萎缩，失业率攀升。在寻求就业机会和生存空间的驱使下，大量的人口将离开衰落地区。如果再加上部分城市面临的低出生率和老龄化的现实，人口自然减少和人口机械流动就会一并造成城市的人口衰减，成为收缩结果的一个重要表现特征。

其次，由于气候变化、环境污染、住房市场衰落、区域非均衡发展、交通技术进步等，城市的吸引力可能下降。人口在寻求更好的教育、服务、生活环境等目的的驱使下进行（国内或国际）移民流动。人口流失又导致城市投资吸引力下降，人力资源不足影响资本长期稳定的投入，城市资本进一步流失，最终导致经济衰退。人口变化视角下的人口衰减与资本累积视角下的经济衰退共同构建了城市的"结构性危机"，造就城市收缩的"直接影响"。

再次，人口衰减和经济衰退是动因机制导致的最终后果，两者在相互影响的过程中又衍生出一系列的"间接影响"。人口衰减主要表现为人口总量减少和人口密度下降（与城市蔓延协同作用），同时移民流动存在明显的选择性，这又导致城市剩余人口的"结构性变化"——青壮年劳动力的流失，加剧了剩余人口老龄化的趋势；白人在种族矛盾中的逃离，使城市的种族构成更为单一；受教育程度高、较为富裕的中产阶级的搬离，使社会隔离加剧。人口结构变化将导致弱势人群集聚、社会资本流失和公共活动减少，进而使城市缺乏创新精神、企业家精神、城市活力、城市内部增长动力和城市文化生活，最终造成城市文化的衰落。人口总量的减少和密度的下降又将导致城市住宅空置和居住土地荒废，房地产市场出现萎缩，进一步推动经济恶化。就业市场萎缩导致的高失业率，使缺乏固定收入的无业游民寄居在空置住宅中，这些荒废的土地成为滋生犯罪的温床，城市犯罪率上升。人口总量减少、密度下降导致城市基础设施和社会设施供给过剩，再加上经济衰退后城市税收基础和地方财政的萎缩，导致城市基础设施维护不善以及社会设施运行不畅，为维持城市有序管理和平稳运行埋下了隐患。

最后，这些由城市收缩带来的间接影响又造成了城市性的丧失和城市贫困的加剧，这种困顿的局面反过来又造成了城市吸引力的下降以及资本投资的不足，就业市场萎缩的现实依然无法扭转。至此，城市收缩的直接后果导致的间接影响又成为城市收缩的二次动力，对收缩的动因机制产生了二次强化的作用，城市在这种互为因果、相互渗透的循环往复的作用机理中进一步走向了衰落。Haase等[35]将这种反馈机制称为"恶性循环"（vicious cycle）。在缺乏外部反转动力的作用下，收缩城市必然会在不断自我强化的恶性循环中走向衰亡。

1.3.2 表现类型

人口和资本是城市发展的重要因素，它们的流失对城市发展造成了不可估量的损失。收缩城市中衰落的逆增长中心在空间上表现为一个个塌陷的区域。收缩城市根据衰落方式可以分为三种空间类型。

第一类是工业或矿业中心的收缩，指由缺乏应变能力的单一产业或企业主导的城市，由于经济转型、资源衰竭或国内外市场竞争引起的市场变动，产生了人口衰减和经济衰退。例如，澳大利亚的芒特艾萨（Mount Isa）[29]、日本的夕张[29]、法国的洛林（Lorraine）[40]、美国的底特律[13]等都是工业或矿业城市遭遇发展困境的典型代表。

第二类是大城市地区的收缩，指大城市或都市区中某些地区长期处于人口流失和经济衰退中。这些地区的收缩成因更加复杂，空间形态也更加多样，可以分为圈饼型收缩和穿孔型收缩。圈饼型收缩多发生在北美城市。例如匹兹堡[32]和圣路易斯[12]，郊区化运动和城市蔓延使人们不断搬离内城，人口和资本在郊区集聚，形成了中心收缩、周边增长的空间形态。穿孔型收缩多发生在欧洲，尤以东德城市最为明显，如英国曼彻斯特[25]和德国莱比锡[35]。德国学者Lütke Daldrup[41]运用"穿孔"（perforation）来描述由人口和资本在城市内部的流转导致的城市肌理非连续，即在城市内部形成经济和人口明显塌陷的"黑洞"。在城市其他地区经济和人口继续增长的同时，这些地区却遭遇了收缩的困境。

第三类是乡村和小城镇的收缩，指长期处于人口流失和经济衰退状态的小城镇或乡村区域的整体衰落。中小城市由于交通区位条件的变化，区域的发展优势逐渐丧失，人口在寻求更好的教育、服务、生活环境等目的的驱使下迁往大城市或都市区；农村地区薄弱的经济基础无法满足就业需求，也无法提供充足的社会服务设施，人口向城市的迁移导致了乡村或小城镇地区的衰落。例如，爱沙尼亚和德国中部城镇体系的低等级城镇从社会主义农业经济向市场经济体制转换的过程中，中小城镇地位下降明显[42]。

1.3.3 负面影响与正面机遇

城市收缩的负面影响显而易见，第1.3.1节阐述的因果循环反馈机制中包含了城市贫困、犯罪率上升、房地产市场萎缩、经济衰退、就业市场萎缩和人口衰减等诸多方面。可以说，城市化过程中带来的繁荣与便利，在车轮逆转的城市收缩过程中都可能成为问题。然而，城市收缩带来的更深层次的负面影响是精神上和文化上的，经济、人口和环境的衰败必然导致城市自我价值的丧失，创新精神、城市活力、企业家精神这些城市发展的内在动力会在衰落中丢失，城市性丧失比城市空间环境恶化更难挽回。

然而，城市收缩也是一把双刃剑，虽然人口衰减和经济衰退使城市陷入了萧条、贫困和无活力的困境，但它同时也给大城市提供了在增长阶段难以获得的生态、环境、空间、住房和交通改善机遇。在城市化动力不足时，收缩的建成区给濒危物种提供更多的栖息空间，进而提高物种的多样性，给城市生态再造提供了机遇[35, 43]。同时，闲置土地增加了获取本地生产食物的机会[13]。由于人口密度的下降，改造破旧建筑和环境可以获得更多的私人和公共空间，邻里之间能够整理出更多的绿色空间[13]，这给城市开放空间的网络化提供了条件[44]。住房的供给过剩会导致房屋价格稳定或下降，有利于提高个人住房面积和品质[34]，也给政府进行破旧住房的拆除和改造提供了可能[45]。高峰交通量减少缓解了交通拥挤问题，也减少了需要的主干路机动车道数量，城市可以借此对道路断面进行优化，增加街道绿化和景观设施。停车需求的减少也可置换出更多城市棕地[46]。更有意思的是，收缩的心态和文化艺术基因常能使收缩地区孕育出富有个性的城市亚文化，它们不满现状的情感宣泄成为对主流文化的反叛。收缩地区被破坏的价值观和中断的意识形态常常在音乐、电影、绘画和生活方式上激发出冒险和创新精神。例如，工业化后期的曼彻斯特成为现代流行音乐的摇篮，美国铁锈地带①的灵魂乐、摇滚乐和电子乐也成了音乐史上不可忽视的力量。

因此，负面影响和正面机遇两股势力使收缩中的城市的命运在涅槃重生和悄然衰亡的天平上摇摆。它们的未来最终将取决于管理者和决策者的认识水平和智慧，以及相关政策与规划的应对策略。

1.4　政策与规划应对

1.4.1　对待收缩的态度的转变

长期以来，城市一直被认为是"增长的机器"[47]，增长几乎成为城市向前迈进的唯一方式。衰落作为其对立面，常常被认为是决策的失误和失败，或被认为是下一个增长期的过渡阶段[48]。在"必须增长"的思维定式中，人们对经济下滑和人口减少保持着十分的敏感和警惕，管理者往往在其初露端倪之际就以新一轮的增长计划来逆转衰落的局面。Hospers[49]将欧洲城市对收缩的态度分为轻视收缩、对抗收缩、接受收缩和利用收缩四种类型，并明确指出后两者是更可持续的应对态度。面对收缩的态度决定了应对收缩的策略，Sousa和Pinho[6]将应对收缩的策略分为两类：反应（reaction）和适应（adaptation）。反应对策是指试图逆转收缩和恢复增长的一系列策略和措施；而适应对策是将收缩视为一种不可回避的后果，并对可能收缩结果进行优化的一系列策略和措施。此外，随着欧美城市管理理念由管理（government）向管治（governance）转型，城市收缩应对策略中自上而下（top-down）和自下而上（bottom-up）并存。一方面，以政府意愿和政治决策为导向的自上而下发展对策仍然存在；另一方面，给市民和地方社区赋权，并激发社区的主动性和鼓励公众参与，也成为自下而上应对城市收缩的重要手段。

---

① "铁锈地带"（rust belt）也称"锈带"，泛指美国五大湖地区老工业城市密集的区域，这个地区曾经由于其强大的制造、钢铁化工、煤化工产业，被称为美国工业的心脏。20世纪70年代以后，随着重工业的撤离，该地区快速萧条和衰退，因此被称为锈带。

"反应/适应"的应对态度和"自上而下/自下而上"的行动方式，将城市收缩对策划分为四类（表1-2）。①自上而下的反应对策。传统自上而下的反应对策仍然将增长作为城市发展的理想模型，力求挽回增长，如城市运营、中心区复兴和城市更

表1-2 城市收缩对策分类

行动方式	应对态度	
	反应对策	适应对策
自上而下	（1）城市运营：恢复城市的增长动力，进行产业结构转型，吸引外国直接投资（foreign direct investment, FDI），增强城市的综合竞争力。 （2）中心区复兴：重建或复兴城市衰落的中心城区。 （3）城市更新：①实行产业更新政策，引导新服务业、文化产业和知识经济替代旧的采掘业或制造业；②利用科技研发和高新技术企业来创造就业机会和更新旧城中心；③将居住、娱乐和餐饮等城市功能整合在一起，开发城市综合新片区；④提供多样的公共交通方式，增加片区可达性，减少交通拥堵；⑤提供高品质的居住和生活环境，进行亲近自然和以人为中心的设计规划；⑥利用公私合作（public-private partnership, PPP）的方式推进城市更新项目	（1）精明收缩、合理精减和收缩规划：针对缩小规模的人口、建筑和土地进行规划，拆除不必要的构筑物，评估各城市片区的价值，重组城市公共服务机构，重新定义城市发展目标。 （2）棕地再利用：空置土地和建筑被改造成为公园或广场，所有权和使用权的转变改变了空间与人的关系。 （3）绿色基础设施：以"绿色基础设施"建设作为废弃用地实施再利用的基本改造方式，利用收缩的趋势完善城市绿化系统。 （4）适应性住房政策：拆除过剩的住宅单元，稳定房地产市场，根据收缩的人口规模重新调整住房政策。 （5）适应性财政政策：削减不必要的财政支出，减少公共服务和基础设施规模，减少公共管理机构人员数量
自下而上	（1）文化更新：将城市文化政策与地区的文化产业发展相结合，利用文化引领城市更新。 （2）公众参与：在进行城市更新活动和项目规划时兼顾公众参与，将市民的意见和认同融汇成开发政策的一部分。 （3）社区规划：市民基于个人或社区参与城市发展，进行短期的、低投入的、自己动手制作式的开发建设项目，通过建立市民网络实现交流和合作	（1）城市自建活动：政府财政困难导致公共设施维持困难，社区组织志愿者自发地承担维护或改善责任，如捐赠设施、清扫街道、粉刷房屋。 （2）都市农业：利用城市空闲土地种植作物或花卉，不只用于改善土壤、提供食物，也是个人在城市规划中所拥有的权利的体现，是一种收缩背景下的生活方式的想象。 （3）废弃地文化和先锋派思想：收缩地区的文化和艺术基因往往能孕育出特异的城市亚文化，被破坏的价值观和中断的意识形态常常在音乐、电影、绘画和生活方式上激发出冒险和创新精神

新政策。②自上而下的适应对策。以美国的扬斯敦为代表的实践先锋开始主动提出自上而下的适应政策，提出了"为了更少而规划：更少的人，更少的建筑，更少的土地利用"的规划思想[50]，形成精明收缩（smart shrinkage）的新思潮[13]。③自下而上的反应对策。即便是在自下而上的反应对策中，公众参与和社区规划也在变得越来越重要。好的更新项目必须将市民的意见和认同融汇成为开发政策的一部分，特别是文化更新项目，社区和市民将成为政策行动的主体[26, 49]。④自下而上的适应对策。在没有明显政策干预的收缩地区，市民和社区本身也存在适应收缩现实的自组织机制。例如，在政府能力不足的地区，某些社区组织和志愿者自发地承担维护或改善责任，如捐赠设施、清扫街道、粉刷房屋等。收缩地区的"都市农业"现象，实际上是市民对个人在城市规划中所拥有的权利的体现，是一种收缩背景下的生活方式的想象。收缩地区的"先锋文化"，也可以被看成一种自下而上的主动适应机制。

1.4.2 应对收缩的战略和政策

在四大对策的整体框架下，各个地方政府制定的城市收缩应对战略和政策多种多样，现有的研究文献中不乏对这些政策的比较、评价和总结。如前文所述，城市收缩是涉及经济、人口、住房、基础设施和文化的综合衰落过程，因此，应对收缩的城市政策必定是决策层面的整体战略决策，不是某一个部门的单打独斗[51]。Bernt等[14]认为整体战略决策的形成取决于三个层面的作用：①问题层面，认识问题的角度和深度必须能引起决策者的足够关注；②政策层面，问题必须能够被表达成当前政治语境下具体的和可操作的政策目标；③政治层面，相关政策必须在各种政治力量的角力过程中赢得足够多的支持，才能顺利向前推进。只有至少两个层面上的问题在某一个恰当的时间完好地整合在一起，应对城市收缩的整体战略才有可能被推出。也正是由于世界各地的收缩案例在这三个层面上背景和视角的差异，才形成了各个地方政府在制定应对战略和政策对策上的差别（表1-3）。这三个层面是其他城市在制定对策时应当考虑的关键，也是关系对策成败的主要方面。

表 1-3　地方政府应对收缩的战略原则和政策对策案例

收缩案例的动因机制	战略原则	政策对策
瑞士伯尔尼（Berne）的城市社区 Tscharnergut 在长期衰落的恶性循环影响下，住房市场退化和物质空间形象衰败[52]	支持和挽救住房租赁市场（硬件干预），提高地区物质空间形象（软件干预）	①提升住房的居住环境品质，更新存量住房和城市空间环境；②稳定未来的社会经济结构；③提升城市管制水平（政府与房屋产权方达成协议），通过社区特性塑造和公众参与提升衰落区域的内部和外部形象
芬兰资源依赖型小城市列克萨在国际劳动分工过程中逐渐丧失就业机会[30]	弹性城市视角（分析目前的情况，创造弹性适应能力）	①20世纪60年代，建设北欧福利社会，补贴愿意在发展边缘地区建厂的企业；②20世纪70年代，国家和地方政策的实施使得地方经济多样化发展，如建立工业园区；③20世纪90年代，在教育、社会服务和城市行政管理等领域创造就业机会；④推动旅游服务业的发展；⑤基于互联网和电话建立新型服务业门类，例如，建设呼叫中心等；⑥通过较优质的住房条件来吸引人们定居，主要针对富裕、健康的老年群体和外国人群体
西班牙中等规模工业城市阿维莱斯（Aviles）在国有钢铁重工业衰落和经济结构变化以后衰落[53]	城市更新战略	①将国有的钢铁企业改制和私有化，吸引跨国企业投资；②利用旗舰项目推动基于创新和文化的新经济门类发展；③提升历史中心城区的空间品质，吸引新人群；改造港口环境和改良污染土地，建设产业园
荷兰矿区 Parkstad Limburg 选择性移民现象带来的年轻和高学历人群流失、老人和低受教育水平的人群聚集[48]	接受收缩的事实，明确远景目标，政策制定过程中与居民互动，调整住房市场结构，加强区域合作	传统政策对策：①塑造经济特色和规划未来发展愿景；②鼓励政府-企业合作关系和企业家精神；③住房市场建设和空间规划实践；④突破财政瓶颈；⑤加强政府的行政能力和理顺地方复杂的关系。 新的政策对策：①寻求能催化结构调整的重大项目；②各部门之间的综合协调；③聚焦品质、创造性和创新性；④与居民进行正面沟通，鼓励市民参与；⑤提高区域形象，强化区域开放性和认同感；⑥培育投资环境；⑦团结领域内的各方面力量

续表

收缩案例的动因机制	战略原则	政策对策
法国的工业城市米卢斯（Mulhouse）、鲁贝（Roubaix）和圣艾蒂安（Saint-Etienne）在郊区化和人口总量下降过程中，历史中心城区的居住吸引力下降；移民选择性又使得城市中心成为产业工人和失业人群聚集地[54]	住房吸引力改善战略	米卢斯地方政策对策：①将私人住房市场与高端市场价格连接，进行绅士化改造；②通过加入社会安置住宅项目避免过度绅士化。 鲁贝地方政策对策：①修缮历史住宅，给各类人群提供多样化的住宅；②利用住宅的历史遗产和文化价值吸引创意人群和中产阶级；③通过棕地再开发引导，提升历史住区市场价值。 圣艾蒂安地方政策对策：①通过吸引各种人群来重新获得定居人口；②动用大量财政资源来支持复兴计划；③用设计和创造性进行开放空间提升和大规模住房更新
意大利工业城市塔兰托在去工业化和全球化综合影响下经济和就业衰落，城市污染促使更多劳动人口从该地区流出[4]	多层面政府的政策整合	①提升环境保护、城市社区和文化遗产等地区结构要素对发展的催化作用；②给生态住宅在中心城区的建设提供财政支持；③再工业化规划和污染治理计划
爱沙尼亚的前社会主义区域城镇体系中的低等级城镇从社会主义农业经济向市场经济体制转换过程中，中小城镇地位下降；德国中部地区在民主德国时期政策影响下持续衰落[42]	在更大的区域城镇网络中寻求发展的契机	爱沙尼亚地方政策对策：①推动发展关键性项目；②组织有利于推广地区形象的事件和活动；③为了提高地区居住吸引力和商业吸引力进行投资；④加强内部联系，创造地区内部的社会资本和区域管制方式。 德国中部地区地方政策对策：①建立跨地区、跨国家的合作关系；②接受收缩事实，通过加强外部联系提升地区认同感，避免进一步人口流失；③整合地方资源，寻求解决问题的方法
德国的社会主义城市莱比锡在政治和经济转型过程中流失了大量人口，住房市场供给过剩[14]	合理精减（right-sizing）战略	①整理供给过剩的住房市场，拯救面临破产的住房企业；②改善衰落的景象；③用规划的手段调整城市规模，使其适应已经缩减的人口规模

续表

收缩案例的动因机制	战略原则	政策对策
英国传统港口城市利物浦由于经济结构变化和经济衰落而长期收缩[14]	城市更新战略	①20世纪80—90年代，通过建立工业园区、城市开发公司、城市发展基金进行城市土地的再开发；②20世纪90年代，从内城地区的住房、社会、环境问题角度，解决住房市场衰落问题；③2000年以后，争取欧洲结构基金实行文化更新政策，通过旗舰项目更新城市中心和滨水区域
德国社会主义地区哈雷在意识形态变化后人口流失[8]	编制城市建设20万人口的收缩规划	①拆除市场不需要的住房，淘汰过于庞大的技术公司；②市政府借助德国的"东部城市结构转型项目"，与各方面形成管治同盟，完成结构转型任务，分配补贴资金，消解转型过程中的社会矛盾
法国巴黎工业郊区圣但尼在全球经济转型过程中，重工业衰落，新服务业逐渐形成；英国格拉斯哥工业革命老港区歌梵（Govan）在造船业衰落中收缩[55]	吸引投资、提高人口生活质量和挽救房地产市场	圣但尼的地方政策对策：①大量建造社会住宅和公租屋；②努力减少社会隔离，注重社会融合；③通过吸引研究和开发型企业来维持经济活力。 歌梵的地方政策对策：①将老工业区改造成娱乐消费空间和高档住宅区；②拆除老旧的社会福利住房；③进行绅士化特征明显的城市开发活动
巴西圣保罗汽车工业郊区埃尔萨尔托（El Salto）在经济自由化发展的背景下，国外投资向国家内其他地区转移，人口"反中心化"发展；墨西哥"硅谷"瓜达拉哈拉（Guadalajara）的电子工业在来自美国和中国的国际竞争中衰落[55]	城市运营	埃尔萨尔托的地方政策对策：①重新规划和打造空置的工业区；②利用土地市场的自由化吸引国外和国内的房地产投资；③通过公私合作来吸引高科技企业，建设科技城。 瓜达拉哈拉的地方政策对策：①吸引外国直接投资；②加强土地利用和基础设施的管理，为投资提供优良的配套服务；③提高城市和区域的国际知名度和声誉，进行国际宣传和市场推广

续表

收缩案例的动因机制	战略原则	政策对策
澳大利亚芒特艾萨、加拿大萨德伯里、日本夕张和墨西哥塞罗德圣佩德罗（Cerro de San Pedro）等矿业城市的收缩问题[29]	芒特艾萨的战略原则：打造服务业中心和新知识经济体。萨德伯里的战略原则：依托信息技术和高科技采矿技术发展。夕张的战略原则：通过发动市民活动解决城市的财政问题。塞罗德圣佩德罗的战略原则：重新进行矿产开发	芒特艾萨的地方政策对策：①加强城市在区域中的服务业中心地位；②在旧矿区进行旅游业发展；③依托科技企业进行密集的采矿技术创新。萨德伯里的地方政策对策：①建立电话呼叫中心；②吸引高技术企业，支持采矿配套和服务企业发展。夕张的地方政策对策：①煤矿关闭后，政府收购并翻新矿区大量住房，这导致了城市财政状况危机；②采用公私合营的方式开发"煤炭历史主题公园"，财政状况进一步恶化；③社区组织和工会自发帮助政府进行城市运行和公共管理。塞罗德圣佩德罗的地方政策对策：①法律制度的改变允许国外企业投资矿产开采；②跨国矿业公司承诺投资并提供就业岗位；③地方社区和公益组织基于文化保护和环境保护考虑，进行反对和抵制
德国城市施韦特和德累斯顿（Dresden）在意识形态变化和经济结构变化后的城市收缩[32]	施韦特的战略原则：促进增长和扩张（20世纪90年代前）；接受收缩，寻求逆增长下的发展原则（20世纪90年代后）。德累斯顿的战略原则：寻求增长（1990—1995年）；结构转型（1996—2001年）；再城市化（2002年以后）	施韦特的地方政策对策：①通过拆除部分住房来保持住房市场的稳定和健康；②有计划、有规划地拆除城市边缘公寓住宅，或改变建筑用途；③将空置住房尽可能控制在集中区域，保证其他住区的稳定。德累斯顿的地方政策对策：①在国家投资政策的支持下，进行新的商业、办公和住房项目开发；②引入高科技微电子企业集群，强化其与本地科研机构的联系；③在出生率提高和移民流入的影响下，城市出现了收缩片区和增长片区共存的局面

续表

收缩案例的动因机制	战略原则	政策对策
美国的传统制造业城市匹兹堡和扬斯敦在经济结构转型过程中的城市收缩[32]	匹兹堡的战略原则：保持竞争力（1945—1980年）；寻找多样的城市经济功能（1980—2000年）；大项目带动城市中心（2000年以后）。扬斯敦的战略原则：精明收缩战略	匹兹堡的地方政策对策：① 20世纪80年代之前，在城市再开发时拆除旧区后建设新区；② 20世纪80年代以后，利用文化、体育设施的大项目建设带动多样的经济发展，利用公私合营和公众参与的方式提高社会认同感；③ 2000年以后，在城市中心引入大型高端商业体，建设新办公楼、高档住宅和高档酒店，绅士化过程明显。扬斯敦的地方政策对策：①接受扬斯敦是个小城市的事实，将其发展成为中小城市可持续发展的样本；②将这一定位与新经济形势结合，对接区域经济结构的新环境；③提升城市形象与居民生活质量，将其打造成更适于居住和工作的城市；④注重夯实行动，以上发展理论需要一系列行动规划付诸实现

1.5 小　　结

综上所述，当前收缩城市研究的理论框架如图1-3所示。通过对全世界的收缩案例进行比较，当前的研究框架将"城市收缩"概念放在"人口运动"和"资本运

图1-3　收缩城市研究的理论框架

动"的理论背景下进行分析。在人口、经济、环境、政治和空间变化的多元动因驱动下,以及因果循环反馈机制中,全球范围内很多工矿业中心、大城市地区和乡村、小城镇经历了类似但又各不相同的收缩过程。面对收缩城市,地方政府的应对态度经历了从"轻视和对抗"到"接受和利用"的转变,相应的收缩对策形成了由应对态度(反应、适应)和行动方式(自上而下、自下而上)划分的四种类型。

2

新时代背景下"紧凑+收缩"城市发展格局

随着我国进入"新常态"发展阶段,国际市场变化和内部结构失衡导致经济增速放缓、结构调整和走势分化,经济发展进入紧缩期。经济紧缩体现为经济由高速增长转为中高速增长,经济结构优化升级,从要素驱动、投资驱动逐渐转向创新驱动。与此同时,我国的城镇化发展也告别了粗放扩张的发展阶段,逐渐进入紧缩期,体现为存量更新、高质量发展、绿色节能、低碳环保、公平包容等新理念日渐突显。然而,当前通行的城市发展路径和规划及管理手段大都以持续的高速增长为前提和目标,如何主动认识、理解、规划并管理紧缩期的城市,如何在人口和经济的慢增长或逆增长中寻求城市的可持续发展,是当前城市研究者急需探索的新课题。本章在城市由增量发展转向存量发展、由高速度发展转向高质量发展的背景下,阐述我国城市发展中的区域异化特征,提出将紧凑城市（compact city）和收缩城市作为指导新时代背景下城市发展的两种理论。同时,本章还以沿海发达城市深圳和东北资源枯竭型城市阜新为案例,分别对其在紧凑发展和震荡收缩情境下的城市变化特征和规划政策应对进行分析和评价,阐述新时代背景下我国城市紧凑发展和收缩发展相结合的新格局。

2.1 可持续发展语境下的国际环境

2.1.1 绿色经济

2012年,联合国可持续发展大会提出了以绿色低碳（low carbon）、资源节约（resource efficient）和社会包容（social inclusion）为核心理念的绿色经济（green economy）发展倡议,以其作为2008年金融危机后全球经济复苏新途径,并重建国际经济贸易平衡。绿色经济的提出基于两个基本认识：①依托石化能源的传统"褐色经济"在当前全球人口增速和经济规模之下已经难以为继；②依托物质资本、金融资本和人力资本的传统增长模式忽略了自然资源消耗和生态环境恶化过程中的经济成本,在经济损益权衡中没有计算自然资本的得失,因此不可持续。基于此,联合国环境规划署（United Nations Environment Programme, UNEP）将新的绿色经济发展定义为：在能够显著降低环境风险和阻止生态恶化的前提下，提高人类生活质量并促进社会公平的发展模式，简单地说就是一条绿色低碳、资源节约和社会包容的发展路径[56]。为了实现更加可持续发展的未来，城市的发展路径选择无疑将发生根本性的变革。

2.1.2 绿色低碳和节能减排

可持续发展和全球气候变化要求减少全球温室气体排放总量，并将责任分摊到各国。虽然，在全球经济下行作用下，各国承诺的减排指标大多不难完成；但是，绿色低碳的发展理论已经成为国际政治中的博弈筹码，重新定义了国际政治版图（如哥本哈根世界气候大会），相关争议也很快延伸到经济竞争领域（如欧盟征收国际航空碳排放税）。我国也提出了绿色、循环、低碳的生态文明建设路径[57, 58]，并在符合国际发展趋势的同时，基于自身需求，探索我国可持续发展道路。我国提出的碳达峰、碳中和"3060"目标开启了低碳新时代。低碳节能的未来城市不可能延续扩张式、粗放式的既有发展路径。同时，国际能源转型和碳排碳汇的精细核算政策，也给予发展落后的中小城市寻求比较优势和后发优势的新机遇，转型发展期也是城市振兴的机遇期。

2.1.3 创新驱动发展

经济周期理论将绿色经济看作以创新驱动为立足点的第六波技术浪潮[59]。绿色经济发展的技术创新内涵在于，以"互联网+新能源"为聚合推动力，以科技化、全球化、互联化、绿色化、定制化和利基产业为新工业革命特征的路径创新。可再生能源转换、分散式生产、新能源储存、通过能源互联网实现分配和零排放的交通方式，构成了新能源经济模式的五大支柱[60]。并且，在全球绿色经济体系中输出绿色创新技术或产品，是发达国家重新构建的全球经济图景中西方核心竞争力所在。中国制造业处在全球结构性产能过剩和产品周期缩短的多重经济困境之中。在技术发展和"互联网+"等生产要素不断变化中，新经济环境已经开始倒逼我国制造模式向智能化及柔性化的方向发展，"两化融合"（工业化和信息化深度融合）是驱动我国制造业变革的基本动力和要素[61]，新的智能化发展方向将引发全国经济格局再一次变化。虽然当前这一变革的完成十分艰难，但这也证明了"创新驱动发展"的必要性和战略性。然而，新的技术革命中既存在增长机遇也存在收缩风险。创新驱动发展既可能成为收缩城市为了摆脱困境而迫切迎合的新浪潮；同时，日趋加速更迭的新技术革命，也必然创造新类型的经济危机和城市收缩。

2.1.4 社会包容性建设

发展的最终目标是提高人民生活质量（quality of life）和确保社会公平（social justice）。UNEP[56]及欧洲环境局[62]都强调可持续发展并不仅仅是经济和环境政策，也包括实现社会包容、实现社会和谐、消除贫困等社会目标。绿色经济在强调经济发展价值的同时，联合国可持续发展大会也将其与区域平衡、社会公平、消除贫困联系在一起[63,64]。将自然资本的价值体现在全球经济体系中，就是肯定了欠发达国家和地区（很多收缩城市的所在）在资源保护和生态涵养上的贡献。绿色经济关注了传统发展模式中忽略的环境和社会外部性，并利用转移支付和政策引导等工具对承担资源和生态功能的欠发达地区和人群进行补贴，以此平衡发达国家和不发达国家、发达地区和不发达地区、城市和乡村的关系。然而，补贴与扶助并不等同于社会公平。不发达地区的发展权益和社会福祉，不应该成为促进少数地区快速增长而必须承担的"代价"。并且，考虑到这些地区居民的生活和权益，社会包容性建设也包括给这些留守的人群提供同样优质的公共服务和体面的城市生活。这是新时代背景下，兼顾增长与收缩地区的区域平衡发展的要义。

2.2 高质量发展语境下的国内背景

2.2.1 高质量城镇化

高质量发展是我国适应经济发展新常态的主动选择，是发展方式和发展动力的转换。从追求"量"的增长到看重"质"的提升是这一转换的核心内容，这体现在发展的很多方面。2018年年末，我国的常住人口城镇化率已达59.58%。改革开放以来，造城是快速经济发展主要的动机、手段和驱动力。然而，在未来以高质量为追求的新阶段，一方面，在已经较大规模建设的地区，如何妥善营城成为维系城市进一步发展的主要任务；另一方面，在逐渐失去发展动力的地区，如何成功兴城也成为保障一方人民安居乐业的重要挑战。在高速城镇化阶段，人口红利、城市扩张、土地财政三者紧密结合，形成了地方政府有效的"增长机器"，推动空间、产业、生活的持续改善。在高质量城镇化阶段，人口负增长、城镇开发边界划定、地方债务风险管控总体上限制了"人地财"发展逻辑的进一步作用，取而代之的是优质公共服务供给、绿色低碳发展、历史文化传承保护、城市更新、创新驱动的产业等新的发展要求。高质量城镇化要求在既有的人口和土地规模容量及有限的增量中寻求更加高水平的发展。

2.2.2 存量更新

从"增量扩张"到"存量更新"是顺应经济发展新常态的必然趋势。将目光由如何获得更多城市发展的空间，转向如何提升城市既有空间的品质，也是高质量发展阶段的必然选择。当我们还处于快速城镇化时期的时候，西方学者常常羡慕中国城市飞速的改变，几十年间城市建设翻天覆地、日新月异；同时，中国学者也惊诧于发达国家城市更新建设的"举步艰难"和"保守缓慢"。当前，我国的城市也进入存量发展阶段，更新改造、提质增效逐渐成了城市建设的主体工作。在面对老城区、老旧小区、旧城中心、空置的工业园、破败的商业街时，城市决策者也陷入与西方国家一样的困境。针对老旧的城市空间展开城市更新，针对衰败的城市空间进行城市复兴，中国的城镇化高质量发展所需要解决的问题和面对的情境与发达国家城市越来越接近。基于此，收缩规划也成为中西方规划理论思考和技术方法探索最终对接的契机。增长规划是中国高速城镇化阶段城市规划工作的独特属性，而为衰落、贫困、收缩的城市提出政策应对和规划方法才是当代西方规划理论的一般性立场。"为发展顺境中的地区谋划发展蓝图"和"为发展逆境中的城镇寻求可持续路径"都是中国城市规划实践的历史任务，而后者与西方的理论出发点是一致的，并最终可以建立中西方知识的对话平台。

2.2.3　以人为本

不管是增长还是收缩，以人为本都始终是发展的核心价值。高速增长时期的城镇化最关心的是宏观的人口数据，不仅包括与城镇空间建设相匹配的户籍人口和常住人口总数，还包括与经济产业活力相匹配的人口构成（劳动力人口、受教育水平、性别比），以及与设施配套相关联的服务人口规模（千人指标、育龄妇女、学龄前儿童）。基于这样的视角，"人"的内涵约等于劳动力，城镇化建设意味着将劳动力效用最大化、促进劳动力就业，并提供劳动力再生产所需的基础设施和公共服务。然而，当进入高质量发展阶段时，人是城镇化服务的最终目标。推进以人为核心的新型城镇化，城镇化是为人民群众创造美好生活的重要路径。不管是推动农业转移人口市民化还是建设人民城市，人作为劳动力的意义在减退，而作为服务的主体、对象和目标的意义在逐渐上升。

2.3　紧凑型和收缩型城市发展理论

城镇化是实现可持续发展的关键载体，但城市生活的流行在快速创造全球财富的同时，也在大量地消耗地球资源和影响全球环境[65, 66]。UNEP指出，城镇化本身并不是环境资源问题的根源，城镇化路径才是决定发展可持续性的关键。因此，可持续发展应当致力于：①寻找合适的城市规模和结构形态，以节约土地、降低能耗、鼓励公共交通；②培育创新环境，以集中的城市生活方式激发知识和技术的交流合作，从而实现绿色创新；③通过城市要素之间的综合协调，创造物质循环的城市经济，体现智慧的城市管理[56]。基于此，新常态下的城镇化也必将遵循绿色发展路径，探寻国家生态文明在城镇化发展中的具体方向。

2.3.1　城市发展的区域异化

随着经济发展和城镇建设差距的拉开，城市发展的区域异化特征逐渐明显。在绿色转型的大趋势下，我国面对的是经济基础、发展阶段、动力和危机各异的城市个案，其转型的动力、思路和举措也就各不相同。

（1）北京、上海、江苏、广东、浙江、山东等地在经历经济发展起步和高速增长期之后，均形成了较雄厚的经济基础，城镇化发展水平高，并且社会设施、基础设施建设完备，在经济降速时期，开始主动进行经济和产业结构调整。例如，北京针对环境问题积极发展绿色经济，发展高收益、低能耗的"高精尖"（高级、精密、尖端）产业，以生产性服务业推动绿色经济发展。江苏加快各类企业"走出去"带动对外贸易增长。浙江从"建设美丽浙江、创造美好生活"中实现绿色转型发展。广东借助市场调结构促进外贸综合服务、跨境电商、供应链企业等新业态发展。

（2）东北老工业区当前的经济发展过于依靠投资拉动增长，消费和出口的拉动作用偏弱，经济转型压力明显。2013年，辽宁、吉林和黑龙江三省地区生产总值总和不足广东和江苏一省。东北经济增长中投资贡献率超过70%，进出口贸易额仅占全国的4.3%，不到广东的五分之一。建制度、卸包袱、促改革、重创新成为东北振兴的核心。例如，辽宁省建设国家装备制造业基地，所制造的装备已经实现部分"走出去"，越南、非洲等地的水泥厂、炼钢厂、造船业都进口了辽宁制造的装备。辽宁的装备制造问题在于科技创新能力不足，导致经济继续增长乏力。2014年以来，受能源工业负增长等因素的影响，黑龙江省经济增速回落，能源产业占经济结构比重过高，一些领域产能过剩，地方工业企业在全球层面上竞争力不强。

（3）中西部地区经过新一轮的投资拉动和资源型经济发展后，由于经济下行，资源需求不足，持续投资拉动出现乏力，经济下行压力大。保增长、找热点，成为中西部经济发展的关键。例如，山西有94个县（市、区）产煤，经济总量中煤炭占比过高，由于煤炭产品需求不高、价格下跌，所以库存加大、资金不足，经济下行压力骤然加剧。湖南省作为主要的人口输入大省，得益于人口红利释放，在人口大量外流的2000—2010年，主要城市尚且获得了人口的增长，但在未来十年中，总人口增速放缓，劳动人口已经开始衰减，在既有依托土地财政的城镇化发展惯性下，即将面临人口收缩的严峻挑战。

（4）西南、西北地区地域广袤、资源丰富。一方面，西部省会城市已经成为区域发展的核心，形成辐射区域的都市圈，成为产业集中发展、对外沟通联系、社会经济文化中心的增长极；另一方面，西部地区也分布有大量传统的资源型城市，人口外流、城市建设相对落后，产业转型压力大。更重要的是，西部地区的生态脆弱性不会发生根本性的改变，生态保护修复工作、落后地区城乡人口生计保障，成为西南、西北地区发展重点关注的问题。

2.3.2 紧凑城市和收缩城市

体现可持续发展思想，并符合我国高质量发展阶段特征的城市类型有两种：紧凑城市和收缩城市。前者侧重在城市增长动力强劲的阶段，主动地选择集约、紧凑、高密度、混合的土地利用模式，以最小的能源和资源消耗实现城市的可持续发展。后者则针对丧失增长动力的人口衰减问题，主张放弃必须增长的发展观念并制定适度收缩的城市规划政策，来实现城市在慢增长或逆增长情境下的可持续发展。具体阐述紧凑城市和收缩城市的文献丰富，这里不再展开，两种城市的对比见表2-1。

表 2-1　紧凑城市和收缩城市对比

对比	紧凑城市	收缩城市
概念	紧凑城市是形态和尺度适宜于步行、骑行和有效组织公共交通，且紧凑程度有利于促进社会互动的城市[67]；紧凑城市是拥有高密度、混合用地功能，将发展限制在现有的城市边界内，而不向周边蔓延的城市[68, 69]	收缩城市是至少拥有1万居民，在超过2年的时间内大部分地区出现人口流失，并且正在经历以某种"结构性危机"为特征的经济转型的人口密集型城市[21, 22]
度量指标	紧凑度、密度、空隙度、空间句法、分形维数、可达性[70]	人口收缩比率、人口结构变动率、失业率、房屋空置率等[71]
可持续性表现	①集约利用土地，控制城市蔓延，保护乡村生态不受影响。 ②高密度混合土地利用可以减少通勤时间，便于组织公共交通，减少人们对私人小汽车的依赖，降低交通碳排放。 ③集中居住有利于低成本提供基础设施服务，提供便捷的生活服务设施；有利于人群社会交往和合作，促进社会包容性建设和创新发展[72, 73]	①针对导致城市收缩的"结构性危机"，寻找城市新的发展动力，进行综合产业、空间、社会发展的城市更新。 ②稳定房地产市场，建立适应需求递减的住房拆除和改造政策；削减不必要的支出，缩小社会服务和基础设施规模，以适应财税收入的减少。 ③利用空置土地改善城市公共空间和绿地系统。 ④通过文化更新项目、公众参与和社区规划重塑市民自信心和归属感[74]

续表

对比	紧凑城市	收缩城市
城市案例	欧洲城市,美国波特兰、佛罗里达海边小镇	美国匹兹堡、扬斯敦和克利夫兰,德国莱比锡、德累斯顿和施韦特,英国利物浦,日本夕张[75]
相关规划政策	城市增长边界(urban growth boundary,UGB)、公交导向型发展(transit oriented development,TOD)、精明增长(smart growth)政策、新城市主义(new urbanism)	城市更新(urban renewal)政策、精明收缩政策、规模调整政策、城市自建活动

2.4 紧凑和收缩城市案例研究

2.4.1 案例一：深圳市的紧凑发展

深圳是一个处于快速成长期的年轻城市，其不但拥有旺盛的经济增长动力（图2-1），还亟待健全和完善城市功能。深圳的城市转型，并非因城市进入经济衰退期后发展动力不足而造成的，而是由持续增长的旺盛需求与资源供给严重有限的尖锐矛盾所导致的。2000年左右，在"行政扩区"的诉求被国务院否定之后，深圳只能放弃过去"追速度、拼规模、耗资源、求扩张"的老路，必须重新认识和评估

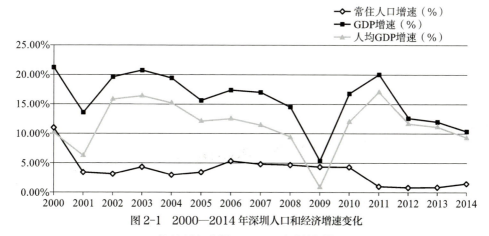

图 2-1 2000—2014 年深圳人口和经济增速变化

（资料来源：深圳 2000—2014 年统计年鉴）

城市有限的资源，以新的资源观探寻可持续发展之路。然而，实现经济增长、社会和谐、生态保护、功能提升等城市发展目标并没有改变，"目标不降低，任务没减少，指标还提高，但资源条件改变"是编制《深圳市城市总体规划（2010—2020年）》（以下简称《规划》）所面临的艰巨挑战。

深圳市经过主动转变发展思路（表2-2），最终形成了以"紧凑发展"为核心理念的新版总体规划。

表 2-2　《深圳市城市总体规划（2010—2020 年）》编制关键事件

年份	事件	里程碑
2001	《深圳城市总体规划（1996—2010年）》检讨报告	粗放式土地利用模式难以持续，十年内深圳将面临无地可用的局面
2002	《深圳2030城市发展策略》开始编制	提出深圳"高速增长—高效增长—精明增长"的渐进式转型路径
2003	《深圳市近期建设规划（2003—2005）》出台	提出了划定基本生态控制线的空间管制要求，严格进行土地利用和建设项目管理，防止城市建设无序蔓延危及城市生态系统安全
2005	深圳召开市委三届十一次全体（扩大）会议	深圳新一届市委、市政府公开承认深圳面临土地空间有限、水资源和能源短缺、人口不堪重负、环境承载力严重透支"四个难以为继"
2006	深圳全市建设用地清查	现状城市建设用地面积近 730 km^2，扣除基本生态控制线范围内既有的已建设用地，城市未来发展的最大空间资源潜力用地仅 315 km^2 左右，将其中一半左右预留给规划期后使用，在规划期内新增城市建设用地仅 160 km^2。若扣除"已批未建"用地，规划期内可新增建设用地指标仅 50 km^2 左右
2007—2010	《深圳市城市总体规划（2010—2020年）》编制	编制思路和研究重点应由起初的"增量为主、兼顾存量"转向"增量与存量并重、重点优化存量"
2010	《深圳市城市总体规划（2010—2020年）》获批	获得"2011年度全国优秀城乡规划设计奖"

（1）采用低效用地再开发的方式来实现产业升级，实现经济持续增长。利用规划手段对被低层次产业占据的区位良好、配套齐全的优质用地进行"腾笼换鸟"，实现产业转型升级。

（2）对存量用地功能进行调整，补充、完善和提升设施配套，促进社会和谐发展。补充原特区外地区的交通市政基础设施、公共配套、保障性住房。按照"分区配建、就近平衡、公交支持"的原则，在城市更新项目中配建适当比例的保障性住房；多渠道增加保障性住房供给，满足低收入群体、"夹心层"人才的居住需求。采取城市更新的方式，配建医疗卫生、教育、养老等公共服务设施，改善民生福利。

（3）以"以需定供"取代"以人定地"的建设用地规模计算方法，即基于城市土地资源潜力和环境承载力而不是预测的人口规模来确定城市规模。在有限的建设用地上，通过提高新增用地的开发强度，综合运用密度分区、地下空间开发等策略，并加强存量用地的二次开发和功能调整，来合理安排各类功能和设施、创造宜居环境。

（4）土地用地上"新增"与"改造"并重。《规划》提出"增改用地"概念，"增"指新增用地，既包括新批用地指标，又包括闲置和已批未建的用地；"改"指已建成区的改造用地。《规划》提出应对"增量"和"存量"空间统筹进行规划调控，对于改造用地，不仅应确定规模，研究其区位、布局、改造方向和可行性等，还应根据存量用地的现状功能、环境条件和产权归属等因素，采取不同的更新改造策略和方法。

（5）空间布局由"形态构建"向"结构调整"转换。在空间策略上，《规划》提出"外协内连、预控重组、改点增心、加密提升"的十六字方针，并将其作为空间结构调整优化的核心思想。在用地安排上，《规划》不仅对用地功能进行调整，还提出结构比例优化的要求。《规划》明确提出：在规划期内，工业用地的规模和比例应大幅下降，但必须优先保障战略性新兴产业和先进制造业的用地需求；居住用地规模和比例应基本持平，但结构和布局需要调整，特别要提高普通商品房和保障性住房的用地比例，减少原农村居民私宅用地。此外，交通、公共服务、基础设施用地的规模和比例均将有较大幅度的提高。

（6）将"城市更新"作为破解资源约束困局、推动存量空间优化的核心对策。对城中村采取以综合整治为主、以拆除重建为辅的更新方式，对旧工业区采取拆除重建和功能改变并重的更新方式，对旧居住区（或旧工、商、住混合区）采取以综合整治为主、以拆除重建为辅的更新方式。以城市更新规划为抓手，重构规划实施体系，重点强化了城市更新规划编制的技术指引。

2.4.2 案例二：阜新市的震荡收缩

辽宁省阜新市是我国"一五"时期建设的国家重要煤电能源基地。20世纪90年代，这个依托煤炭发展的东北老工业城市，在资源枯竭过程中，经历了长期的经济停滞和严重的社会问题[76]。2001年，阜新市被国务院批复为首批国家资源枯竭型城市经济转型试点，开始在国家和省级政府的支持下进行经济转型。在诸多资金和项目的带动下，2002年以后，阜新市经济开始了高速增长（图2-2）。回顾阜新市经济转型发展历程（表2-3），阜新的经济转型路径如下。

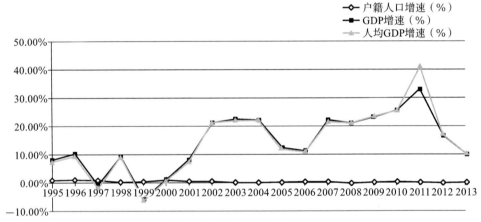

图2-2 1995—2013年阜新市人口和经济增速变化

（资料来源：辽宁省1995—2013年统计年鉴）

表2-3 阜新市经济转型发展历程

年份	事件	影响
1953—1957	"一五"时期煤电能源基地建设	"一五"时期国家重点投资建设的煤电能源基地，4个煤炭和电力工业项目落户阜新
1993	经济脆弱性问题增多	随着煤炭资源的开采成本和难度的明显提高，阜新原煤产量和发电量持续下降

续表

年份	事件	影响
1996—2001	城市经济发展处于停滞状态，各种社会问题突出	到 2001 年年底，阜新下岗职工 12.9 万人，占全部职工总数的 36.7%，城镇登记失业率 7%，为全省最高，17.8 万人月收入低于最低生活保障线，占城区人口的 1/4，农村贫困和返贫人口达 60 万人，占农村人口的 50% 以上[75]
2001	阜新成为国家级资源枯竭型城市的转型试点	国务院批复阜新市为首批国家资源枯竭型城市经济转型试点市
2002	开始实施采煤沉陷区一期和二期治理工程	在国家的支持下，从 2002 年起实施了总投资 14.4 亿元的采煤沉陷区一期和二期治理工程
2005	开始实施集中连片棚户区改造工程	阜新陆续启动实施了 5 万 m^2 和 1 万 m^2 以上集中连片棚户区改造工程，共新建住宅楼 376.8 万 m^2
2006	阜新海州露天矿国家矿山公园被列为首批国家矿山公园	曾经亚洲第一的海州露天煤矿在 2005 年关闭，2006 年被列为首批国家矿山公园，2009 年被批准为全国首家工业遗产旅游示范区
2008—2010	实施华能阜新风力发电建设项目	根据国家发改委要求，华能阜新风力发电有限责任公司成立，计划建设总规模 50 kW 以上的风电场，风电总装机规模将超过 150 万 kW，总投资将超过 150 亿元，为辽宁省提出的打造阜新"风电之城"提供了支持和保障
2009	阜新玉龙新城启动建设	玉龙新城位于阜新市老城区北部，规划用地规模 55 km^2，人口规模 30 万人，起步区 20 km^2，核心区 5.3 km^2，承担阜新城市发展中"功能补位、结构拓展、环境提升"三大使命
2010	辽宁大唐国际阜新煤制天然气项目开工建设	总投资 245.7 亿元的辽宁大唐国际阜新煤制天然气项目于 2010 年 3 月在阜新市开工建设
2013	阜新获批国家扶贫改革试验区	阜新成功获批国家扶贫改革试验区；国家扶贫改革试验区的设立，将给阜新争取国家级和省级政策、项目、资金支持提供重要平台
2013	建设沈阜 200 万亩①现代农业示范带	跨区域省级重点工程，以工业化、生态化、产业化理念发展现代农业

（资料来源：作者自绘）

（1）经济结构调整战略可概括为：依托引进项目进行传统产业升级和替代产业培育。不管是传统煤电产业还是新兴的绿色农产品精深加工业，阜新在短期内的各类产业增长都依托于"瞄准国内外最先进的大企业、大集团，努力寻求经济转型与

---

① 1 亩 ≈ 666.7 m^2。

外商投资的结合点"[77]。2001—2010年，华能阜新风力发电有限责任公司、辽宁大唐国际阜新煤制天然气有限责任公司、阜新双汇肉类加工有限公司、阜新伊利乳品有限责任公司等均在阜新落户，阜新市电缆厂、阜新氟化学总厂、阜新市矿山机械厂启动破产工作，阜新逐步进行产业换血。

（2）进行生态环境建设，推进退耕还林、辽西北边界防护林带建设、防沙治沙、农田林网建设、村屯绿化、矿区绿化等工作；进行城市环境建设，补充环境基础设施、改善城市面貌、提高绿化覆盖率；进行矿区环境整治，实施矿区复垦、矿区绿化，建设阜新海州露天矿国家矿山公园[77]。

（3）坚持促进就业，改善人民生活环境。在引进外来项目、发展现代农业和培养本地民营企业中，考虑增加就业机会这一因素；通过沉陷区治理工程和集中连片棚户区改造工程，解决居民实际生活困难。2013年，阜新被批复为"国家扶贫改革试验区"之一。

虽然，阜新的经济转型政策中涉及绿色能源、生态恢复、社会民生、工业文化遗产等多种绿色经济发展元素。但是，其转型模式的本质中仍然包含诸多不可持续的发展问题。①即便认识到20世纪90年代的经济衰退来源于支柱产业的剧变，但是，阜新在2000年以来的十余年中仍然坚定地走在"工业兴市"的发展道路上[78]，并且是依托引进大企业、大项目，依靠主导产业拉动投资的粗放型增长。未来政策导向的变化和资本流动，很可能导致这些产业的衰落或转移，届时阜新将再一次进入衰退期。②阜新经济增长中投资拉动效应非常明显，国家几次对东北老工业区实施的经济刺激政策，都相应推动了其经济增速的攀升。经济增速紧随着国家和省的经济投资政策变化"震荡"。以各种试点、示范区名号来获得国家和省在建设项目上的资金和政策支持，成为阜新发展的优势途径。然而，在"去杠杆"的新常态经济环境中，这一优势很快即被证明为不可持续。③阜新的经济高速增长伴随着人口的持续"收缩"。根据全国人口普查数据，阜新市2000年常住人口189万人，2010年常住人口182万人，十年内收缩3.7%。全市户籍人口在过去二十年中几乎没有增长（图2-2）。全市域范围内，除了阜新市区和彰武县城，大部分乡镇的人口都在持续减少过程中，阜新市2009年提出建设的玉龙新城开发进展缓慢。经济高速增长和人口衰减的矛盾必将影响未来阜新的持续发展。事实上，2012年、2013年经济增速已经开始回落，在新常态经济环境下，阜新的经济转型道路的可持续性仍然有待进一步检验。

2.5 小　　结

以上所介绍的案例中，深圳市在土地空间限制下主动选择了紧凑的发展模式，以此来维系未来长远的、高品质的、持续的城市发展，而阜新市在面对资源枯竭后的经济转型过程中，借用国家扶助政策和项目投入，产生了十余年经济高速增长但人口持续收缩的转型震荡。在我国"降增速、去杠杆、调结构、促公平"的经济发展新常态环境下，深圳和阜新可以分别代表未来"仍然持续增长"和"持续慢增长或收缩"两种城市类型。

结合国际可持续发展和国内高质量发展的大趋势，"紧凑+收缩"城市理论和相关案例研究给我们的启示如下：①未来仍然具有较强增长动力的城市应当主动紧缩规模，以绿色低碳和环境生态友好的方式，以绿色创新为依托，加快由传统经济向绿色经济的结构调整，建设具有社会包容性的人居环境；②未来增长动力不足甚至收缩的城市，应当逐渐适应低速发展的新常态，谨慎借用投资主导的经济刺激工具，在绿色经济中的"创新驱动"方向上前瞻性地选择替代产业，同时，借助低速增长阶段的机遇期，提高生态环境和人居环境质量，走可持续发展的新道路。

本章建议将"紧凑城市"和"收缩城市"研究成果相结合，组合成为符合我国发展实际的"紧凑+收缩"城市发展理论，以兼顾我国未来增长型城市和收缩型城市并存的新型城镇化情境。两种理论的结合方式需要构建更具体的理论研究框架，"紧凑+收缩"城市的鉴别和评价方法还有待探索，针对"紧凑+收缩"城市发展的规划方法和政策工具还需要进行实证研究。

第二部分

国际比较

增长语境下中国收缩城市研究的兴起与进展

城市和区域中人口和经济的"增长与收缩"是"同一个硬币的两面"。19世纪的英国，资本主义城市快速扩张的同时乡村出现了圈地运动，其工业城市崛起的同时也见证了中世纪港口城市的逐渐萧条。20世纪的欧洲，核心地带（所谓"蓝香蕉地带"）[79]的社会经济快速发展与边缘地区的人口流失并行，最终导致发展再平衡问题成为欧盟《欧洲空间发展战略》中的重要议题。19世纪，美国东海岸的城市工业发展得益于大量欧洲移民的流入，这也是爱尔兰人口锐减的时期。同时代，美国黑人大量逃离奴隶制下的南方各州，流向正在新兴工业化的东北"五大湖地区"，推动了克利夫兰、匹兹堡、底特律等重工业城市的快速发展。20世纪，全球化下的美国制造业转向日本、韩国等东亚国家。一方面，崛起的韩国、新加坡等国家创造了增长的奇迹；另一方面，美国东北的"铁锈地带"也逐渐发展出新城。21世纪初，美国五大湖地区富有的白人群体开始大量向南方温暖宜居的"阳光地带（sun belt）①"移民[80]。产业和人口流失催生了大量收缩城市，成为学术研究和政策分析的热点问题。同样，改革开放以来我国快速城镇化也是体现增长与收缩"一体两面"的过程。东部沿海地区的工业发展、城市繁荣，同时也伴随着东北地区、中西部地区的人口输出和空心化；当中西部地区开始谈论人口回流和经济崛起的时候，东南沿海的制造业相应出现了"用工荒"问题。与西方收缩城市研究不同，中国的收缩城市研究是在仍然以增长为主要话语体系的时代背景下逐渐萌芽和发展的。

3.1　中国城镇化研究的新议题

3.1.1　城镇化过程中出现了人口局部收缩

我国城镇化发展在20世纪80年代、20世纪90年代、21世纪初经历了快速增长，2018年全国常住人口城镇化率达59.58%。此后，受国际市场变化和国内结构调整

---

① "阳光地带"泛指美国北纬37°以南地区，包括阿拉巴马州、密西西比州、阿肯色州、北卡罗来纳州、亚利桑那州、新墨西哥州、内华达州、加利福尼亚州、佛罗里达州、南卡罗来纳州、佐治亚州、得克萨斯州、路易斯安那州。

影响，城镇化已步入增速放缓、结构优化和走势分化的新阶段，进入新常态。在当下和可预见的未来，让全国所有城市都维持经济、人口高速增长已经不再现实，大部分地区即将开始由高速增长向高质量发展转换，进入集约、高效、提质、减量的新型城镇化阶段。随着全国人口总量增速的放缓，部分区域（如老工业基地、人口流失的中小城市、资源型城市、偏远地区乡镇和大量乡村地区）和城区（如老工矿区、旧城、开发区和新区）已经出现了"人口局部收缩"的现象。基于此，国家发改委在《2019年新型城镇化建设重点任务》中首次提出"收缩型中小城市"的概念，要求对部分城市"瘦身强体，转变惯性的增量规划思维，严控增量、盘活存量，引导人口和公共资源向城区集中"。《2020年新型城镇化建设和城乡融合发展重点任务》中再次提出"统筹新生城市培育和收缩型城市瘦身强体，按程序推进具备条件的非县级政府驻地特大镇设市，有序推进'县改市''县改区''市改区'，稳妥调减收缩型城市市辖区，审慎研究调整收缩型县（市）"。在这样的背景下，如何为人口局部收缩中的城市（区域）寻求不同以往的城乡规划原理与方法，成为值得探索的基础理论问题。

3.1.2　全国人口总量开始出现负增长

根据中国国家统计局发布的数据，2021年年末，全国人口141260万人，比2020年年末增加48万人，2022年年末全国人口141175万人，比2021年年末减少85万人。根据第七次全国人口普查数据，2020年中国出生人口较2019年减少260万人，下降18%，60岁及以上的人口占比18.70%，65岁及以上人口占比达13.5%。数据表明，我国的人口发展已经转型进入了负增长、老龄化、少子化的新阶段。过去四十多年，我国的快速城镇化和工业化发展，得益于较大的人口红利。随着人口转型发展，向我国城镇化供给人力资源的人口红利逐渐消失之后，城镇的快速增长面临更严峻的"抢人"压力。可以确定的是，未来并非所有城市都能够享有人口大量涌入、短时间内数量翻倍、劳动力供给充足的便利。越来越多的城市需要利用高收入就业机会、优良的公共服务、高品质的生活质量来吸引高知识水平的人才来定居，同时，更多的城市需要思考如何留住人口、留住青年人口，形成稳定和可持续的人口结构。城镇化的发展必然是不均衡的，有优势区域和劣势区域。在人口总量减少的大背景下，出现人口大量聚集的全球城市、研发中心城市、消费中心城市的同时，也必然导致其他城市出现人口外流。那些失去人口、失去活力的收缩城市，将来会越来越普遍地出现。

3.1.3 增长主导的规划方法对逆/慢增长情境缺乏准备

在改革开放以来的几十年的高速增长中，城市发展、政策制定和规划管理都以经济、人口和用地持续增长为前提。寻求增长动力、解决增长问题、协调增长利益是"增长"主导的规划范式的核心。由于长期处于高速发展阶段，城市规划中增长主义思维已经深入人心，在规划管理和设计实践中"必须增长"的观念相当牢固。在这种环境下，未来人口收缩的情境常常被管理者和规划师忽视甚至抵触。鉴于此，张京祥等[81]提出"增长主义的终结"，警示扩张型发展路径不可持续，预测发展逻辑和城市规划实践将进入转型期。吴志强院士也在《收缩的城市》译者序中指出："中国的规划师不仅要肩负起'为了增长而规划'的职责，也应该准备好'为了萎缩的规划'，两者结合方能实现更健康的城市和区域发展。"[25]因此，学界有必要对收缩情境下城市（区域）可持续发展问题展开现象分析，并研究如何开展针对收缩城市的治理措施。

3.2 中国收缩城市研究的兴起

3.2.1 收缩城市研究的出现

在国内学术期刊有关收缩城市的文献中，发表时间最早的是2011年12月刊于《城市与区域规划研究》的论文《精明收缩：应对城市衰退的规划策略及其在美国的实践》[82]。早期发表的期刊论文主要是引介收缩城市的概念，以及对美国、英国、德国的案例进行介绍。对中国的收缩城市现象展开科学探索，大概开始于2015年。Long和Wu等[83, 84]通过比较第五次全国人口普查和第六次全国人口普查数据，圈定了一批人口收缩的行政区，揭示出在广泛的增长认知下，我国也存在人口收缩的地区。为了更好地探索"中国城镇化另一面"[85]，一群年轻学者共同组成了 SCRNC。与SCIRN相似，SCRNC也是一个自发的、开放的、松散的，基于共同学术兴趣集结而成的非官方学术组织。自2015年开始，SCRNC致力于不断加深对中国收缩城市现象的理解，加强学术界对该理论概念的关注。其成员每年举办一次"中国收缩城市学术研讨会"，并在中文期刊上组织了多个收缩城市研究专辑，其中影响大的几次专辑组稿有：《现代城市研究》2015年第9期"收缩城市——国际经验和中国现实"、《规划师》2017年第1期"收缩城市与规划应对"、《西部人居环境学刊》2018年第3期"收缩城市"、《热带地理》2019年第1期"国内外城镇的增长与收缩"、《北京规划建设》2019年第3期"城市收缩：城市化的另一面"、《现代城市研究》2020年第3期"城市收缩机制及规划应对研究"、《国际城市规划》2020年第2期"为收缩而规划：范式转换和关键议题"、《自然资源学报》2023年第1期"增长与收缩效应"。

3.2.2 研究数据和行政区划

展开中国的收缩城市研究，面临的第一个问题是如何获得有效的城市人口数据。目前，大部分旨在识别和度量城市收缩的研究都基于官方的人口统计数据。统计数据目前仍然是较为容易获得的、最为常用的数据源，大部分收缩城市研究都基于人口普查数据，并辅以各层级统计部门公布的年度统计数据。利用统计数据和普查数据作为分析城市人口变化依据虽然非常便捷，但是，目前仍然存在两个悬而未决的问题：①如何获得更准确的人口数据；②如何精准统计城市范围内的人口。

一方面，统计数据和人口普查数据一般都包含有行政区"户籍人口"和"常住人口"两种人口数据类型。前者来源于公安部门的户籍统计系统；后者指经常居住在某地半年以上的人口，包括居住在本乡镇街道且户口在本乡镇街道或户口待定的人、居住在本乡镇街道且离开户口登记地所在的乡镇街道半年以上的人、户口在本乡镇街道且外出不满半年或在境外工作学习的人。可见，常住人口更能够反映城市实际居住人口的变化，适合用于度量城市收缩的现象。由于人户分离现象常见，各地户籍人口和常住人口的差值，也可以用以大概度量人口的流入和流出基本趋势。从每十年进行一次的全国人口普查中，研究者可以获得相对准确的常住人口数据。

这也是目前最为容易获得的、较为可信的人口数据源。虽然各地统计公报中也有年度人口数据，但是由于各地更新年度常住人口的技术方法不统一、不透明，数据的横向可比性尚存疑。

另一方面，以上人口普查数据和统计数据都以行政区为单元进行采集和公布，数据为市域/县域/乡镇域的人口统计数据，而不是城市建成区的人口统计数据。在我国区域型的行政区划体系下，政府兼顾管理城市和周边区域的职能（图3-1），很多地级/县区级/乡镇级的行政单元中同时包含有城市建成区和农业区。严格来说，研究需要获取仅在城市建成区（即城区/县城内实际已成片开发建设、市政公用设施和公共设施基本具备的区域，图3-1深灰色区域）实际居住的人口数据，并且比较多年的变化，以此识别和度量收缩城市。但是，这个范围内的常住人口总数并不能从统计数据中找到。截止到2020年年底，我国的行政区划中共有4个直辖市、15个副省级市、278个普通地级市、388个县级市，共计685个城市，即我国统计口径下的"城市"。《中国城市统计年鉴》和《中国城市建设统计年鉴》每年发布这685个城市的城区人口统计数据，这是当前公开数据中，最为接近收缩城市研究定义的人口数据源。

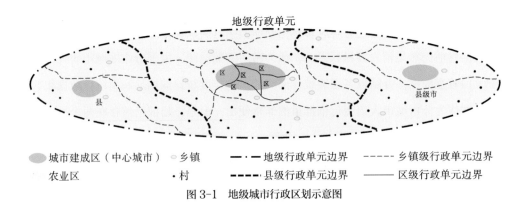

图 3-1　地级城市行政区划示意图

综上，当前定量识别和测度我国收缩城市数据的困难在于：①除了十年一次的全国人口普查，研究者还缺乏数据获取方法可靠且横向可比较的城市常住人口数据；②当前的统计数据主要基于行政区采集，行政区划范围内难以区分建成区人口和周边农业区人口，导致很难区分城市人口收缩和区域人口收缩；③我国统计调查中缺乏人口迁徙和流动人口的精确数据，导致一直缺乏对收缩城市研究十分重要的人口流动动态数据源。

3.2.3 城市收缩的区域差异

定量数据上的模糊给识别和测度中国收缩城市带来了一些困难，但是，大量实证案例研究弥补了统计数据的缺憾，给我们呈现出中国收缩城市多样的区域差异和丰富的收缩类型。

东北地区的城市收缩是我国最为接近国际定义的实证案例。作为老工业基地的东北，在中华人民共和国成立之后的计划经济体制下，以国有企业为主体的工业体系获得较大的发展。然而，改革开放和市场经济给东北的产业体系造成了重大冲击。在产业转移和人口外流的双重压力下，东北地区成为收缩城市案例研究的热点地区[86, 87]。东北整体收缩格局比较清楚，除了哈尔滨-大连轴线上的几个省会城市，其他城市都有不同类型、不同程度的收缩。东北城市收缩的现象和原因已经相对明了：①随着人口年龄结构的变化和人口的自然迁移，受资源枯竭、产业衰退和技术进步影响，中小城市出现了普遍的收缩现象；②部分大城市由于发展相对落后于全国其他地区，对人口的吸引力下降，并且，国有企业和城市原本相互支持、共同发展的良性互动，转变为企业与城市互相牵绊、掣肘的恶性循环，从而导致很多大城市相对收缩[88]。

经济发达、人口流入的东南沿海地区也并非完全没有城市收缩现象。现有研究指出即便是在长三角、珠三角、京津冀等地区，在人口快速增长的中心城市周围也遍布有人口减少的中小城市和乡村区域[89, 90]。杨宁宁等[91]进一步将发达地区的城市划分为绝对增长、发展型相对收缩、衰退型相对收缩、绝对收缩四种类型。其中相对收缩和绝对收缩类型存在于中心城市的人口虹吸效应作用和经济辐射作用强弱关系的交替区：①在较为边远的地区（如苏北、粤北），中心城市对其的人口虹吸效应作用存在但经济辐射作用较弱，所以出现人口流出和经济发展缓慢的情况，也被称为"异地城镇化区域"[92]或者"双重收缩地区"；②在较为邻近中心城市的地区，中心城市对其的人口虹吸效应作用存在且经济辐射作用也存在，所以出现人口流出的同时经济却仍然发展较好的情况，也被称为"半收缩地区"[93]。此外，杜志威等[94]和李郇等[95]的研究指出，2008年的金融危机对珠三角的制造业也产生过严重的冲击。如东莞这样的世界工厂曾经在短期内失去大量的流动人口，造成城镇人口的剧烈下降。可见，虽然东南沿海城市产业发达、人口吸引力强，但是，面对国际贸易的波动和全球供应链的不确定性变化，这些外资依赖、出口导向很强的地区，也存在收缩的风险。

中西部城市的增长与收缩主要与人口流动相关，体现为农业人口持续向省会城市和地级城市转移，内陆省份人口不断向沿海省份流动。一方面，各级城市都在吸收其影响腹地范围内的农业人口进行"本地城镇化"迁移；另一方面，内陆欠发达城市也在不断给沿海发达地区输出人才和劳动力，存在大规模"异地城镇化"[96]。中西部城市大多处在人口流入和流出的动态平衡中，其结果是：①大部分县级城市、乡镇和农村区域出现人口净流出，出现空心化；②大城市内部可能出现人口衰减的穿孔式收缩的街道和片区，如武汉、成都、重庆等；③在人口虹吸效应的作用下，经济发展较快的大都市区外围出现大量人口收缩的中小城市。在跨区域的尺度下观察[97]，中西部地区呈现出"增长的城市群/都市圈、收缩的基底、剧烈的虹吸效应"作用下形成的人口增长区和收缩区相互镶嵌的空间格局[98-103]。

3.2.4 城市收缩的动因类型

虽然我国东北、东南、中西部地区的城市收缩各有特点，但是，并不能认为中国收缩城市类型与地域空间存在严格的关联性。首先，作为计划经济时期的产物，资源枯竭型城市和老工业城市是收缩城市的重要类型，这两类城市分布在全国各个地区[104]。该类型的收缩城市是被研究者讨论最多的案例，也是受到政策关注最多的类型。东北地区振兴规划、资源型城市可持续发展规划、老工业城市转型发展示范等一系列政策举措，呈现出国家振兴该类型城市的决心。然而，这些政策的制定和实施，更多关注于经济和产业的复兴，常常忽略该类城市衰退中人口、社会、环境、经济复杂的互动关系，还没有从城市收缩角度制定政策。其次，由人口流失带来的大都市穿孔式收缩，以及中小城市、乡镇和农村的空心化，也并不仅限于东北地区和中西部地区。在全国任何出现快速城镇化的地区，短距离和长距离的人口迁移都可能带来短期人口流出，进而导致城市收缩。同样，由市场波动导致的城市收缩也不仅限于东南沿海地区，中西部有大量依赖贸易的外向型城市，在交通流、要素流、信息流出现变化的时候，也可能由于被边缘化而出现人口收缩。此外，针对我国大规模以自上而下的方式推进的宏观调控，有研究者指出，很多经济刺激计划实际上加剧了区域之间的发展不平衡[105-107]。由于自上而下的扶持政策的鼓励，地方政府实施了不符合现实情况的振兴发展规划，反而加剧了人口收缩的情况，部分研究者称之为"规划导致的城市收缩"[96, 104, 108, 109]。最后，由于人口外流导致的空心化的收缩乡村也开始获得广泛关注[110]，一些特殊的收缩城市类型也被研究者发掘出来，例如海岛城市[111]和边境城市[112]。

中国城市收缩的过程机制与国际案例之间也有一定相似之处。①我国东北地区资源枯竭型城市和老工业城市的收缩过程与美国锈带地区的衰败非常类似。作为两国的重工业基地，两个地区都经历了产业转型过程中的震荡。不同的是，前者经历的转型过程是计划经济向市场经济的过渡，后者受到的主要是全球化过程中制造业转移的去工业化影响。②由于经济不平衡发展，人口由欠发达的中西部地区、东北地区向东南沿海流动，由此导致小城市和乡村的人口减少。这与欧洲地区出现相关研究结果相似，"核心-边缘结构"驱动人口由发达地区（国家）向不发达地区（国家）迁移，进而在德国地区和中东欧国家中出现了类似的收缩城市案例。③东南沿海地区城市（如广东东莞）出现由于产业结构升级（工厂"机器换人"）[94, 113]导致的城镇人口减少。该过程与西方发达国家20世纪70—90年代经历的普遍"去工业化"过程类似。不同之处在于，我国案例的产业转移和升级在国内完成，由东南沿海城市流出的工厂，常常在中部和西部城市中找到新的选址，而非流到海外。在这个过程中，东南沿海地区城镇的产业升级和人口收缩与中西部地区城镇的工业复兴和人口再增长又产生了很有趣的关联[114]。综上，中国收缩城市的动因和作用机制总体上与国际研究案例相似，同时，又在独特的发展语境下体现出自身特点。

收缩城市概念出现以来，中国收缩城市研究成果丰富，探索的问题包括但不限于：从数量变化上展开人口收缩的量化研究；从案例调查中分析人口流失的动因、机制和影响；从历史分析中描绘城市收缩的轨迹类型等。随着研究的深入，相关研究逐渐收敛到对"如何在城市管理、政策制定和规划实践上进行收缩应对"的讨论上。国内外研究重心逐渐从关注"现象"的人口学视角和关注"机制"的地理学视角，转向关注"应对"的规划学视角。

3.3　中国收缩城市现象研究进展

在中国城市/镇/村人口收缩（衰落）研究方面，早期研究者主要从分析"空心村"[115-121]和"小城镇问题"[122-124]切入，认为村-乡-镇尺度下衰落问题是我国的聚落人口收缩现象以及政策应对研究的重点类型。遗憾的是，早期研究还没能从城市收缩的视角分析这些现象。城市衰落问题的探讨开始对逆城市化现象的思考[125, 126]。在城市地理学者的全国性量化研究中，已经可以看到人口总量、密度和用地正在收缩的地区，即便这些文献的讨论重点仍然是增长的数据[127, 128]。Wu等[84]和毛其智等[129]的定量研究，开始了国内真正聚焦于收缩城市的探索。首先，欧美的收缩城市案例研究被介绍到国内[82, 130-133]。此后，研究者通过量化分析发现了我国人口总量、人口密度、用地、空间品质或社会经济上呈现收缩的地区。其中，Wu等[84]通过对比全国2000年第五次全国人口普查和2010年第六次全国人口普查数据，最先识别出了180个人口总量/密度下降的收缩城市。杨东峰等[134]将这些城市与同时期遥感影像资料比较发现，其中的50%仍然出现了明显的空间扩张。可见，在"土地财政"的推动下，很多人口减少地区仍然以新城（区）开发拉动发展，其可持续性令人担忧。中国的收缩城市研究于2015年左右逐渐起步，开始于概念认识和实证探索。近年来，中国收缩城市现象研究的主要进展如下。

3.3.1　探索我国收缩城市的量化识别方法

吴康等[135]、林雄斌等[136]、邓沛勇等[137]和刘贵文等[138]致力于探讨利用统计数据量化测度我国收缩现象的方法。现有量化研究大多基于人口数据，同时融入其他社会、经济、空间指标予以佐证。大部分研究从第五次全国人口普查、第六次全国人口普查和第七次全国人口普查的户籍人口和常住人口数据入手来识别收缩，由于普查统计单元为行政区范围，所体现的是地市域、县市域范围内人口总量的减少，这一测度也被称为"广义城市收缩"。然而，全域人口变化隐匿了内部的城镇化过程，无法准确体现中心城区（建成区范围内）的人口减少，即所谓的"狭义城市收缩"[139-141]。因此，部分研究者使用《中国城市统计年鉴》中的人口数据，对全国

600多个建制城市城区的人口变化进行量化比较，但受限于统计认定的建制城市数量，该测度方法有可能遗漏了大量收缩的中小城市。现有研究发现，目前广义和狭义城市收缩现象在我国都大量存在。此外，为了补充人口数据的不足，夜间灯光数据[86, 113]、遥感卫星图片[142]和街景图像数据[143]等新的数据类型，也开始进入收缩识别量化研究者的视野。

3.3.2 累积我国收缩城市的分析案例

东北地区是我国城市收缩的聚集区，相当数量的研究聚焦于描述这些老工业城市的人口流失和经济困境[86, 87, 143-148]，阐述改革开放和市场经济转型给东北振兴带来的挑战。此外，吴康等[89]和李郇等[90]发现，即便在发达的京津冀、长三角和珠三角地区，经济增势强劲的中心城市（区域）周边也密布着常住人口和劳动力减少的地区。研究进一步发现，在国际经济环境的震荡中，我国城镇化和工业化发展迅速的东南沿海地区也会出现城市增长与收缩的短期波动[95, 149-151]。在中西部地区，张莉[152]以四川省和河南省信阳市为例，提出"增长的城市与收缩的区域"的论断。周恺等[96, 153]通过对湖南省的实证研究，指出中部人口高输出省份会出现人口袭夺型、空心衰减型和资源枯竭型三种收缩类型。高喆等[154]和刘玉博等[155]重点分析了武汉都市圈，揭示出中部大城市独特的城市收缩格局：城市内部出现"穿孔式"衰退，都市圈范围内部分郊区县存在"辐射式"收缩。温佳楠[156]和张学良等[157]对成渝地区的研究揭示了西部城市群的增长和收缩特点：在大城市人口虹吸效应作用、产业结构变化和人口老龄化的推动下，出现全域收缩、边缘收缩和局部收缩。四川盆地内的城市增长和收缩处境，某种程度上也是中西部大部分城镇群的写照。此外，全国各地分布的大量资源型城市也是我国收缩城市研究的典型案例[104, 105, 158, 159]。

3.3.3 构建收缩城市研究中的中国理论

张京祥等[160]认为"快速的经济和城镇化发展背景"和"强政府政策干预能力"是中国的时代和制度特性，中国的收缩城市了除了结构性变化造成的典型的"趋势型收缩"以外，还出现了由政府政策引发的"透支型收缩"和"调整型收缩"两种独特类型。杜志威和李郇[113]基于对珠三角的工业收缩城镇的调研，提出我国当前阶段的人口增长和收缩是同时发生且相互关联的，甚至可以交替出现。陈川等[161]、李彦群等[162]和耿虹等[163]研究发现，在我国不断变化的制度环境和经济环境中，很多行政层级较低的小城镇逐渐失去了发展动力，出现了资源流出与规模收缩[164]。此外，对于我国广大的农村人居空间，学者也发现了普遍空心化现象，并建议其在人口迁出之后进行精明收缩[165-167]。

随着大量高质量期刊论文与专著的发表，我国学者在综述国际经验的基础上，分析了大量中国的收缩城市案例[96, 149, 150, 154, 155, 159, 162, 168-177]，搭建了国内研究框架[71, 160, 178-181]，不断推进中国收缩城市研究[85, 182, 183]。现有研究也表明，我国城镇化过程中的人口流入和流出、空间的占用和舍弃、经济的起飞和震荡、政策的拉动和调控，塑造了中国特有的经济转型路径、城乡流动过程、东中西差异、城市区域关系、城镇体系格局，从而引发我国出现城市收缩、区域收缩、中小城市（镇）收缩或乡村空心化[115, 116, 120, 121]等现象。因此，中国的收缩城市研究必须放在快速城镇化、全球化、社会转型的综合视角下进行考察。并且，中国城镇化规模大、速度快且仍在进行之中，收缩城市研究中的中国理论可以进一步丰富对全球城镇化的理解。基于此，我国城乡规划工作不仅要把握增长期的机遇，更需要增强对收缩期的掌控。

3.4　中国收缩城市治理研究进展

虽然收缩城市还没有受到足够的重视，但是主动或被动地应对局部人口收缩的政策行为在我国当前的城市治理中已非罕见。例如，特大城市实施减量策略、寻求紧凑发展[184, 185]，通过推动棕地再利用、老旧小区和工业遗产改造来盘活用地存量[186, 187]；中小城市主动应对基础设施使用率不足、财政自给率较低、人口增长停滞带来的发展挑战[161, 173]；镇级行政单元和乡村地区主动调整规划来应对人口外流和空心化[188]。可见，在增长的大环境下，收缩也是不得不面对的情境[189, 190]，收缩治理的重要性正逐渐突显。现有讨论中国收缩城市治理的研究主要聚焦以下两个方面。

3.4.1 收缩治理的话语体系建立和制度基础探索

虽然不乏数据与案例支持，但城市收缩还并没有完全进入我国的规划理论体系，收缩治理也还没有建立有效的话语体系和制度基础。首先，在增长主导的发展理论下，收缩被等同于衰败、危机、衰落和萧条等负面表述，成为政策话语中的禁忌。研究者一直努力将收缩"中性化"[160, 191]，利用理论模型、历史回顾、案例分析等多种方法，在长历史过程和多空间尺度下比较，阐述城市收缩的历史性、周期性和必然性，以消解城市"必须增长"的执念。其次，很多人认为收缩应对是针对特殊类型城市（资源枯竭型）或个案城市（环境安全受影响地区）的临时性应急策略。对此，研究者也在努力通过分析说明，收缩治理也是日常性、一般性的城市治理工作，这体现在以下几个方面。

（1）全球化的世界经济存在波动，会导致部分快速城镇化地区（如珠三角地区）形成增长与收缩并存的新空间格局。因此，这些地区为了应对短期的、局部的产业经济调整和城市功能转化，收缩治理是必要技术储备[95]。

（2）新型城镇化主张由"土地的城镇化"向"人的城镇化"转化，人口不再仅仅是核算建设指标的基础，也是实现多样化、多层次城市功能的需求出发点。在人口收缩情境下，吸引增量人口的同时也需要提高存量人口的生活品质，城市治理政策将转向"量质并举"[153]。

（3）随着新的国土空间规划体系的建立，人地关系在顶层设计下开始被重新定义。规划的理论方法也开始从追求增长的"扩张式"向"存量式"甚至"减量式"转化，城市收缩发展中土地利用管理与生态系统服务需求日益增长，成为展开收缩治理的切入点[178, 192]。

3.4.2 收缩治理的国际经验引介与技术方法介绍

作为舶来的概念，收缩治理研究在西方文献中积累了一定成果。在中国收缩城市研究之初，西方国家各种政策工具和规划方法就开始被介绍到国内。例如，美国的精明收缩、合理精减、社区规划、绿色基础设施[193, 194]、土地银行[195]和都市农业等实践，日本的都心再造[196]、适老城市、儿童友好、小城镇识别性[197]、蜂窝化填充[198]、网络化紧凑形态[199, 200]等政策，德国的空置住房拆除和再利用[201]、过渡性使用[202]、IBA设计实践等经验，英国的城市复兴战略[203]、文化创意更新、工业遗产再生、社区公众参与等主张。

然而，对照中国的现实情况，会发现其中很多工具和经验并不适用。例如：①基于西方食物供应体系和城市社会特征，西方学者提出"通过推动都市农业来整理和利用城市空置土地"，这一政策就很难在我国收缩城市中找到参照对象和应用环境；②西方市镇的财税收支相对独立，导致一些收缩城市出现"破产"，但在我国"财力协调、区域均衡"的财政制度安排下，城市出现破产现象的可能性不大，财政出现问题的城市最终会被中央接管，进行"财政重整"①；③早期西方研究也曾建议"利用人口收缩期进行生态修复"，但通过调查实际案例发现，我国收缩城市的生态系统本就在发展压力衰减后逐渐自行复苏，且城市迫切需要的是社会服务提升而非增加绿色空间，这导致在荒置用地上进行生态建设投入的必要性和合理性都很难论证。因此，在引介与应用国际收缩治理经验之前，还有必要基于我国的现实情况展开谨慎的国际比较研究，对西方收缩治理经验进行深入的理解与评估。

3.5 小　　结

全国人口总量增速放缓并进入负增长阶段，同时区域资源的不均衡分布也仍在延续。在此背景下，部分地区已经出现了人口局部收缩。但是，当前"增长主义"城镇化理论和规划方法对人口局部收缩情境缺乏准备，亟须探讨应对收缩所需的原则、方法、技术和工具。中国学术界正基于"收缩城市"理论框架，展开城市在其生命周期后半段的演化规律探索，构建人口慢增长、负增长情境下的可持续城市发展理论。近年来，相关讨论逐渐收敛到针对中国收缩城市样本展开聚焦"收缩现

---

① "财政重整"是中央政府管控地方政府性债务规模，确保地方财政安全的干预举措。国务院办公厅于2016年10月印发的《地方政府性债务风险应急处置预案》中规定，市县政府年度一般债务付息支出超过当年一般公共预算支出10%的，或者专项债务付息支出超过当年政府性基金预算支出10%的，必须启动相应的财政重整计划。

象"和"收缩治理"问题的理论和方法的探索上。在对我国快速城市化阶段的回顾和展望研究中,学者也发现大量(广义或狭义)的收缩城市,并揭示出部分地区在人口收缩的同时仍进行用地扩张。现有研究在大量案例分析基础上总结了中国收缩城市特质,并提出了开展中国收缩城市研究的必要性。然而,很多国际收缩研究的经验不完全符合我国国情,需要进一步审视和评估。并且,若在我国现行的城市管理和规划编制体系下展开收缩研究和收缩规划,相关政策话语体系和制度基础还有待进一步研究建立。

城市收缩模型和收缩治理模式的国际比较综述

在促增长的大环境下，慢增长和逆增长也是城市不得不面对的发展情境[74, 188]。基于此，本章首先介绍涵盖城市增长和收缩阶段的三种城市收缩模型：生命周期模型（life cycle model）、启发式模型（heuristic model）、政治经济模型（political economy model）。研究者希望通过长历史过程分析和多空间尺度比较，说明收缩与增长是在城镇化过程中交替出现的现象，以此消解城市必须增长的执念。其次，很多国内国外的收缩城市研究已经由现象描述和机制分析，转向服务收缩治理的对策研讨。收缩治理研究在西方积累了丰富的成果，但对照中国的现实情况，本章介绍了美国、德国、法国、日本、中东欧等国家和地区的收缩治理模式，解析其中工具和经验的背景和适用性。最后，本章在文献整理和案例调查的基础上提炼可能对我国具有较大借鉴价值的三个政策领域：协同治理、形态管控和吸引力提升。这分别针对收缩城市普遍面临的三方面困境：①收缩城市财力和资源短缺，急需地方、区域、国家层面的合作行动创造振兴动力；②在营商环境和房地产市场衰退过程中，城市空间环境大规模破败，亟待进行形态和风貌改善；③收缩城市吸引力下降，既需要改善留守人群的生活质量，又迫切需要吸引人口回流、恢复城市活力。

4.1 城市增长与收缩的理论模型

从较长历史时期看，很多城市都经历过繁荣与萧条的更替；从较大空间尺度下看，很多全球性、地方性的历史过程也都伴随着城市与区域的增长和收缩。将城市增长与收缩并置，被引用最多的城镇化理论模型是以下三种：生命周期模型、启发式模型和政治经济模型。

4.1.1 生命周期模型

生命周期模型总结了中心城区、影响腹地、市县全域范围内人口的增长和收缩及集聚和分散规律，通过记录城市人口历史演化历程，描绘了交替出现的增长与收缩波动（图4-1）[204, 205]。

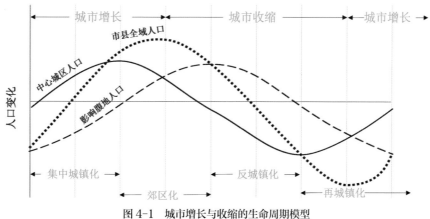

图 4-1 城市增长与收缩的生命周期模型

（资料来源：改绘自文献[204, 205]）

生命周期模型对应经典的城镇化四阶段理论[206]：①在集中城镇化阶段，中心城区人口增长，并带动影响腹地（包括近郊区、远郊区和都市区影响范围内的中小城镇）和市县全域人口增长；②在郊区化阶段，中心城区人口减少，而城市影响腹地人口持续增加，此时市县全域人口依然维持集聚；③在反城镇化阶段，城市人口衰减、经济衰退，中心城区、影响腹地和市县全域人口均减少；④在再城镇化阶段，城市复兴，中心城区再次出现人口吸引力，进而逐渐扭转了影响腹地和市县全域的人口收缩，再次开启集中城镇化阶段，进入另一个生命周期循环。可见，生命周期模型中的集中城镇化、再城镇化阶段为城市增长期，郊区化、反城镇化阶段为城市收缩期。经济学理论中的周期波动模型［长波动周期（45～60年）[207]和中长波动周期（15～20年）[208]］提出城市的增长与收缩是时间上连续（周期性交替）和空间上复合（三个地域范围间联动）的变化过程。

基于这样的模型解释，治理收缩城市的政策需设计为：①尽可能长期维系现有经济发展、社会环境和物质条件[209-211]；②为下一个增长周期作储备，积极寻求能够引领再次增长的关键要素[212]；③为当前闲置的土地、住房、公共服务和基础设施寻求临时性用途[213]。

4.1.2 启发式模型

在国际研究中，Haase等[8, 214]最先用理论模型来解释全球-地方交互作用下的收缩过程（图4-2）。在启发式模型中，城市收缩被描绘为宏观背景和趋势的变化（如全球化、去工业化、郊区化和跨国移民等）对地方城市发展（主要是人口和经济上）产生的直接和间接影响。

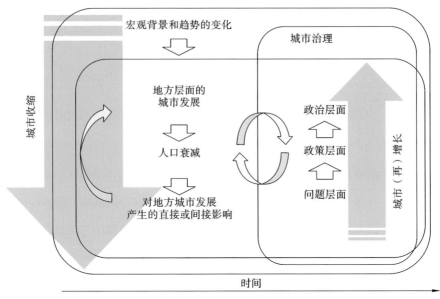

图 4-2　城市增长与收缩的启发式模型

（资料来源：改绘自文献 [8, 214]）

启发式模型同时指出，制定恰当的城市政策是应对人口经济收缩的重要环节，合理的城市治理（governance）是推动城市迈向再增长的政策工具。在具体操作层面上，Bernt等[14]借用了公共管理中的政策窗口理论[215]，阐述了治理收缩的三个阶段：①在问题层面上，需要清晰地认识收缩城市问题；②在政策层面上，将问题用当前的政策话语进行表达；③在政治层面上，要凝聚足够的政治力量来实施应对措施。

启发式模型将城市的收缩和（再）增长看成相互对立的发展方向，它们彼此竞争且此消彼长。在这样的理论框架下，收缩城市分析的任务是对单个案例进行"诊断"，从全球、区域和地方多个层面判定收缩的动因、机制和过程；而收缩城市治理研究的目标在于提出"处方"，实现经济复苏和人口回流。

4.1.3 政治经济模型

从政治经济分析视角，城市增长和收缩是全球和区域尺度下的非均衡发展格局导致的结果[39, 216]。城市兴衰演替背后的原动力是资本的空间流动——中心化、转移、重构或再中心化。Harvey[37, 38]和Smith[39]指出，资本增长所依赖的空间要素是不断变化的，新投资需要摆脱旧有要素环境的阻碍和束缚，趋向于在新环境下重新布局。资本在增值的驱动下做出投资、撤出投资、再投资的决策，并有意识地促使城镇化非均衡发展。因此，资本主义在创造经济奇迹的同时，也导致了城市或地区的衰落和收缩。基于政治经济视角，全球资本主义的高速发展塑造了多种类型的城市：①中心化增长创造了繁荣的典型（全球城市、金融中心、科技城、世界工厂、度假胜地等）；②边缘化地区出现了收缩衰退的典型（破产城市、资源枯竭型城市等）；③普通城市摇摆于繁荣和衰退之间，处于时而增长、时而收缩的不确定状态之中[205, 217, 218]。

政治经济模型将资本主义和城镇化看作两个彼此促进的发展过程（图4-3）。在技术创新和全球化催化下，这两个过程的影响范围、速率和深度也在不断增加。因此，当城市增长在全球范围内变得势不可当时，收缩城市也愈发常见。它们也常被称为被创新技术替代的夕阳产业化身，或者是全球化网络中被边缘化的脱序者。

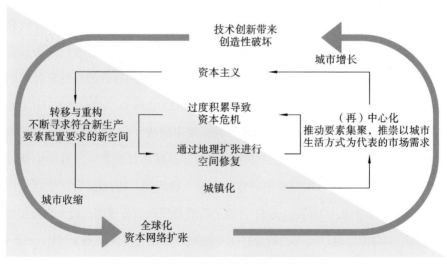

图4-3 城市增长与收缩的政治经济模型

基于这样的判断，收缩城市复兴的关键在于：①迎合下一代新技术的发展，超前构建生产要素组合；②提升综合竞争力，重新融入全球城市的交通流、文化流、信息流、金融流网络。

4.2 收缩治理模式的国际比较

各国收缩城市的治理目标是基本相同的，即实现再开发、再组织、再利用、再定位[153]，但是，由于政治制度、政策环境和行政体制的差异，其收缩治理模式差异明显。

4.2.1 美国模式

美国是收缩城市研究案例非常丰富的国家。著名的东北部"铁锈地带"有很多在全球化、郊区化和去工业化作用下衰败的旧工业城市，如底特律、克利夫兰、扬斯敦、弗林特等。2008年次贷危机后，曾经吸引很多北方人口迁居的"阳光地带"也出现了城市收缩。南部城市出现了大规模"房屋止赎"①，例如拉斯维加斯、迈阿密、亚特兰大等[219]。

美国的收缩城市治理模式体现出地方主义和市场主导的特征。出于对失败的内城更新计划的反思，美国常常自下而上地实施收缩应对政策，依赖地方政府推动建设活动、私营企业主导再开发计划、公私合营运营开发项目、社区主导改善行动。1990年后美国出台的国家治理政策如下：①在克林顿执政的经济复苏时期，美国住房和城市发展部（Department of Housing and Urban Development, HUD）关注在新经济快速发展中陷入困境的城市，并以城市挑战（urban challenge）作为城市收缩的替代概念展开对策研究；②多次修改《社区再投资法》，推动中低收入城市社区的发展；③针对次贷危机导致的房屋止赎问题，HUD出台邻里稳定计划（neighborhood stabilization program），联邦政府给受次贷危机冲击最大的州和城市政府提供用于稳定房地产市场的资金；④美国财政部设立重灾区基金（Hardest Hit

---

① "房屋止赎"又称"房贷违约"，指按揭贷款人中止向银行按期缴纳房贷，导致房屋被房贷银行依法收回。

Fund），缓解受次贷危机影响最严重地区业主的还贷压力，稳定按揭贷款市场。在这些国家政策框架之下，美国地方政府（都市区政府、市镇政府、郡县政府）利用由以上资金构成的社区发展专项资金，与社区团体、非政府组织、私营市场合作，进行城市再开发。

由以上可知，美国的收缩城市治理遵循市场导向、社区导向和自下而上的逻辑。国家和州政府仅提供必要的法规支持和有限的救济基金，收缩城市治理的主体在地方，参与者和监督者也是地方利益相关群体。

4.2.2 德国模式

德国的城市收缩类型多样且动因复杂，既有去工业化导致的城市衰退（例如鲁尔工业区的杜塞尔多夫市），也有1990年东德、西德合并后经历人口流失的东部城市（例如莱比锡、德累斯顿和哈雷）。此外，德国城市的收缩还受到西欧人口出生率下降和欧盟空间非均衡发展的叠加影响。西德地区旧工业城市的衰退机制、历程和特点都与美国案例相似，这里不再重复论述；而在东德地区，住房空置被认定为城市收缩的症结所在。因此，德国政府展开了以住房空置问题为主的收缩城市治理。

与美国不同，德国政府并不纠结于是否应当干预收缩城市发展。在意识形态变革期，德国政府认为东部城市收缩不可避免，并自然而然地制定了应对政策。一方面，联邦政府在国家层面上强有力地推动了整治项目——东部城市重组计划[201, 220]。该计划通过资助住房改善和拆除活动来降低空置率，最终成了在收缩城市中大量拆除多余住房的典型政策样本。另一方面，德国具有百年历史的设计组织——国际建筑展（Internationale Bauausstellung, IBA），一直致力于用艺术、景观、建筑、城市设计的新理念和技术进行收缩城市更新，探索提升城市形象、物质环境和场所品质的空间设计方法。其中影响较大的案例有IBA-Emscher Park[221-223]，该项目将鲁尔区北部人口密集的破败工业遗址Emscher Zone改造成了空间品质优良的郊野公园。IBA-Emscher Park在生态与水环境修复、景观修复和工业遗产保护利用方面进行了创新设计，树立了一个旧工业区更新再利用的典范，并于2001年被联合国教科文组织收录为世界文化遗产。2012年，IBA又将整套方法应用到荷兰收缩城市中，完成了IBA Parkstad Limburg项目。

德国收缩现象的特点是增长与收缩并存，因此，其收缩城市治理模式是国家在宏观尺度下进行发展资源和经济结构再平衡。此外，与美国基本放弃大规模拆建项目不同，德国仍保留了物质更新设计传统。以IBA为代表的设计师组织仍然在探索用空间营造方法来振兴收缩片区，通过设计手段重塑城市精神。

4.2.3 法国模式

在西欧各国中，法国的城市收缩治理较具典型性。经历过第二次世界大战后的高速增长以后，欧洲大部分国家在20世纪70年代转入低速发展期。此后的近50年中，法国的城市收缩与两个因子具有相关性：区域发展水平和城市规模[224]。一方面，法国的收缩城市大多位于收缩区域之中，区域发展状况决定了其中城市的发展前景。法国北部的传统工业地区、矿业地区、旧港口城市及其他单一产业城市都是收缩城市密集的区域，例如，北部-加来海峡区和上诺曼底区等。而在经济社会发展较好并且生活品质较高的法国南部地区，收缩城市的数量要少得多。另一方面，大部分法国收缩城市是中小城市。20世纪60年代以来，法国特大城市保持较强的经济和人口吸引力（如巴黎）。部分中等规模城市在现代化交通基础设施的支持下（如欧洲之星高铁），也成了产业和人口的聚集地，维持较高增长率（如里昂、尼斯和图卢兹）。而同时，法国特大城市辐射影响范围之外的边远地区，特别是位于现代化交通网络边缘的中小城市，都成了人口和资源的输出地[225]。

法国在过去50年中，人口总体仍然维持增长态势，因此收缩治理并不是政府最为关注的话题。但出于均衡区域发展考虑，部分国家政策也致力于复兴衰退地区。一方面，法国的收缩治理主要落实到对衰退（或收缩）区域（而非单个城市）的扶助上。1984年，法国政府成立了土地规划和区域吸引力跨行政区办公室，致力于向去工业化地区提供政策和资金支持。1995年，国家政府设立了国家土地开发发展基金，通过给企业和地方政府提供资金，支持发展落后地区的经济复兴。此外，法国政府分别于1968年、1973年、1990年、1998年设定四个公共土地机构，利用国家资金收购衰退地区的土地和房产，用于实施城市更新项目。另一方面，大都市区的治理对象是社会问题集中的低收入近郊区。2003年设立的国家城市复兴机构

（ANRU）致力于更新、改造、拆除破旧的公共住房，改善城市衰退片区，缓解社会隔离和剥夺问题。2009年，国家旧城区品质提升计划致力于衰退历史老城区的改造和更新[226]。

总体上看，法国还处于增长主导的发展语境之中。与其他西欧国家一样，法国国家和地方的政策话语聚焦于可持续城市更新，致力于通过复兴经济活力、调整土地政策、激活住房市场来实现区域发展再平衡和城市问题片区治理。法国国家政府虽然具备影响地方经济发展的政策能力，但是并没有形成整体应对收缩的政策共识。区域层面的发展再平衡政策和城市层面的衰退片区整治虽然没有以治理收缩为名义，但实质上都是在解决空间衰退问题。也正是由于这两个层面施政缺乏协同，法国国家、区域、城市层面的收缩治理政策常常缺乏一致性，以至于中小城市的收缩没有引起政府的足够重视。

4.2.4 日本模式

全国范围内的人口总量减少、老龄化、低生育率（少子化）是日本城市收缩最为显著的特征。统计数据显示，2010年日本人口总数达到峰值，此后全日本人口总量开始持续减少。预测到2035年，日本总人口会减少至9800万人。人口总量减少的主因是出生率迅速下降，加上日本严格的海外移民控制政策，其未来人口衰减的趋势还有可能加剧[224]。由于长期维持低生育率和平均寿命增加，日本人口在迅速老龄化。2015年，全日本65岁以上人口比例已达26.7%（世界卫生组织的老年化社会标准是7%）。人口"越来越少、越来越老"的趋势决定了日本城市收缩发展的基本走向。同时，1985年以来，日本经济长期单中心集聚，助推了大量城镇在人口、经济、空间上的持续收缩。2015年，日本全域除了增长中的东海道大都市带，其他地区都处于人口流失之中。特别是1985年之后，日本经济经历增速放缓和结构调整后，超过1/4的城市和大部分乡村在全球化和产业外迁的过程中逐渐失去竞争力，引发人口流失，类型包括：①单一企业工业城镇；②渔业和贸易港口城市；③农产品贸易市镇；④矿业城市；⑤纺织、造纸和造船中心。

日本的收缩治理基于三级行政架构：国家政府、地区级政府、地方政府。国家政府视角下，收缩治理的关键是如何适应和扭转人口减少、老龄化和少子化的局面。在国家的引领下,日本城市应对收缩的策略是:迎接老龄化挑战,提升城市的适老能力;向家庭和妇女提供育儿支持,建设儿童友好城市。并且,日本大都市区(包括东京)从1990年开始倡导紧凑城市(compact city)形态,人口郊区化放缓并停止了卫星城建设[227],致力于推动再中心化[228]。在地区级层面上,发掘和营造地方特色被认为是缓解中小城市人口和经济收缩的主要途径。日本进入后工业化社会之后,地区级政府的发展策略为:从历史、文化、环境方面培育具有识别性的城市空间,通过彰显特色和挖掘资源,从旅游、度假、文创角度推出依托地方品牌的产业体系。在地方政府层面上,相关政策行动主要是将国家和地区级政策具体落实。从2014年开始,由人口外流导致的空置住房问题成为地方政府的政策关注点[210]。

日本的收缩治理工作并没有将收缩城市作为核心概念,而是围绕可能消失的城市的提法展开。面对不断收缩的人口基数,日本意识到城市空间形态有必要进行适当的调整,并将其形象地比喻为由"橡树叶"转为"枫树叶"。政府通过规划管控、财税政策,不断将城市功能向有限的优势区域集中。这些优势区域包括:①原有城市的城市中心,实现所谓的"都心再造";②具有较好的公共交通服务的片区,实现所谓的"串丸子"式的TOD城市再开发。其整体的空间结构调整策略可以总结为:城市功能紧凑化战略、公共交通网络化战略、多中心网络化紧凑城市建设战略[229-233]。此外,人口收缩背景下日本也出现了公共服务设施过剩的问题。例如,收缩城市的基础教育设施面临多种问题:①适龄儿童减少,学校办学规模骤降;②增长时期集中修建的教育设施已经老化,是否修缮和如何修缮成为难题;③人口稀疏与设施分散导致教学质量普遍下降,学生认同感、归属感日趋薄弱。相对应地,日本很多收缩地区推出了一系列应对措施:①基于精准人口模型,确定教育资源供给的调整,将学校进行必要的合并;②协同社区共同办学,加强学校和社区共享体育、文化场馆和设施,提高使用效率,降低运营成本;③有选择地改善基础教育设施,以留住当地学生为目标改善和更新现有的教育设施,同时,通过"规模互借"吸引外来人口,例如,推广"山村留学"模式化,大城市内中小学生到异地学校进行一至两年的特色学习[232]。

与法国的情况一样,日本政府也具备干预地方发展的能力,属于强中央控制的治理模式。但是，即便在人口衰减显著并且规划权力高度集中的日本，政府对城市收缩的发现、认识、理解、接纳也经历了漫长的过程。虽然日本的老龄化和少子化分析从20世纪70年代就已经开始，但2000年之前编制的大部分收缩城市的总体规划仍基于人口增长的预期。日本收缩城市研究也是在2000年之后才逐渐兴起的，随后很快就进入国家政策主导的话语体系，先在人口政策上产生响应，随后影响到城市形态和房地产市场领域。

4.2.5 中东欧模式

1989—1990年，部分中欧和东欧国家（以下简称"中东欧"）发生了政治剧变，终止了主要城市第二次世界大战后长期持续的"计划增长"。自此，那些被逐渐纳入欧盟（或受其经济影响）的前社会主义国家的城市在私有化、市场竞争、人口迁移、出生率下降和郊区化的作用下，开始了持续的人口收缩，成为欧洲收缩城市研究的典型样本（表4-1）。近年来，东欧国家俄罗斯也加入了国际收缩城市研究。

表 4-1 中东欧前社会主义国家收缩城市案例和收缩应对总结

研究案例	问题认识	应对策略	地方政策
波兰的煤矿和重工业城市比托姆伴随产业调整出现了人口流失和经济衰退问题[14, 234]	①煤矿和关联产业的衰落导致了高失业率和高贫困率；②长年累积的土壤污染、环境恶化和生态退化问题；③人口迁移导致人才流失和老龄化	针对人口流失、建成环境退化、煤矿产业衰退问题制定地方发展战略	①通过吸引外商直接投资和设立经济开发区进行经济复兴；②建立新的产业体系，进行工业棕地再利用；③利用中央政府资金对历史老城区和历史建筑进行修复和再利用
捷克工业城市斯特拉瓦（Ostrava）在去工业化、郊区化和人口流失过程中陷入发展困境[14]	①去工业化导致高失业率；②人口流失和低生育率导致人口老龄化	通过经济转型和刺激增长来解决就业问题	①基于"企业型治理"逻辑制定增长战略；②通过设立科技园区、工商业发展区和经济开发区吸引投资；③利用欧盟的支持项目和资金发展；④实施内城旧炼焦厂用地的更新和再利用项目，规划为集零售、办公、居住于一体的混合功能区

续表

研究案例	问题认识	应对策略	地方政策
罗马尼亚重要经济、社会、文化中心城市蒂米什瓦拉（Timisoara）出现了人口流失，并开始模仿西欧城市出现无序的郊区化[14]	人口向西欧国家迁移，导致了拥挤的中心区人口密度下降，同时，外围出现失去控制的郊区化，因此，蒂米什瓦拉常被界定为蔓延城市而不是收缩城市	通过大都市区规划来治理蔓延的郊区和收缩的中心区	①编制大都市区总体规划，将无序蔓延的郊区"卧城"建设为服务设施齐备的"生活中心"；②希望通过实施大都市区总体规划来吸引人口流入；③制定新的经济复兴政策，吸引外商直接投资（主要是汽车和IT产业）
爱沙尼亚独立之后，边境小城市瓦尔加（Valga）的苏联军队撤出、工厂关闭、人口流失和就业萎缩[235]	①房屋空置；②基础设施过剩；③财政紧张	实施城市更新策略	①编制新版总体规划；②拆除部分住宅；③修复纪念性建筑和改造中心区城市空间
在由社会主义农业经济向市场经济转型过程中，爱沙尼亚城镇体系中的低等级城镇吸引力下降[42]	爱沙尼亚作为苏联生产地域分工中的农业地区，小城镇在大量农业投资支持下发展良好，但经济转型后，投资集中在大城市，导致小城镇经济活力减弱	在更大的区域城镇网络中寻求发展的契机	①推动关键性项目的开发；②组织进行市场推广；③提高地区居住吸引力和商业吸引力；④加强内部联系
乌克兰工业城市马基夫卡在低生育率和经济转型过程中经历了人口流失和产业衰退[8]	①20世纪70年代开始，人口出生率逐渐降低；②承受多轮去工业化冲击：20世纪70年代，煤炭资源开始枯竭；20世纪90年代，政治剧变和休克疗法；2008年，国际金融危机	主动减少公共服务和基础服务设施规模；积极寻求外部资金支持	①削减公共医疗服务设施，减少图书馆、俱乐部等社会文化服务设施，减少中学、小学和幼儿园数量，缩减行政管理机构规模；②减少供暖管网总长度；③吸引国际大型零售商投资城市棕地更新，争取国家对地方发展的支持

（资料来源：根据文献整理）

转型（transformation）是中东欧收缩城市研究中的常用语汇。经济上的转型指从计划经济到市场经济、从公有制到私有制、从苏联体系到欧盟体系的深刻变革。政治上的转型指从中央权力到民主权利、从政府管理到公私合作、从行政主导到多元治理的模式转换。在政治剧变之后，中东欧城市出于对西欧就业机会、经济模式和生活方式的向往，出现了海外移民、企业私有化和城市郊区化的风潮。这些收缩城市的困境都来源于转型期的人口和经济动荡。

此外，在将经济发展的权责交还给地方政府之后，经济基础薄弱的中东欧城市发展的最大阻碍是资源匮乏。如果地方政府本身没有强大的私营资本作依靠，那就仍然需要寻求中央财政的支持，或通过中央政府去获取欧盟项目和资金。这使得中东欧城市在摆脱计划经济体制之后，又受制于一种新的"中央-地方"依赖关系。地方政府领导者需要利用各种政治运作手段（甚至个人关系）将地方发展议题纳入国家（或欧盟）发展计划中，以便获取所急缺的资源。有学者将中东欧城市的收缩治理模式称为间接中央干预[234]，将其置于美国的市场化治理和日本、法国的直接中央干预之间。

4.3　收缩应对政策的关键领域

纵观当前各类收缩治理案例，全球收缩城市面对着一些共性问题：①发展资源匮乏；②城市风貌衰败；③生活品质下降。

4.3.1　协同治理：多层级政府体系下的资源导入

第二次世界大战后欧美城市出现了人口郊区化和内城衰退现象，各国政府在凯恩斯主义的影响下主张加强国家干预。同时，城市规划受到功能主义的影响，致力于利用城市更新、内城复兴等大规模拆建式改造，在衰退区植入新功能，实现内城的复兴。然而，"推土机式"的城市改造摧毁了邻里社区，引发了社会动荡，这种手段在批评和否定声中最终被放弃[236]。20世纪80年代以来，新自由主义风行，城市再开发政策越来越强调市场主导，政府逐渐放松管控、减少干预并减少社会福利支出。金融危机之后，很多发达国家进入财政紧缩期，地方政府干预经济发展的意愿和能力进一步下降。基于此，目前各国在制定收缩治理政策时越发谨慎，普遍信奉基于市场规则的、由市场主导的、受市场规范约束的城市治理模式[237]。

但是，如以增长作为评判标准，收缩城市在各个方面都是"失败者"和"困难户"。在政治经济分析视角下，城市收缩的根源是丧失了对资本的吸引力，成为学者所称的弱市场城市或被遗忘的城市。虽然，有个别收缩城市在旗舰开发项目的带动下成功实现了城市复兴（如西班牙的毕尔巴鄂），但全球更常见的是转型失败的旧工业型、资源型和交通枢纽型城市。从某种意义上看，近年来，国际收缩城市研究的兴起本身也证明：新自由主义模式并不能完全拯救深陷发展困境的地区。因此，振兴收缩城市的公共政策有必要回归福利性和救济性，引入国家主导、宏观调控和区域再平衡考量，并纳入协同治理（collaborative governance）范畴[238]。

治理过程可分解为：①政策形成，即决策过程中界定中央政府、地方政府的角色；②政策执行，即公共政策交由公共部门、私营部门或其联合体执行；③政策监督，即国家、区域、地方或利益相关主体对实施过程和最终绩效进行监督和评估。基于这三个维度，前述各国收缩治理模式可以归纳为：①以美国为代表的地方治理，最小化国家层面上的干预，主张地方主导和社区规划，通过公私合作机构来整合利益相关主体资源［包括非政府组织（non-governmental organization，NGO）、社区组织、本地企业、地方政府等］；②以法国、日本（包括西德）为代表的中央治理，从国家政府层面制定引导政策，协调资本、政府、市民组织行动，进行城市可持续更新；③以中东欧（包括东德）为代表的转型治理，地方政府主导政策的形成和执行，但是资金和政策资源主要来源于中央政府（表4-2）。

表 4-2　各国收缩城市协同治理政策的形成、执行和监管

国家和地区	政策形成			政策执行			政策监管		
	直接中央干预	间接中央干预	地方主导行动	公共部门	公私合作	私营部门	公共机构管理	混合监管体制	利益相关主体
美国		+	•	•				•	•
德国	•				•		•		
法国	•		+					•	
日本	•		+		•	+		•	
中东欧		•	+	•				•	+

注："•"代表主要形式，"+"代表辅助形式。

充分认识收缩治理的协同性，有利于动员各层级政府集体行动，也是加强收缩城市资源投入的关键。肯定收缩治理的救济性，有利于打破发展话语中的收缩禁忌，鼓励困境中的地方政府利用收缩身份来争取资源。

城市收缩治理模式存在"自上而下"和"自下而上"两种模式。过去几十年中，各国的选择也在二者之间摇摆不定。但是，不管是选择自下而上的市场力量，还是倾向于自上而下的政府干预，收缩治理必须靠国家/区域/地方、公共部门/公私合营/私营部门多方密切合作，是一种协同治理工作。

4.3.2　形态管控：改善风貌衰败和城市空置的行动安排

全球范围内，城市风貌衰败是人口收缩较为直观的负面影响。厂房废弃、公共建筑荒废、建筑外墙破败失修、路面养护不善、住房和用地空置、公园和广场草木丛生、垃圾堆积、设施破损，这些收缩的景象传递出萧索感和颓废感，让人丧失信心、不愿停留。因此，收缩治理研究也致力于在资源投入有限的前提下，展开城市形态调整和风貌改善。

精明收缩理论和合理精减理论中已经蕴含城市形态调整的思想，主张主动适应更小的人口规模，收缩用地规模和调整城市结构，以便集中资源来分区施策。首先，芝加哥、克利夫兰和底特律中心区开发案例说明，只要集中公共和私有资金进行精心打造，收缩城市的中心城区是具有复兴潜力的。其次，在恰当的城市运营体系下，衰败的工业区、港区、商贸区也有可能在遗产、文化、体育、大事件的带动下实现功能更新（如利物浦港区更新、鲁尔工业区IBA项目等）。此外，针对分散的住房和空置用地，德国、日本、美国的收缩治理都进行了拆除、升级、再利用、紧凑化、生态化的政策实践，取得了一定的经验。此外，近年有学者从设计角度出发，提出收缩型城市设计策略[211]，将空置土地作为改善社区环境空间、公共服务设施和城市风貌品质的机遇。并且，有学者提出可以效仿精明增长理论中提出的形态准则，在精明收缩过程中也进行风貌管理，实现城市形态在正向及反向上的动态转换与平滑过渡。近来很多美国收缩城市（如弗林特与底特律）的规划文本中，已经可以看到相关的政策内容。

形态调整和风貌改善政策大多数基于分区引导原则。首先，政府根据人口流失率或房屋空置率划定低、中、高收缩地区，集中有限的公共资源改善其中尚有发展潜力的地区；并且，主张精减或限制在失去活力的地区进行基础设施和公共设施投入，引导居民搬离低活力地区，最终使那里的建设用地农业化、绿色化或生态化。

Kirkpatrick[239]用城市分诊（urban triage）形象地概括这种分区、分类、分级进行收缩治理的政策逻辑。其通过分析底特律的规划政策指出，城市个体生活和机构政治存在黏性，因此，不管是用激烈还是渐进的方法，完全"擦除"收缩地区的社会生活残余是非常困难的。这些形态管控政策都聚焦于土地和空间对象，虽然有助于市镇形象的提升，但都忽略了收缩城市中最重要的人本问题。

4.3.3　吸引力提升：面向生活品质提升的人本思考

为什么人们选择离开、留在或回到收缩城市？这也是收缩治理研究中的关键问题。经济学家常用蒂布特模型①（Tiebout model）来解释城市之间的人口迁移，即居民在城市的效用水平（所提供的基础设施和公共服务）与成本负担（需支付的房产税和商业税）均衡中进行市场选择，决定迁入或迁离[240]。从中东欧城市的人口收缩现象看，该模型当前仍具有解释效力。但是，很多调查分析收缩城市人口迁居意愿的研究发现，现实中的利益权衡比模型中的成本-收益计算更加复杂和多元。

在全球化竞争中，城市需要通过品牌打造和市场营销来吸引具有高流动性的中高级人才。然而，在城市吸引力上，人口收缩地区是极端负面典型，它们常常风貌破败、经济萧条，很多社区在低收入、高犯罪率、低受教育程度下陷入了世代贫困的循环。在法国，居民吸引力一直是收缩治理语境中最重要的概念。ANRU的城市复兴政策明确主张"通过提升低收入地区的吸引力，来吸引中高收入人群入住，实现良性的多社会阶层混居，从而带动衰落地区的经济复兴"[54]。同时，研究者也清楚认识到ANRU的政策势必带来这些地区的绅士化。为迎合以青年白领为代表的中产阶级而营建的高品质生活（文化消费、生活方式、邻里特质等），往往与原本的社会阶层（通常为中下阶层）格格不入。通过吸引高收入人群提升地区经济活力的

---

① 蒂布特模型：由C.M.蒂布特提出的解释居民用迁移（即"用脚投票"）来选择不同政府提供的公共服务的模型。它指出地方政府也处于彼此竞争之中，其提供的公共产品的质量和成本，决定了居民在自由迁移后形成某种市场均衡。

同时必然引发绅士化和排挤原有弱势人群,这是收缩治理中难以避免的悖论。

同时,迁入的中产阶级内部存在需求差异。Panagopoulos等[26]通过调查葡萄牙城市居民的政策偏好发现:①年轻人更加关注经济活力;②老年人更加在意安全和设施的可达性;③低收入人群更加在乎住房条件;④内陆小城市居民更关心公共服务设施配套。并且,留守在收缩城市的人群也可能出于以下原因:①受经济活动能力的限制;②喜欢城市的历史遗产或自然景观;③难以割舍的社会关系和地方依恋[219, 241]。从这些角度出发,日本收缩治理中的适老城市和儿童友好政策,以及地方识别性打造,都是提升城市吸引力的有力措施。美国斯普林菲尔德市(Springfield)是一个衰落的工业城市,政府为了振兴市中心,在核心地段为出生在本地的著名儿童画创作者苏斯博士(Dr.Seuss)修建了博物馆,并将其创作的生动卡通形象制作成室内外雕塑等。充满童趣的博物馆和儿童雕塑广场吸引力大量家长带孩子专程前来,给这个收缩的老城中心带来新的活力和生机(图4-4)。

图 4-4 收缩城市斯普林菲尔德市中心的儿童雕塑广场

4.4 小　　结

增长与收缩是城镇化的一体两面。生命周期模型揭示了城市收缩的阶段性和循环性，启发式模型描述了单个城市收缩现象的发生逻辑和治理路径，而政治经济模型则解释了人口经济变化的宏观-微观和全球性-地方性关联。一方面，这些理论模型有助于我们将城市收缩现象常态化看待，并不需要因城市短期增速放缓或衰退而过度惶恐或讳莫如深。另一方面，从政治经济视角、区域-城市视角和历史演进视角，模型也给我们理解、总结和归纳收缩治理政策提供了三种截然不同的理论维度。

基于美国、德国、法国、日本和中东欧等国家和地区的实践经验，我们可以对中国的收缩治理总结出三条建议：①收缩治理既需要发动市场的力量，也需要依赖于公共部门进行福利性和救济性投入，自下而上的市场力量和自上而下的政府行动相结合是最有效力的策略；②在空间上，需要在城镇收缩时期进行形态管控，引导城市形态进行有序变化；③从人本思想出发，恢复收缩城市的生活品质，提升宜居性以吸引人口回流，才能维系城市可持续发展。这些政策是恢复收缩城市经济活力、市镇形象、社区文化和城市精神等的关键议题。

第三部分

规划应对

协同治理：国家、区域、地方协同下的收缩治理

应对城市收缩也是多主体、多层次、多目标、长期且动态的政策行为，收缩城市能否成功摆脱衰退的恶性循环，关键在于能否进行有效的收缩治理。城市收缩治理具体需要做到以下几点：①认识问题的角度和深度必须能引起决策者的足够关注；②问题必须能够被表达成当前政治语境下具体和可操作的政策目标；③相关政策必须在各种政治力量的角力过程中赢得足够多的支持[14]。虽然城市收缩是在全球普遍发生的现象，但是，各国政府实施的应对政策却各不相同。Haase等[8,214,242]认为，城市收缩的应对政策是由不同层级政府（从地方到全球）共同制定的，也是不同利益主体（私人部门和公共部门）竞争博弈的结果，因此，城市收缩属于多层级治理①（multi-level governance）问题[243]。由于世界各地的收缩案例在认识角度、政策话语体系和政治影响力上的差异，各个地方政府在制定应对战略和政策对策上存在多层级治理模式的差别。

基于此，为了分析不同政府机构如何确定治理收缩城市的相关策略，本章比较了三个城市的做法：中国辽宁阜新、美国马萨诸塞州新贝德福德（New Bedford）、捷克拉贝河畔乌斯季（Ústí nad Labem）。这三个城市都经历过人口收缩，也都实施过一些管理举措来应对收缩带来的问题，但是效果都不甚理想。因此，对于不同治理体系下的收缩城市，应分析决策者如何关注到收缩城市的问题、如何认识问题、如何集合多方的力量试图解决问题。并且，笔者最终将收缩城市政策制定放在多层级治理的研究框架中，讨论国家（跨国）、区域、地区的管理机构如何协同工作，才能有效地支撑收缩城市可持续发展。

5.1 收缩城市的治理困境

5.1.1 接受收缩和认识收缩

城市收缩现象在全世界都有出现，学术界对收缩城市也已经进行了很长时间的

---

① 在不断变化的全球化世界中，公共政策的制定、实施和监控变得越来越复杂。单个政府或政府部门很难拥有足够的权力、资源和行政能力来独立解决各自辖区内的问题和挑战。这意味着，他们必须与其他公共/私人部门、非政府组织或社区组织展开合作和进行彼此支撑。很多政策目标的完成需要跨部门和跨层级的协作。因此，理解和处理跨部门和跨边界的管理事务，成为获得政策成效的关键。

研究，但是，这个概念对于政治家、决策者和规划师来说仍然比较陌生[244]。并且，不管是在发达国家还是在发展中国家，收缩城市都不是一个受政治家欢迎的标签。城市在积极寻求增长的机会和吸引投资的阶段，往往不愿意接受人口收缩的现实，更加不愿意对外宣称自己出现了人口流出的问题。因此，收缩成为一个地方政府禁忌的话题，一个很难让决策者接受的概念。在收缩城市的政策研究中，关于地方、区域和国家层面的收缩城市治理政策制定和执行的大量文献聚焦于如何让决策者接受收缩。大量研究者在讨论"为什么地方政府无法正视城市收缩的事实，最终导致制定的相关政策非常滞后"。

然而，各个层级政府在面对人口收缩现实的时候，能否清晰地认识到城市收缩的问题呢？这也是个复杂的话题。Bernt等[14]指出，规划师不能非常短视地认为，决策者只需要接受收缩的现实就够了。研究者应该更加敏感地理解政策制定者的各种考量，需要仔细分析和充分理解城市发展在面对收缩时的现实情况，以此为基础，才能真正讨论出可以落实的收缩治理思路。

5.1.2　增长主义思维和坦白悖论

在很多收缩城市中，政府决策者即便认识到了人口流出的事实，仍然需要基于对未来增长的预期来制定政策，并在公开场合表达对未来增长的信心。这并不能简单地概括为无知或无能，而是基于更加复杂考量的无奈之举。例如，Rink等[234]在对德国莱比锡的研究中发现，城市政府一方面在通过以"增长主义"为导向的政策来吸引投资，另一方面也在默默地制定和实施治理衰退的各种措施。Rumpel等[245]在捷克的收缩城市俄斯特拉发（Ostrava）也发现了类似的城市治理策略。

自此，收缩城市普遍陷入了一种坦白悖论（paradox of confession）。一方面，如果希望制定符合城市收缩情境和收缩阶段的发展政策，以便推动城市的进一步发展，决策者需要深刻地认识、理解当下的收缩现实；另一方面，如果坦白地承认城市收缩的问题，并且在政策制定中不断强化这一观念，势必会带来负面效果，影响企业投资决策、个人定居意愿，从而导致进一步衰退。因为，人们普遍认为成功的城市总是在增长，失败的城市才会收缩[21]。在成功的城市追求企业和个人的发展，远离失败的城市，成为大部分人很自然的选择。因此，决策者普遍认为，过于强调收缩这一事实，并不会给城市未来的发展带来新的机遇，反而会有负面影响。

对于大部分收缩城市，主流的城市治理模式仍然基于增长主义思维，即建立政府决策者和私人投资者的利益联盟，共同推动城市的再增长。与其他治理模式相比，增长主义治理模式也是政治上最为安全的选择。维持既有的发展路径，延续未来继续发展的预期，制定和实施相关政策，也是最容易被所有人接受的行动方针[237]。也正因如此，延续和维持增长主义治理模式成为很多收缩城市的最终选择[246]。

坚持增长主义发展路径的另外一个原因是出于对地方财政的考虑。不管是中国还是西方国家，城市的财务状况都或多或少与人口数量相关。在西方国家，城市的主要收入来源于房产税和商业税。人口越多、不动产价值越高、经济越繁荣，城市的财政收入就越多，财务状态也越好。在中国，很多城市的实际运行高度依赖政府转移支付，很多上级政府分配的财政收入都基于人口数量计算。因此，不管是中国还是外国，承认人口数量的减少，不仅影响发展预期和信心，还会实实在在地影响城市的财政收入。如果承认收缩能够给城市发展带来切实的好处，增长主义的定式思维才有可能被打破。

5.1.3　新自由主义和福利治理

早在收缩城市概念出现之前，福利治理（welfare governance）就已经成为向衰落的城市输入公共资源的政策方式[237]，大量的扶助资金和支持项目以社会福利或社会保障的形式从国家政府和区域政府向发展出现问题的地方政府或城市片区倾斜[247]。然而，英国和美国的部分福利治理项目最终宣告失败，例如美国路易斯的普鲁特艾格（Pruitt-Igoe）内城更新项目。从20世纪80年代开始，西方发达国家开始逐渐由福利治理转向新自由主义治理。自此，对于那些衰落的旧城片区，国家政府不再给予政策支持和资金帮助，而是希望能够激发这些衰落片区中的商业价值和企业家精神，在市场的主导下完成自发的经济振兴和城市更新[224]。复兴这些衰落城市的责任也被指派给了地方政府和区域政府，国家政府不再进行过多干预。

20世纪80年代开始，收缩城市概念开始越来越受到学术界的关注，这从某一方面也说明，新自由主义并不能很好地解决衰落城市的问题。事实证明，那些被称为弱市场城市（weak market city）的地方，如果没有国家层面的直接干预和支持，大部分很难摆脱不断恶化的衰退路径[248]。特别是在奉行自由主义的美国，收缩城市问题被认为不是一个国家层面和区域层面上的问题[244]，虽然很多城市面临着严峻的发展资金不足、公共服务和基础设施建设落后的问题[249]，但是美国联邦政府很少考虑从国家层面上给这些社会经济发展出现问题的收缩城市提供有效的支持[250]。

除英国和美国之外，福利治理在其他发达国家（如瑞典、德国）仍然有所应用。例如，德国一直在运用联邦政府的公共资源，来帮助收缩城市解决地方问题[214, 251]。在中东欧国家，在社会主义传统影响下，国家和地方之间的关系纽带一直存在，面向收缩城市的财政资源和政策支持也一直存在[234]。在亚洲，日本政府从国家层面上推行了很多针对城市老龄化、少子化问题的政策举措，利用各种福利政策帮助地方政府克服人口衰减带来的发展问题[210, 224]。我国虽然还没有专门针对收缩城市制定国家发展战略，但是，东北振兴发展、资源枯竭型城市经济转型等政策都与收缩城市的转型发展有一些关联[105, 107]，城市更新和三旧改造工作也都与复兴衰落的城市片区有关。

5.2 比较研究设计

不同的政治经济背景下，收缩城市治理模式也有很大的区别。Mallach等[244]曾经比较过不同文化和政治体制如何影响收缩城市应对政策的形成。他们以日本（集体主义）、美国（个人主义）和德国（介于两者之间）作为案例，研究发现在不同的政府构架下，特别是不同的中央政府和地方政府关系下，生成的收缩城市应对政策和行动非常不同。其中，如何确定收缩、从什么角度理解问题、如何将问题概念化，是不同制度下形成差异化政策的关键。因此，本章对比分析了三个典型收缩城市：中国辽宁阜新、美国马萨诸塞州新贝德福德、捷克拉贝河畔乌斯季。三个城市都经历了经济衰退和人口收缩（表5-1），也都实施了一系列政策来应对，并且，最终治理效果都不太理想，均未能扭转收缩发展的趋势。同时，三个案例所处的政治经济制度背景差异较大。

表 5-1　案例城市的人口收缩情况（1970—2010 年）

	1970 年	1980 年	1990 年	2000 年	2010 年	期间人口峰值与 2010 年人口的差距
阜新	1459000*	1640000*	1841168	1889774	1819339	－3.9%
新贝德福德	101777	98478	99922	93768	95072	－7.1%
拉贝河畔乌斯季	79544	89272	98108	95436	94793	－3.5%

注：带"*"数据表示精确到千人；数据来源于阜新市统计年鉴、捷克统计年鉴和美国统计局公布的相关数据。

阜新处于中国东北，在东北振兴的大背景下得到了中央政府大量的政策扶持，国家级和省级部门对这个典型东北城市的政策和资金支持都很多。在市场经济环境下，阜新市政府承担了刺激经济发展、推动城市建设的职责，以经营城市的思路和手段推动地方发展[252]。同时，作为资源枯竭型城市，阜新面临着产业落后、城市破败、税收不足、政府开支大、社会矛盾多等多重困境，必须通过国家和省级层面的帮扶才能渡过难关。阜新的特点是在上级政府的干预下地方政府积极作为[253, 254]。

新贝德福德位于信奉新自由主义的美国，地方政府主导了各种政策的制定和实施，中央政府很少进行干预，地方政府承担了治理探索的主要责任。在这个背景下，发展的责任和权力下放给地方政府，城市政府之间展开竞争，公共部门的运行方式也趋于企业化[244]。新贝德福德的特点是高度依赖"自下而上"的政策。

拉贝河畔乌斯季处于转型中的中欧地区，政治和经济体制上兼具市场经济和计划经济特征，在包括欧盟、国际、地方等多层级的管理体系中进行收缩治理。这里收缩城市治理是运用政治手段或私人关系来相互博弈的过程，努力让地方发展问题受到国家决策者关注，从而获得国家层面（甚至欧盟层面）的项目资金支持。拉贝河畔乌斯季的特点是地方政府和中央政府之间仍然保留一定的关系[255]。

国际案例比较研究的基础是：三个收缩城市政治文化背景各不相同，都基于其体制背景进行了政策制定和实施，并且都没有成功解决收缩问题。本章希望通过国际案例比较分析，找到导致该结果的共同原因。

案例研究运用了各种研究方法进行数据收集和分析比较。①阜新的研究基于收集到的政策文件和规划文本，并且，研究者于2012—2015年对案例城市进行了多次实地调研。②新贝德福德案例分析主要基于对12个规划文本的仔细研读，并对人口、就业、住房的数据进行定量分析，同时，结合了对12位当地官员和社区领袖的访谈和3次座谈会的资料[218]。③拉贝河畔乌斯季案例研究主要基于对地方决策者和当地关键人物的半结构性访谈，讨论过去30年的主要政策，并且，对国际、国内、地方多层面的城市发展战略和规划文本进行深入的内容分析。三个城市的人口在研究期（1970—2010年）都经历了人口增长期和人口收缩期，出现的治理主体包括国家/国际、区域、地方层面的各种公共、私人部门（表5-2）。

表 5-2 案例城市的治理主体

	国家/国际治理主体	区域治理主体	地方治理主体
阜新	中央政府、国有企业	省级政府	市政府
新贝德福德	联邦政府	州政府	城市政府、私人部门
拉贝河畔乌斯季	欧盟、国家政府	区域政府	城市政府、私人部门

为了进一步解析案例差异，研究根据文献[256]将治理模式划分为三个部分：①政策制定，即治理主体参与决策的过程，是政府主导还是市民社会主导，或者两者协同决策；②政策实施，即政策的具体运行，是由公共部门还是私人部门操作，或者两者兼而有之；③政策监督，即最终监控政策运行成效的立法、规范和评价工作，是由政府机构还是私人利益相关者负责，或者多方合作。在由这三个维度构成的治理结构（表5-3）上，本研究分析讨论三个收缩城市案例的治理过程和成效。

表 5-3 案例城市的治理结构

	政策制定	政策实施	政策监督
阜新	政府主导	混合	政府和其他机构
新贝德福德	市民社会主导	私人部门主导或混合	私人利益相关者和其他机构
拉贝河畔乌斯季	政府和社会协同	混合	多机构

5.3 国际案例比较

5.3.1 阜新的收缩治理

阜新是我国东北地区辽宁省的重要工业基地，"一五"时期的重要煤矿和能源基地。新中国成立初期，国家156个重点项目有4个在阜新，包括3个煤矿、1个电厂，奠定了煤电工业基础。20世纪90年代，随着阜新的主要煤矿资源枯竭，剩余的小煤矿也不再具有开采的经济价值。改革开放以来，我国计划经济体制下建立的工业体系普遍面临市场经济的挑战，东北地区在产业转型迟缓和人口外流的双重压力下出现城市收缩和经济衰退，成为中国的"锈带"。2001年，阜新下岗工人人数高达12.9万人，占全部就业人数的36.7%。全市失业率高达7%，其中大部分都直接或间接与煤矿和能源产业相关。根据2000年公布的统计数据，全市1/4的城市人口和1/2的农业人口的年收入在国家贫困线以下。除此之外，长年的煤矿开采还导致了环境恶化，例如矿区生态退化、地面沉降和地下水污染，这些都成为资源枯竭之后迫切需要解决的问题。在经济衰退、社会动荡和环境恶化的综合作用下，阜新市的总人口从2000年的189万人减少到2010年的182万人。因此，阜新成为我国东北老工业基地的典型收缩城市样本。

2001年，在国家振兴东北老工业区的战略下，阜新市被国务院列入首批"资源枯竭型城市"名单。自此，阜新开始接受来自国家和辽宁省各方面的项目、资金和政策支持。在上级政府的支持下，阜新市的GDP（gross domestic product，国内生产总值）在2002—2013年维持了两位数的增长。2008年之后，针对金融危机引起的出口疲弱问题，中央实施了"四万亿计划"，阜新市的GDP增长率几年之内快速达到了峰值。考虑到大规模刺激计划可能带来的金融风险，国家2013年之后收紧了对国有企业的贷款，阜新的GDP增速2014年又开始迅速下降。如图2-2所示，2001年以来，在国家和辽宁省的各类项目、政策和资金影响下，阜新市的GDP增长率出现大幅的波动，其中2011年GDP增速（33%）最高。与此同时，阜新市的区域总人口一直变化不大，个别年份还出现负增长。可见，在自上而下的大力扶助之下，阜新市在经济上间或呈现复兴迹象，但是，在扭转人口收缩上却一直没有太大的起色。

对于阜新来说，被列入国家"资源枯竭型城市"名单，虽然听上去并不光彩，但是能够得到诸多实惠。在国家层面上长期通过政府转移支付帮助落后地区，以减小区域发展差距并实现公共服务均等化。阜新被列入国家"资源枯竭型城市"名单后，得到了很多财政资金支持。在阜新市财政局公布的统计公报（2012—2018年）中，国家和辽宁省的拨款占阜新市政府的财政收入比例从40%一直增加到60%。可想而知，阜新市的地方财政高度依赖上级政府的支持。当然，阜新市政府也曾经试图通过土地财政来提高政府收入。《阜新市城市总体规划（2001—2020年）》中提出了建设"玉龙新城"的构想，即规划建设一个占地55 km^{2}并可容纳30万人口的北部新城。然而，由于阜新市人口的长期缓慢增长甚至收缩，新城建设的进度远远慢于规划进度。此外，作为度量地方土地财政的重要指标，阜新市的土地出让金收入占比一直都没有超过政府财政收入的20%。2012—2018年，该指标甚至还从18.47%下降到了3.6%。可见，阜新希望通过新城建设实现土地财政收入增长的设想，在实施过程中并不太顺利。

作为一种发展标签，资源枯竭型城市比收缩城市更容易被阜新市政府所接受。一方面，前者带来的政策、项目和资金上的支持可成为城市发展急缺的资源。另一方面，后者意味着接受城市人口减少的事实，而人口数量是计算地方政府财政收入和转移支付的重要参数指标。人口减少意味着政府收入的减少，进一步导致发展资源的短缺。因此，拒绝接受收缩城市的说法，成为地方政府合理的选择。

从阜新的振兴实践历程中还可以看到，自上而下的项目和资金支持都带有明显的政策导向性。符合绿色经济、科技创新、可持续能源等要求的新能源、生态修复、城市基础设施建设项目更有可能获得国家和省级政府的认可。然而，阜新地方发展中的一些迫切需要解决的公共服务设施和生活品质提升事务，往往不太容易得到资金支持。政策制定和实施的优先级排序中，能够短期见效、具有较高可见度、具有前沿性和创新性的项目远高于需要长期积累、投入产出不显著的项目。由此导致，阜新收缩治理的振兴政策实施更加注重直接的、短期的效果，犹如对心脏病患者采取电击疗法。虽然可以在短期内创造较高的GDP增长数值，但是无法解决本地发展中的动力不足、就业短缺等根本问题。从长期来看，当政策刺激作用消退或国家政策有所变化之后，地方的发展仍然可能会回到原本的状态中去，如阜新2014年之后所呈现出的情况。

在阜新的案例研究中，政府强干预治理是其突出特点。出于平衡区域发展和维持社会稳定考虑，国家和省级政府会向发展落后或出现问题的地方政府输入资源，其中很多就是收缩城市。考虑到这样高强度的政府干预在西方城市的治理中非常罕见，阜新案例可以成为自上而下的政府主导式的收缩治理模式的典型样本。

5.3.2 新贝德福德的收缩治理

新贝德福德位于美国东北部马萨诸塞州，距离繁华的波士顿仅有1.5 h车程。新贝德福德虽已经过了几十年的产业衰退，城市的住房、人口和就业也远不及20世纪20年代这个鼎盛时期，但是仍然是马萨诸塞州东南部的文化、政治和经济中心。如果仔细研究历史统计数据就会发现，新贝德福德在1970—2000年经历了持续的人口减少和住房空置问题，人口密度下降了7%。仅在2010年，人口规模出现了略微的上升。

新贝德福德人口减少的同时，伴随着贫困人口比例增加和人口构成结构变化的现象。本地人口流出以后，大量黑人和西裔移民逐渐流入这个地区。新贝德福德城市中心区在20世纪70年代仍然有大量人口聚居，此后，中心区人口密度一直在剧烈下降（仅20世纪80年代有所恢复）。虽然，城市在不同年代、不同区域的变化也有所不同，但从新贝德福德的总体人口变化趋势上看，这是一个增长、收缩和停滞多种发展情境并存的美国收缩城市的典型样本。

那么，新贝德福德又是如何应对这样的城市发展轨迹的呢？由于缺乏联邦政府（即国家层面）的资金支持，在政府财政仅够维持基本运行的情况下，新贝德福德接受了精明收缩的发展理念[13,21,50]。Hollander[218]的研究表明，新贝德福德成功地通过缩减城市建成区，适应了不断减少的人口规模。虽然，精明收缩政策在部分地区的实施不太顺利，但是，通过执行这些政策，城市的决策者、政府官员、社区领袖、商家和居民能够共同努力、展开合作来应对城市人口变化带来的问题。各方参与者在合作的过程中，逐渐形成了对城市收缩的共同理解与认知。新贝德福德的精明收缩政策，也没有以某种战略文件或者规划文本的形式呈现，而是居民、投资者、管理者在日常生活中形成的某种共识，并基于此做出各种决策。在新贝德福的案例中，虽然国家层面没有提供任何政策指引和支持，城市仍然能够逐渐调整发展路径，采取自下而上的政策实现精明收缩。其中，很多创新性的做法，例如空置用地功能转换等，都是基于市场主导和社区主导的基本原则，这是新贝德福德治理模式的主要特点[218]。

基于自下而上的治理思维，新贝德福德制定和实施了一系列政策举措。首先，考虑到商业投资的持续衰退，以及由此导致的城市就业岗位和住房需求量减少，地方政府一直希望提高自身的城市竞争力和居住吸引力。为此，政府尝试通过住房翻新和改造来提高居住质量，通过推行新的建筑管理条例来要求空置住房的所有者持续维护房屋。其次，新贝德福德政府还实施了一系列城市建设措施，包括提升步行环境质量，建设停车场和公共绿地，推动创意经济、旅游业发展，改善区域交通条件，推动可持续发展，进行历史文化保护等。此外，基于精明收缩的发展思路，政府的各种政策文件中都在呼吁城市未来的发展应当做到以下几点：①进一步精减基础设施，以节省政府支出；②研究更加灵活的土地利用政策，以增加用地功能变化的弹性；③增加文化、娱乐、农业用地；④从农业功能、文化遗产角度重新思考新贝德福德的城市发展定位[218]。

从新贝德福德的案例研究中可以看出，城市政府已经开始逐渐放弃传统的城市发展路径，不再热衷于通过追求大项目、高投资来扭转城市的收缩趋势。相反，政府和社会各界将更多的时间和精力用于解决眼前切实的城市问题，例如，如何提高城市的居住密度，避免出现大片的空置住房；如何调整规划管理政策，让废弃的居住建筑和用地转化为其他的非居住用途。

5.3.3 拉贝河畔乌斯季的收缩治理

拉贝河畔乌斯季处于捷克西北部，是捷克-德国边境上苏台德区的一部分，离布拉格 1 h 车程，离柏林也仅需 2 h 车程。19 世纪，西北波西米亚区域在欧洲最早期的工业化浪潮推进下，成为奥匈帝国最重要的工业基地。在社会主义时期，采矿业和化工业高度发达，该区域的重工业体系成为捷克斯洛伐克重要的经济支柱。该区域至今仍然定居有大量的蓝领工人。1989 年的天鹅绒革命之后，拉贝河畔乌斯季的城市和区域经济在资源枯竭、经济转轨、产业单一化、高技术劳动力缺乏的综合要素影响下一直萎靡不振，并逐渐被边缘化。作为中欧前社会主义国家转型发展的代表性案例，该城市没有完全摆脱过去的计划经济体制影响，没有成功建立独立的市场经济体制，有研究者将其描述为"依赖性市场经济"[257]。总而言之，拉贝河畔乌斯季作为该区域的中心城市，仍然在不断寻求政治剧变之后能够推动自身发展的新身份、新定位、新路径。这也是中东欧诸多类似收缩城市的普遍处境。

从20世纪90年代开始，拉贝河畔乌斯季的人口、就业岗位和生产力就在不断衰减。如果按照劳动力人口来统计，流失的有效人力资源数量比总人口的下降会更加剧烈。根据2010年捷克统计局公布的数据，拉贝河畔乌斯季在1990—2010年，流失了3.5%的人口（3315人），同时流失了约13000个就业岗位。其中，大概包含4000个化工业就业岗位和3000个采矿业就业岗位[258]。如果忽略统计数据，仅从定性角度观察判断，该市的人口减少也有缓解的趋势，原因是：①拉贝河畔乌斯季与捷克首都布拉格距离很近，很多的居民在布拉格工作生活，长期在两个城市之间通勤；②由于拉贝河畔乌斯季有大量的20世纪70年代建设的公寓住宅，这里的住房价格一直相对较低，这吸引了大量不在本地生活和工作的人来这里买房子和定居。

拉贝河畔乌斯季实施的收缩应对政策，是基于区域和城市尺度下的私人部门、公共部门相互作用形成的。从20世纪90年代开始，东欧剧变推动着政府将发展的自主权力交还给地方政府和民主[259]。在那个阶段，拉贝河畔乌斯季设立了很多个地方开发主体。其间，城市政府颁布了新的城市总体规划，致力于复兴城市中心区，同时，还发起了多个社区规划的行动，一群优秀的建筑师和规划师希望自下而上地推动城市社区建设。这些政策和项目的实施，让拉贝河畔乌斯季摆脱了曾经"丑陋又肮脏"的面貌[260]。然而，转型期中的各种遗留问题很快使得地方政府丧失了严格履行自下而上治理模式的热情，转而开始按照旧有思维中的工作习惯，寻求解决眼前发展问题的途径[261]。在转型期之前，本地商人和政府官员之间长期保持利益联盟关系，出现过很多腐败丑闻。如今，这样的事件又回到了人们的视野，例如，20世纪90年代，市政府主导新建并销售了一批品质不好、售价虚高的公寓住房，这个住宅项目到如今仍然大部分处于空置状态。

21世纪之初，捷克的国家政府再一次成为解决区域或地方的复杂发展问题的主要主体，欧盟也成为影响政策制定的角色之一。拉贝河畔乌斯季地方发展责任和权力的再次"上移"也反映了中东欧大部分城市的治理境况[245]。在新的发展背景下，在国家甚至欧盟层面制定的政策限定了地方行动的基本范围和走向，基于此：①地方政府努力配合上级管理者的工作，以争取更多发展资源，并依据国家/国际层面制定的政策引导给出符合地方特质的具体操作办法；②地方政府需要将自下而上的社区行动计划，与自上而下的政策议题进行对接，才能获得实施计划的资金支持；③地方政府管理者需要非常擅长从上级政府中争取到项目、资金、政策资源，只有这样才能推动城市进一步发展。是否能够达到以上三方面要求，决定了这些城市治理的成效。换句话说，地方政府必须拥有足够强大的领导力、执行力等能力，需要能够不断与国家各个行政层级的行政人员进行合作、协同、博弈，才能实现成功的城市治理，Rink等[234]将这样的模式称为"间接中央主义"。

对于收缩城市拉贝河畔乌斯季，它的间接中央主义的城市治理实践并不是特别成功。相比捷克的其他主要城市，拉贝河畔乌斯季城市政府并没有成功地运用外部资源来解决城市收缩问题，成功实施的城市振兴项目不多。2005年，欧洲投资银行（European Investment Bank）计划贷款350万欧元，用于支持拉贝河畔乌斯季的市中心环境改造、广场改造、新有轨电车建设。除此之外，这个收缩城市的发展规划思路一直比较模糊，既没有针对人口收缩提出针对性的解决办法，也没有给出刺激经济发展的具体战略、措施、项目和行动。

在拉贝河畔乌斯季的案例研究中，城市的决策者仍然奉行着增长主义的发展思维，即便城市人口从1990年以来一直在减少。在最新的发展规划文本中，围绕着"融合自然和工业"的城市定位，拉贝河畔乌斯季仍然在追求"越多越好"的城市发展指标。这样的城市定位和发展目标选择背后的原因也是非常理性的。拉贝河畔乌斯季城市80%的财政收入来源于中央政府的转移支付，仅有不到10%的政府收入来源于地方的房地产税收收入。并且，中央政府财政拨款数量的计算依据是居住的人口总数，而地方房地产税的计算依据是不动产的面积而不是市场价值。因此，进一步追求人口和建成区的增长，成为拉贝河畔乌斯季改善城市发展现状的理性选择。这样的治理模式和政策框架下，精明收缩的理念很难被城市政府所接受。

5.4 多层级治理收缩城市

三个案例城市基于自身的情况，认识各自不同的收缩问题，形成应对收缩的不同动机，并且，在多层级治理的框架下，在政策制定、政策实施、政策监督上体现出不同治理主体、治理方法和治理模式之间的差异（表5-4）。横向比较这三个收缩治理模式，可以发现地方政府应对收缩问题的政策形成，都需要经过几个阶段。

表 5-4　案例研究对比分析

		阜新	新贝德福德	拉贝河畔乌斯季
认识与接受收缩	（1）认识到本地的收缩问题	问题体现在：经济衰退、失业率高、环境污染、人口流出、城市衰落和社会不稳定等方面	问题体现在：居民减少、户数减少、住房空置、贫困人口增加、黑人和西裔移民大量流入	问题体现在：整个区域经济衰退和政治上被边缘化，就业岗位流失，居民在布拉格与拉贝河畔乌斯季之间通勤
	（2）接受收缩现实并展开应对的动机	被国务院列入首批44个"资源枯竭型城市"名单	逐渐接受人口变化，认识到地方政府必须基于精明收缩理念制定政策，从而适应人口减少带来的变化	在由计划经济体制向市场经济体制转轨过程中，城市收缩被看作转型期的挑战之一
多层级治理	（1）政策制定	政策主要由国家和省级政府研究制定	城市的政治领袖和地方政府需要制定适应人口变化的城市发展新愿景	转型期中出现的各种发展问题，首先被认为应当由地方政府自己解决，随后成为国家/欧盟层面来研究解决的政治议题
	（2）政策实施	在国家和省级层面上将项目、资金、政策分配到地方；国有企业在银行的支持下进行项目布局和建设	由政府官员、社区领袖、商业团体和居民共同协调和配合，实施各种政策和战略	增长主义仍然是主导思维，一方面，地方政府与本地投资者结成"增长联盟"；另一方面，积极从国家和欧盟获取资金和项目资源，推动发展
	（3）政策监督	地方政府和投资主体的行为和成效受到国家和省级政府的监督和评估、审计	政策的成效主要看市场的反响；需要通过地方民主程序确立政府行为的合法性	相关公共政策的监督权责，先是被下放到地方政府层面，随后又被收回到国家层面

首先，不管统计数据上体现的城市收缩问题有多突出，地方政府仍然需要

实现"在问题认识上本地化"。例如，阜新的人口收缩是其成为资源枯竭型城市的某种结果，新贝德福德将收缩城市理解为人口结构变化带来的不良现象，拉贝河畔乌斯季将收缩城市理解为经济转型中的某种情况。可见，只有将收缩城市植根于本地化的问题认识之中，大家才能够更加充分地理解收缩的内涵，才能针对性地提出接受收缩、适应收缩、应对收缩的城市政策。此外，三个收缩城市对问题的认知都体现了非常强烈的"路径依赖"（path dependency）特征。东北地区的阜新市在计划经济时期创造了辉煌的发展成就，因此，在收缩治理中自然而然地延续自上而下的思维，高度依赖国有企业的投资和上级政府的帮扶。在信奉自由主义的美国，收缩城市新贝德福德坚持自下而上的治理思维，主要依靠地方政府接受和实施精明收缩政策。对于拉贝河畔乌斯季来说，城市治理主体在地方政府和中央政府中反复转换。这也是这些前社会主义国家在政治经济转轨过程中，常常出现的两难困境。

其次，三个案例研究中都可以看到本地化的收缩问题，都需要不同程度地抽离到宏观层面，从更高的视角来制定相应的城市政策，可称之为"在政策制定上非本地化"。在阜新案例中，东北振兴战略是国家宏观层面上的指导思想，促进"区域协调发展"[262]和"让发展成果更多更公平惠及全体人民"[263]是国家的整体要求。只有如此，国家和省级政府才能够共同制定政策，并动员国有企业参与到振兴阜新的各种政策实施中来。在拉贝河畔乌斯季案例中，20世纪90年代国家整体向地方政府放权的大背景是当时城市政府制定收缩政策的基础；而后，在欧洲新区域主义思潮影响下，城市与欧盟进行合作又成为新政策制定的基本方针。在新贝德福德案例中，由于美国整体政治制度文化拒绝过多的国家干预，因此，地方政府的应对只能选择自下而上的治理策略。

最后，在认识了问题、形成了政策之后，还需要回到地方层面实施政策，可称之为"在实施行动上再本地化"。阜新市被国务院列入"资源枯竭型城市"名单使得大量项目、资金和政策输入地方，这些自上而下的资源输入后，能否结合本地的需求形成行动，是相关政策能否顺利实施的关键。在拉贝河畔乌斯季，不管是国家还是欧盟层面制定的战略，最终还是需要先回到地方政府通过民主决策程序进行合法化，再进入实施环节。新贝德福德精明收缩政策最大的优点在于，其提出的"用本地资源解决本地问题"非常容易获得各方面的支持。

5.5 小　　结

　　本章通过三个案例城市的国际比较，阐述多层级治理框架下的收缩城市的应对问题。选择的中国、美国、捷克的三个城市都在研究期（1970—2010年）中流失过人口，也都从不同角度接受了人口收缩的事实，但是，由于处于不同政治经济背景，其形成政策的过程、实施政策的方法、评估成效的角度各不相同。①阜新通过高强度的自上而下的政策干预给地方"输血"。然而，由于缺少与地方主体的对接，虽然城市短期内的GDP数据出现了飙升，但从长期看，地方经济、就业和人口都没有太大起色。阜新的收缩治理模式"在问题认识上本地化"时出现了偏差。②新贝德福德坚持自下而上的精明收缩路径应对人口数量和结构上的变化。地方政府积极倾听地方声音，协调当地发展主体的力量，以"生活品质提升"而非"追求再增长"作为城市发展策略。并且，政策针对住房空置、投资减少展开积极的适应调整。虽然治理的整体思路符合地方现实，但是，基于地方的思考本质上没有办法改变人口和经济变化的大趋势，成为治标不治本的被动回应。新贝德福德的收缩治理模式"在政策制定上非本地化"时有所缺失。③拉贝河畔乌斯季认识到了人口流出和产业衰退的问题，也将其置于经济转型期中进行国家/国际、区域、地方的多层级政府协同治理。然而，这个城市仍然主要奉行增长主义的发展思维。其原因在于，虽然地方政府可以基于国家和欧盟的政策议题获得政策引导和发展资源，但是没能进一步结合城市面临的问题展开政策实施。实施的项目符合上层次主体的要求，但是，未必对解决城市收缩问题有所帮助。拉贝河畔乌斯季的收缩治理模式"在实施行动上再本地化"时还缺乏思考。

　　可见，收缩城市治理不是单个政府可以独立完成的工作，需要多层级政府之间的协调和合作（图5-1）。三个案例城市给我们的启示在于：①成功的收缩应对需要在问题认识上本地化，思考"在地方尺度下如何认识收缩的问题？"，以动员各方面认识和接受城市收缩；②成功的收缩应对需要在政策制定上非本地化，解答"在国家/区域尺度下如何形成政策的话语？"这一问题，以打破增长主义的惯性思维，并获得所需的资金、项目和政策；③成功的收缩应对需要在实施行动上再本地化，研讨"国家/区域尺度下的话语如何再转化为地方行动?",以实施符合地方发展需求、解决切实问题、具有长期成效的具体行动。

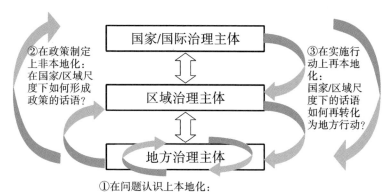

图 5-1　国家、区域、地方协同下的收缩城市多层级治理模型

形态管控：断面模型与精明收缩的耦合框架

随着收缩城市研究的不断深入，许多规划师和决策者都认识到处于收缩或存在潜在收缩的地区不能也不必急于逆转这种局面。Hospers[49]认为接受收缩并利用收缩是相对合理的应对态度。当"增长主义"的规划模式趋向终结，粗放扩张型范式向紧凑集约型范式转变时[81]，应将收缩视为一种不可回避的现象并主动适应收缩[6]。国内外针对收缩现象提出的适应性收缩政策与规划成果丰富，在老工业基地转型[50, 148]、旧城衰落[14]和乡村空心化[264]等实践领域展开了丰富的探索。其中，部分学者主张进行合理精减，调整、适应不断缩减的城市规模并建设紧凑型城市形态，通过缩减公共服务设施和基础设施建设规模，拆除或重新利用空置建筑来削减不必要的财政支出。在这个过程中，有序地控制和管理城市空间形态也越来越成为收缩期中城市规划的重点。以美国的底特律、弗林特和布法罗等收缩城市为例，这些旧工业城市长期面临人口减少、经济衰落、工厂倒闭、住房空置与工业区衰败等收缩问题，形成了城市风貌衰败且空间形态混乱的收缩景观。显然，这种极度萧条破败、消极负面、让人绝望的外部环境又继而降低了仍居住在当地的人们的生活品质，导致人口的再次流失与经济的进一步萎靡。

事实上，城市增长期也同样面临形态控制问题，新城市主义倡导者为了治理城市增长中的无序蔓延问题，提出了以断面模型作为控制城市风貌的形态准则[265, 266]。该模型在空间形态上表现为，随着城市化强度的提高，形成从乡村向城市阶段性过渡的人居环境带，既使空间特征表达变得更具体，也使规划控制意图更加明确[267]。基于此，Hollander[219]提出反向断面模型（reverse transect model），用来控制城市收缩阶段的风貌衰败和形态变化。新城市主义倡导者可以利用断面模型作为精明增长工具来限制无约束的增长，我们亦可以利用断面模型实现精明收缩，以"更少的规划——更少的人、更少的建筑、更少的土地利用"为目标[50]，积极、主动地控制无序衰败的收缩景观。

基于以上思路，本章基于断面模型从形态控制完整性、多样性、连续性上探究精明收缩策略。首先，研究通过解析断面模型与精明收缩的概念与内涵，从核心价值、控制对象、运作方式等层面建立了两者的耦合框架，为将断面模型应用于精明收缩提供了依据，并描绘出基于断面模型进行精明收缩与精明增长的技术路径。其次，本章介绍了底特律、弗林特和布法罗等收缩城市基于断面模型的具体规划实践，以证明用断面模型作为精明收缩工具的可行性。

6.1 断面模型与精明收缩

城市收缩和城市增长都是城镇化发展客观变化规律的一部分，无论是经济周期循环理论、城市生命周期理论、邻里生命周期理论，还是发展循环阶段理论，又或者是长波理论，都支撑了这一观点[15, 181, 268]。在全球化语境下，城市或区域的增长与收缩是可以并存的，即使处于增长期的城市，部分地区也可能经历着人口流失与经济衰退[74]。从这一意义上讲，城市的增长与收缩其实是一对孪生概念，也正基于此，增长的管理工具（断面模型）与收缩的治理需求（精明收缩）存在耦合的可能。

6.1.1 断面模型

断面模型起源于生物和环境分析领域，后被杜安尼·普莱特·赞伯克公司（DPZ公司）发展并广泛应用于管理城市开发的形态准则中。在断面模型中，DPZ公司把城市-乡村的形态演化过程切分成6个生态区和1个特殊功能区①（图6-1）[269]。其提出的城市形态管控原则是，城市空间形态应当按照人地关系在生态区之间渐进式、平滑地过渡。这避免了传统规划中各种空间要素②在不同生态区中任意组合[265, 266, 270]，而最终导致的风貌混乱和特色缺失。本章结合断面模型的相关

---

① special district, districts, district zones 几个词（组）表达的是同一种含义和同一类型空间，本书统一翻译成"特殊功能区"。
② 形态准则控制的空间要素主要包括：a. 公共空间标准［核心部分，它包含通道（即以交通为导向的公共空间，包括人行道、交通线、行道树、街道设施，以及道路与楼之间的界面）和市民空间（包括公园、绿化区、广场、集市、散步道、袖珍公园、游乐场和运动场）］；b. 建筑形式标准（包括地域面积、建筑布置和形式、功能、土地占有和建筑临街面类型）；c. 临街面类型标准［包括公共临街面（位于路权内的范围）和私有临街面（位于路权和朝向建筑前面之间的区域）］；d. 街区标准（将大的场所分成相互联系和适合步行的街道和街区网络的准则）；e. 建筑类型标准（它主要根据建筑的外观形式定义，其次才是使用和功能的技术说明）；f. 建筑标准（控制建筑物特征和质量的准则，包括建筑群、窗和门、建筑材料等细节）。

研究成果，主要从两个方面探讨其思想内涵与特征，为构建其与精明收缩的耦合关系提供依据。

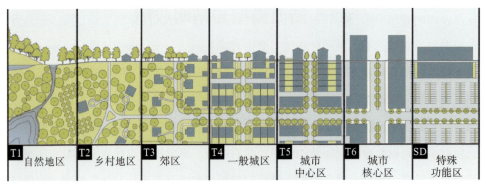

图 6-1　城市 - 乡村断面模型

（资料来源：文献[269]）

其一，空间要素的合理分配。断面模型所倡导的是开发有度、特征明显的空间模式。以生态区为阶段，城市空间形态在从自然向城市的演化过渡过程中，维持建城环境和自然环境之间的适当平衡[271]。划分生态区旨在避免各类空间要素"错误地"选址或不适当地混合，例如在一般城区（T4）配置城市核心区（T6）的摩天大楼。T1至T6构成了完整连续的空间有机体，它反映了各类环境要素（包括人为环境要素与自然环境要素）的梯度配置和有序连接。并且，用于控制各生态区城市形态的依据绝非单一因素（如容积率、建筑高度），而是多要素、多指标的复合（如建设密度、建筑形式、城市设计、景观要素、用地混合度）。虽然切分出多个生态区，但断面模型强调分区之间是渐进过渡而非突变，空间要素组合在城-乡维度上是有机整合的。

其二，生态区的平滑过渡。断面作为一种服务于可持续城市形态发展的模型[271, 272]，其最大创新之处在于每个生态区都具有自己独特的形态特征。各生态区之间没有优劣之分，且各生态区之间可以动态转换[219]。用来反映城乡空间关系的断面模型体现了一种动态的分区关系，其空间形态随着时间的推移而发生演变[271, 273]，位于某一特定地区的特定研究对象会随着城市的增长或收缩而向相邻生态区转换。实现这种转换的前提条件是优化调整资源配置，且相邻生态区之间满足无缝衔接与平滑过渡，无需缓冲带或生硬的分割界线[265]。

6.1.2 精明收缩

精明收缩旨在通过集约化策略使正在收缩和具有收缩可能的地区由被动地对抗转为主动且有序地适应收缩，以积极和发展的态度面对人口减少、经济下行和空间衰退带来的挑战。以《扬斯敦2010规划》（*Youngstown 2010 Plan*）为代表，精明收缩作为一种规划新思想和新策略，是政府为应对城市收缩问题而积极进行策略转换的先锋。精明收缩的核心在于精减城市用地和设施规模以匹配更少的城市人口，并同时注重城乡空间集约化发展[274]。

精明收缩的规划思想内涵在于：①考虑现存的人和物，重组或取消某些服务并提供不同的服务[50]；②从城乡区域层面统筹化解空间要素错配矛盾[148]，优化重组、置换或退出配置不合理的资源和局部低效用地[275]；③以土地集约利用、弹性规划和公众参与为准则，倡导城市适度且渐进收缩[276]。精明收缩同时也是一种区域发展策略。在区域层面上，它要求地方政府考虑到该区域内其余地区（特别是受到该地区行动和政策影响的地区）的利益[277]，为城乡空间的协同发展制定区域性总体发展目标，使之渗透到地方并指导城市规划活动的具体开展[13]。精明收缩的特征可以总结如下。

一方面，精明收缩注重对城乡空间资源的优化重组，在地区收缩的同时也关注城乡空间持续的潜在发展动力，主张将可以增长的部分布置在小的、集中的区域[82]，将有限的发展资源在合理的规划管控下再利用与再布局[148]。这种集约化、高效率的优化重组方式与断面模型提出的可持续平稳发展目标是一致的。它既可适用于增长动力强劲的地区，基于绿色、可持续发展原则，集中、紧凑地利用土地，避免资源浪费和城市蔓延；也适用于亟待复兴的收缩地区，如老旧工业基地、城市中心区和核心区，集中有限资金，有目的、有重点地投入关键节点，实现合理精减和有机更新。

另一方面，精明收缩主张渐进式推动低效资源的整合退出。退出机制是精明收缩的重要创新点之一。它主张：①把衰退地区或未开发的地区作为绿色空间存储；②精减城市服务并减少基础设施；③对空置建筑进行选择性拆除；④将空置用地重新用于都市农业或生态建设等。城市形态最终实现在生态断面模型中的反向演进。这一主张不仅适用于城市，也适用于大区域中的乡村和郊区，如乡村的空心化可以通过资源的整合退出，使空置用地退居还林、退耕还林，从而使之反向有序演变成自然地区。

6.1.3 断面模型与精明收缩的耦合框架

精明收缩同断面模型一样遵循精明思想，两者在核心价值、控制对象、运作方式等层面都存在耦合关系（图6-2）。①在核心价值层面，两者都以可持续发展为价值导向，致力于实现城市、乡村间空间形态的有序衔接与空间要素的合理布局。②在控制对象层面，两者存在一种包含关系，断面模型研究范围相对更大，它包括宏观区域、中观区域（城市与社区）和微观区域（街区与建筑）等不同空间尺度的所有地区，而精明收缩的研究对象目前仅包括面临经济衰退、人口减少的收缩地区。③在运作层面，断面模型强调空间要素合理分配、生态区平滑过渡的思想分别与精明收缩所提倡的资源优化重组、整合退出相耦合，这为断面模型作为精明收缩的有效工具提供了依据。在精明收缩过程中，城乡空间可以利用断面模型划分生态区，将空间形态元素合理分配至相适应的地区，实现优化重组；同时，可以基于生态区的反向平滑过渡实现在空间形态管理层面的整合退出。

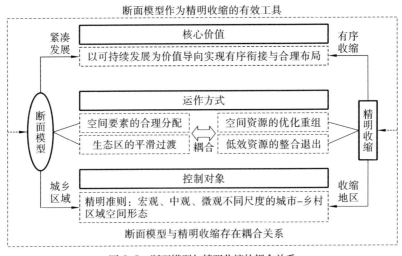

图6-2 断面模型与精明收缩的耦合关系

关于如何利用断面模型进行城乡区域的紧凑形态发展，已有相当丰富的成果。为了给不同地区制定可操作的实施策略，DPZ公司还以断面模型为基础编写了精明准则（smart code）。精明准则给出了详细的标准和图表，其中设计要素与断面模型的协调使之适用于各种尺度的规划[273]。它作为形态管理和控制的新标准，致力于在区域、城市与社区、街区与建筑等不同空间尺度上对开放空间、基础设施、建筑等元素和指标采取系统化、差异化的控制。

6.2 形态管控技术路径

6.2.1 技术路径的构建

基于以上的耦合关系，可以基于断面模型构建既适用于精明增长又可用于精明收缩的形态管控技术路径（图6-3）。一方面，由T1到T6的正向梯度演进为城市增长过程，如前所述，城市形态管控希望通过空间要素合理分配和生态区平滑过渡来实现精明增长。另一方面，由T6到T1的反向梯度演进为城市收缩过程。在合理精减等理论的倡议下，城市应当通过空间资源的优化重组和低效资源的整合退出来实现精明收缩。以断面模型的生态区合理划分和平滑过渡（正向或反向）作为该技术路径的核心。

然而，这两个过程并非完全一致。当城乡区域处于增长时期，由T1到T3应强调保护优先，由T4到T6则以紧凑开发为主要形态目标[273]。精明增长过程相关文献介绍较多，此处不再赘述。当某些地区出现收缩衰落时，T1仍应采取保护优先策略，由T4到T2强调两种收缩策略并举[278-281]：①通过资源优化重组重新激发本区活力，维持其持续平稳发展（例如城市更新、空置片区的再开发和再利用计划）；②通过对低效用地资源的整合退出实现生态区反向转换（如住宅拆除、都市农业、绿地化、开敞空间化等措施），由T6到T5作为重点开发的紧凑发展地区，规划不应该鼓励其进行反向转换，而应以资源优化重组为主导实现城市核心区与中心区的复兴。

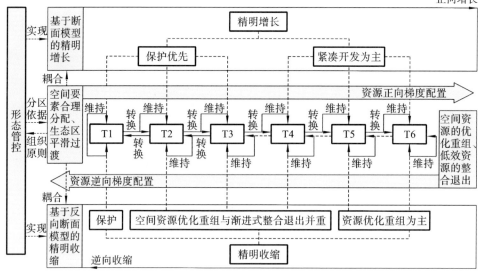

图 6-3 基于断面模型的精明收缩与精明增长形态管控技术路径

值得注意的是，区域内增长现象与收缩现象是可以并存的，因此由T1到T6或由T6到T1的精明增长或精明收缩过程可以中途转向并交替运行。此外，相关研究表明，由于城市生活和机构政治存在"黏性"，因此，不管是多么衰退的片区，试图完全擦除收缩地区的社会生活残余是非常困难的[239]。这表明城镇化演进存在一定的不可逆性，一定规模的城市退化为乡村或自然的可能性不大，也就是说，由T6到T5、由T5到T4或由T4到T3的反向转换实际上极其困难。

城市形态涉及宏观、中观、微观多个尺度。在区域层面上，基于断面模型的精明增长或精明收缩强调空间形态的整体性、连续性，通过资源的合理分配与有机整合，城市-乡村地区的空间形态关系应表现为：越靠近乡野，功能和建筑形式越尊重自然形态，建筑低矮且布置更自由开敞，绿地、农田和景观占地面积越大；越靠近城市中心，用地开发越紧凑，功能和建筑的公共性和混合性越强，临街面越重要。在城市层面，建立城市发展框架，引导城市内部邻里、特殊功能区和通廊①三大基本要素的配合[265]，进而通过空间要素的合理分配与生态区的平滑过渡来

---

① 邻里，即城镇规划的基本单元；特殊功能区，即单一用途或用地不兼容的地区；通廊，包括自然要素和人为要素，不仅指汽车通行的廊道，更重要的是考虑行人的流动和联系，同时也可以作为邻里和特殊功能区的边界、邻里的中心。三者的关系：通廊既是邻里与特殊功能区的连接器，又是分离器。

控制相应的空间要素布局,使总体发展目标与具体控制手段能够有效对应并实施(图6-4)。

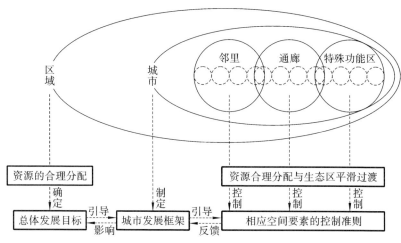

图 6-4　区域和城市尺度下的城市形态控制

6.2.2　技术路径的特征总结

1.管控基础:城乡区域空间形态的整体协同发展

局部收缩地区的收缩范围及收缩程度都是与区域发展水平密切相关且相互影响的。任何局部地区的发展都离不开一定的区域背景(包括自然地理和自然资源条件、地理位置、发展历史等),针对收缩地区的规划和管理政策应立足区域整体来定位。合理有序的主动收缩不是城乡区域或城市整体规模的萎缩,而是收缩地区通过合理精减带来区域整体发展能力和水平的增强。"城市借区域而立,区域依城市而兴",针对不同收缩地区的精明收缩管控策略都应立足于区域整体,这样才能更高效地利用公共财政,避免重复投资和过多的景观消耗,以正确、合理地把控形态管控的"度",使之适应不断变化的社会、经济与生态需求。

城乡空间形态是城乡关系的外在表现形式,是一定地域范围内城乡发展过程存在的物质形式和状态[282]。依托耦合框架、美国案例构建的形态管控技术路径,是立足区域,以城乡区域空间形态整体协同发展为管控基础而构建的较为系统的管控手段，并且能将其有效地应用于宏观、中观和微观等不同空间尺度的收缩地区。断面模型中从T1到T6的划定与衔接，将城乡空间形态构建成了一个连续的有机整体[283]。各区之间不是生硬的隔离，而是连续的形态演变。基于断面模型的形态管控技术路径强调空间形态的整体性、连续性。将不同类型的建筑、景观环境等物质性要素梯度配置至自身合适的断面生态区，同时保证正向发展和逆向收缩不发生突变，使城市与乡村之间、地区与邻近地区之间能够平滑过渡。该技术路径下的城市-乡村地区的整体空间形态关系表现为：越靠近乡野，功能和建筑形式越尊重自然形态，建筑低矮且布置更自由开敞，绿地、农田和景观占地面积越大；越靠近城市中心，用地开发越紧凑，功能和建筑的公共性和混合性越强，临街面越重要。

追溯历史，长期以来的工农业产品价格"剪刀差"、规划方式"重城市轻乡村"等，造成城市粗放增长、资源过度开发、环保意识薄弱及城乡协同管理缺位等现象，从而导致城市与乡村、自然之间的矛盾日益突出，乡村居住用地与农地成为城市的附庸，自然环境成为城市现代化、工业化的牺牲品。于是，早期空想社会主义的乌托邦、霍华德的田园城市理论、马克思与恩格斯的城乡发展理论、道格拉斯的区域网络模型和麦吉的Desakota模型等丰富的城乡协同发展理念陆续被提出[284, 285]。但是目前的城乡规划实践仍多以城乡分割为前提，城乡互补、联动的规划还停留于概念和理论阶段，同时也缺乏深入和系统的技术指导或方针。而本章提出的技术路径，体现了城乡区域空间形态整体协同发展的特征，对于传统的"就城论城""就乡论乡"的规划手段和政策来说，具有补全其短板的作用。它是将城乡区域作为一个整体，在保证城市有序发展的同时，保护乡村与自然空间，以实现城乡区域总体效益的最大化。这满足国内当下城乡一体化、城乡统筹、新型城镇化与乡村振兴等政策背景要求。

2.管控模式：精明增长与精明收缩的弹性合作

从现有国内外的研究中可以发现，精明增长与精明收缩策略往往被视为两个独立个体，彼此间缺乏关联。但也有学者提出它们其实是"一个硬币的两面"[82]，都强调土地的集约利用与紧凑发展，都是主动引导下的管控策略，都强调对绿色空间与开放空间的保护等。本章提出的技术路径将断面模型作为两者之间的"桥梁"，使两者能够从时间和空间视角相互契合，实现弹性管控。

（1）面对同一发展时期的不同地区，技术路径强调精明增长与精明收缩并存的弹性管控模式。城乡区域内，增长现象与收缩现象是同时存在的。一个地区的增长甚至可能伴随着另一个甚至多个地区的收缩，如美国城市的郊区化伴随着市中心人口的减少与设施的破败，同时也不断地吞噬乡村土地和自然景观。针对蔓延的城市，应采取精明增长策略，明确和划定城市空间增长边界；针对衰落的市中心和收缩的乡村，应采取精明收缩策略，优化重组空间资源或整合退出低效资源。

（2）面对同一地区的不同发展阶段，该技术路径强调精明增长与精明收缩交替运行的弹性管控模式。每个地区的增长与收缩现象都是在发展的过程中不断动态变化的，收缩并不意味着持续永久地收缩，增长亦是如此。因此制定的规划政策既要保证解决该地区的现有困境，也要为未来可能发生的变化做好弹性准备。比如，针对某一特定的收缩地区，不能只注重眼下的收缩而采取完全、绝对的精明收缩管控方法，也应该为未来可能出现的增长做好准备，当下的精明收缩手段与未来的精明增长预判同等重要。

收缩城市的应对策略不仅是从以增长为导向的传统规划范式向精明收缩的新范式转变，而是最终转向以发展为核心的精明规划（smart planning）。该技术路径无论是强调两者并行还是交替运行的管控模式，都是以发展的眼光制定有足够弹性、灵活的规划，精明增长与精明收缩相结合的管控模式势在必行。

3.管控过程：形态标准与用途标准的相互融合

传统的规划方法基本都属于"用途决定论"，它的缺陷在于难以构建一个独具地方性特征的场所形态。国外注重用途的规划主要是以美国传统区划法为代表，它过分强调功能的划分，允许不同形式的建造元素任意组合，使城乡空间形态彼此面目不分，形成了一片片"无名之地"，并且导致普遍的城市蔓延，进而出现破碎颓靡的旧城、毫无灵魂的郊区等令人诟病的景象[286]。国内的城市总体规划、城市分区规划、详细规划等与之类似，都注重用途的布局，过分追求"可操作性"和各种技术标准，只能满足开放建设的基本功能需求，缺乏城市美学和人的行为环境的考虑。传统用途规划无法将土地用途类别与数字指标完全对应到物质空间形态上，以至于对城市物质空间形态的引导和管控很难达到预期的目的，造成城市、郊区和乡村特色的丧失。

而新城市主义倡导者提出的基于断面模型的规划思想，选择从物质空间入手，强调形态控制优先于用途管制，能非常直观地将各种可识别的空间要素渐次部署到相应的生态区，重塑公共空间品质，帮助塑造一个结构紧凑、适宜步行、绿色健康的可持续城市形态。值得注意的是，形态优先于用途，并不是指规划手段要走向"形态决定论"，这完全是另一种极端。"形态决定论"所造成的负面效应也可想而知：只注重夸张的设计手法，容易脱离实际需求；完全按照设计师的意图和想象力进行规划，没有统一协调项目与区域、周边地区的关系，导致项目成为设计师彰显自己才能的寄托地等。这跟断面模型将城乡区域纳入一个整体的思想背道而驰。

断面分区主要是按照自然和建成环境间的关系，建筑形态、规模与类型，以及生态区内土地用途的复杂性进行归类[272]。因此，一个理想断面模型序列的建立在强调形态重要性的同时也需要考虑土地用途标准。也正如后文将要分析的三个美国收缩城市案例，它们在进行"空间要素的合理分配"时，都将具体形态与相应用途进行了充分融合。而且美国其他一些城市在土地利用规划的过程中，也开始将断面模型思想与功能分区思想相结合，并根据本地情况运用形态条例、断面模型进行土地用途管控的调整[287]。所以，依托断面模型思想和代表性案例构建的形态管控技术路径，其形态管控过程既要建立各生态区的形态标准，也要制定各生态区的相应用途清单，从而加强城市、郊区和乡村等空间环境的可辨识性。该技术路径试图扭转传统用途规划带来的发展弊端，改变蔓延式的空间粗放发展形态，在强调城市与社区紧凑发展的基础上，通过形态的多样性和用途的混合为人们提供更多的居住、工作和生活选择。

6.3　基于耦合框架的形态管控案例

基于断面模型的精明规划能够保证城乡区域都做好管理增长和收缩的准备，在实现城乡空间整体协同发展的同时，也更好地保护和恢复社区特性及人地关系。美国的很多典型收缩城市已经开始探索如何将断面模型与本地区划管理法规相结合。本研究选取了底特律、弗林特和布法罗三个城市，从政策目标、技术手段、运行特点方面分析其具体实施方法，并总结相关技术的发展进化历程（表6-1）。

表6-1 收缩城市的形态控制案例

案例城市（年份）	政策目标	技术手段	运行特点
底特律[278]（2012）	①创建一个多就业岗位的城市；②创建独具特色、吸引人的社区；③创建完整的街道；④构建绿色城市，合理利用和改造城市的闲置土地和资源	①根据土地利用要素将底特律的土地分为住宅用地、工业用地、商业用地、景观用地四大类别；②四类用地结合断面模型的组织形式各自进行再分区；③判定每个分区的高、中、低空置率情况；④呈梯度布置相应的土地用途、开发密度和建筑类型，编制土地利用开发类型矩阵	注重具体形态与相应用途的融合，并结合空置率情况梯度配置空间要素
弗林特[279]（2013）	①创建基于可持续土地利用模式的、紧凑和用途混合的城市；②为居民提供更适宜步行的社区，增加获得必要商品、服务和设施的机会；③将空地视为增强经济活力和自然环境的机会	①根据土地利用现状、住房条件和空置率对现有街区进行评估，确定了12种地区；②基于社会经济活动、建筑高度、噪声、居住密度和交通等因素将建设开发活动分为10个强度等级，构建了强度轮（intensity wheel）模型；③位于强度轮上的分区可向相邻地区转换	强调维持现状分区的控制要求，又注重向邻近地区类型转换和过渡的可能
布法罗[280, 281]（2010—2017）	①区域层面：保护和保留农地、开放空间和自然区；保护社区特性；加强人地联系。②城市层面：建设更具地方特色且适宜步行的混合用途区，提高竞争力	①区域层面：确定了7种不同场所类型。②城市层面：确定了一套统一的开发条例；分别规定了邻里、特殊功能区和通廊三大要素的发展形式、功能和模式，然后细分并确定相应的形态和用途标准；鼓励将不符合条例标准的现状资源或生态区最终转换或消除	协调区域引导和城市管控之间的关系，让两个尺度下的运行能更加明确各自的作用和角色

（资料来源：根据文献整理）

6.3.1 底特律：空间要素的合理分配

底特律工业时代的惊人增长已成为遥远的记忆，如今它已经成为美国城市收缩的典型（图6-5、图6-6）。

图 6-5　收缩城市底特律的空置住房

图 6-6　收缩城市底特律的空置土地

面对城市人口减少、土地空置、基础设施过度配置等现状，底特律于2012年编制了战略规划《底特律未来城市》（Detroit Future City），致力于合理分配空间资源并改造城市的闲置土地和建筑，将建设开发引导到最适当的城市区域[278]。

该规划的特点是注重形态与功能的结合，城市的功能分区是土地利用和断面模型共同结合的产物。规划考虑用地分区的高、中、低空置率现状，呈梯度配置相对应的土地用途、开发密度和建筑类型等空间资源，通过发展土地利用开发类型矩阵（图6-7）来实现空间要素的合理分配。该矩阵将底特律的土地分为住宅用地、工业用地、商业用地、景观用地四大类别，且每个类别都有多种可能开发类型。例如，在高空置率区，考虑到高风险地区的实际现状、市场条件以及土地利用开发远景，未来的住宅或商业用途将被排除在未来发展之外，而景观用途（如创新生态区）的开发将更受重视。基于景观的发展类型为不断收缩的底特律提供了新机遇：从小型蓄水池到低洼湖泊，多种规模的蓝色和绿色基础设施可以穿插在原本传统的用地开发模式中，以满足雨水管理和为居民提供优质设施的需求；城市农场、水产养殖和能源开发等工作与生产景观让空置土地回归生产用途，并为底特律居民提供所需的就业机会。底特律的精明收缩形态管理强调具体形态与相应用途的高度融合，规划基于断面模型最大限度地尊重土地利用现状，并致力于实现土地历史资源的稳定和发展，同时致力于挖掘大量空置用地的再利用潜力。土地利用开发类型矩阵给每个地区分配了与其现状功能、潜在资源、发展模式和建筑风格相适应的特征，从而为确定其未来的发展方向提供了指引。

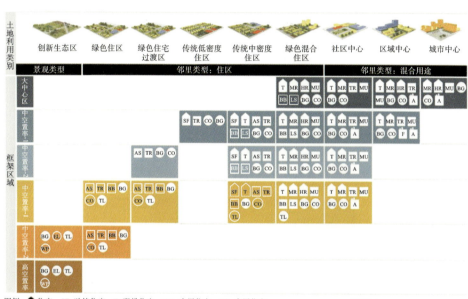

图 6-7　底特律土地利用开发类型矩阵（部分摘录）

（资料来源：文献[278]）

6.3.2　弗林特：不同生态区的平滑过渡

弗林特也是常出现在研究文献中的典型收缩城市。2013年，弗林特市政府通过的《想象弗林特——可持续发展总体规划》（*Imagine Flint: Master Plan for a Sustainable Flint*）[279]，在形态与功能要素合理分配的基础上，进一步发展了《底特律未来城市》的形态分类管控思想，更详细地描述了"生态区的平滑过渡"的具体实现路径。

首先，该规划根据土地利用现状、住房条件和空置率数据对每个街区进行了评估，确定了12种地区。其次，该规划基于社会经济活动、建筑高度、噪声、居住密度和交通等因素划分了10个强度等级，构建了强度轮模型［图6-8（a）］。强度轮模型不仅强调维持现状分区的重要性，给出了具体形态控制要求，还描绘出了向邻近类型转换和过渡的可能性和方向性。例如，绿色邻里（green neighborhood）指曾经空置或未充分利用的房产或被重新利用的低密度住区。其空间类型由单户独栋住房、少量开放空间和小规模都市农业区混合构成，住宅用途

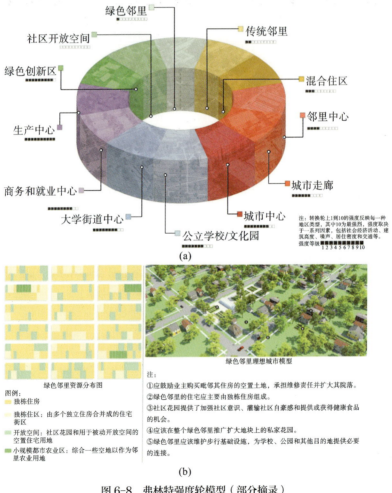

图6-8 弗林特强度轮模型（部分摘录）

（资料来源：文献[279]）

和社区花园蓬勃发展［图6-8（b）］。当空间形态与用途要求相匹配时，该地区可以持续维持稳定。当形态不满足功能配置要求时，绿色邻里也可以向邻近的社区开放空间（community open space）和传统邻里（traditional neighborhood）类型转换。具体来说，当有投资和开发项目进入该地区，并在空置的地块上修建新住宅和修复旧建筑时，那么这一地区就可能转型为传统邻里类型，完成正向增长；如果不能够维持人口和经济，继续衰落甚至被废弃，那么这一地区可以通过渐进式用地退出计划（如与土地银行合作），主动且有计划地转换成社区开放空间，从而实现有序的逆向收缩。弗林特的强度轮模型概括了城市社区维持稳定、实现正向增长或逆向收缩的灵活性，为维系一个充满活力、宜居健康的收缩城市提供了一个具有操作性的形态管理工具。

6.3.3　布法罗：多空间尺度下的形态引导与管控

布法罗2010—2017年一直在制定并发展区域与城市层面的形态引导与管控策略，其政策实施与以上两个收缩城市的规划相比，体现出了多空间尺度协同运行的特点。布法罗在区域层面通过场所类型的发展指引，实现了空间要素的合理分配；城市层面的精明收缩形态管控既强调空间要素的合理分配，又强调生态区的平滑过渡。

在区域层面上，《布法罗尼亚加拉大都市区战略规划》考虑了城市与城市、城市与乡村发展的协调关系[280]。这个区域包括伊利郡（Erie County）和尼亚加拉郡（Niagara County）的64个城市、镇和村庄。1970—2010年，该区域人口数量在不断下降，但城市化土地仍持续性扩张。这种向外扩张的压力使农地让位于住宅和商业，造成了大量农业用地的流失，人均消耗的土地的增加让该区域整体处于不稳定的发展状态。为了维持具有空间效率的可持续发展，战略规划收集、阅读和分析了160多个不同范围、不同层次的规划文本（包括郡、市、镇和社区等），最终确定了大都市区的整体空间发展目标：保护和保留农地、开放空间和自然区；保护社区特性；加强人地联系等。同时，战略规划基于区域内部现状，确定了7种不同场所类型（表6-2），以此寻找大都市区形态协同发展的出路。

表 6-2　布法罗尼亚加拉大都市区的不同场所类型

场所类型	城市中心	乡村中心	传统邻里	郊区地带	办公/工业区	独户住区	城外住区
图片							
释义	大城市或中型城市的中心区	规模较小的商业中心，分布在繁华乡村的主要街道、小城镇或混合用途的邻里中	住宅区街道，房屋彼此靠近且步行即可到达商业街，还提供活动场所、公园和服务设施	条形零售商场，以及前坪有大型停车场的商店	低层办公大楼，搭配有限的服务和大型地面停车场	由一些配有车库和车道、大院子和具有私密性的独立住宅组成	指相距甚远的非常大的房屋，通常布置在幽静的农村地区，远离服务设施、公园或其他活动场所

（资料来源：文献[280]）

在城市层面上，布法罗是大都市区内经济、政治、文化和人口最集中的核心地区。然而，其区域地位在过去的半个世纪里受到了持续收缩的影响。因此，该市采取了一系列规划手段以恢复竞争力。早在2006年，布法罗就开始采用精明收缩策略来管理城市内的空置土地[288]。直到2010年，基于精明准则的区划法开始流行，该城市开始编制《布法罗绿色准则》（*Buffalo Green Code*）[281]，该准则于2017年获批、正式签署成为地方规划法规。在此基础上，布法罗市政府相继开展了城市海滨地区、棕地与历史地段的复兴计划，并对区域层面综合规划形成了有效的反馈。基于形态准则的《布法罗绿色准则》取代了该市已有60年历史的传统区划法规，该准则鼓励对空置土地进行持续管理，确定了一套统一的开发条例，使现有的合乎需要但不合规的开发合法化（从单一用途分区向混合用途、紧凑开发主导的开发方式转变），并且通过图形示例使管理过程简单易懂、透明且易于遵循，使之成为全国罕见且高质量的示例①。例如，规划为邻里提供了13种

---

① 对《布法罗绿色准则》的评价来自2019年德里豪斯奖陪审团的声明，可参见：https://formbasedcodes.org/codes/buffalo-green-code/。

可接受的建筑类型（表6-3），图文并茂地规定每个建筑类型的地段宽度、建筑高度、选址、立面材料和透明度、停车配置等，并对那些不符合要求的形态进行修理、更换、恢复或改进，限制其扩大并鼓励最终替换。布法罗的形态管控注重通过对现状的保留与调整，为每个分区量身定做形态标准（包括建筑类型、建筑临街面、附属结构和用途、标志等）与用途清单（包括必要用途和有条件容许的用途），并通过平滑过渡来维持城市良性运行，让城市形成更具地方特色且适宜步行的混合用途区。

表6-3 邻里建筑类型

建筑类型	城市核心			城市中心			一般城区				城市边缘	
	N-1D	N-1E	N-1S	N-2P	N-2O	N-2R	N-3P	N-3O	N-3R	N-3S	N-4-45	N-4-60
（马）车房		●		●	●	●	●	●	◐	◐	◐	◐
（农舍式）小别墅					●							
独栋住宅					●			●	●	●	●	●
联排住宅		●			●	●						
庄园别墅											●	●
单元式住宅	●	●	●		●	●		●	◐			
临街店面				●	◐	◐	●	●				

续表

建筑类型	城市核心			城市中心			一般城区				城市边缘	
	N-1D	N-1E	N-1S	N-2P	N-2O	N-2R	N-3P	N-3O	N-3R	N-3S	N-4-45	N-4-60
临街住房				●	●	○	●	●	○			
商业街区	●	●	●	●	●	○	●	●	○			
塔楼	●											
工业厂房			●									
统间式建筑			●									
市政建筑	●	●	●	●	●	●	●	●	●	●	●	●

注：● 表示允许的建筑类型；◐ 表示有条件容许的建筑类型；○ 表示仅限街区转角地段的建筑类型。

（资料来源：文献[281]）

6.4 小　　结

《清明上河图》①记载的城镇生活图景与断面模型类似，现今国内的城乡空间关系也基本与断面模型的生态区相对应。断面模型是一个从乡村到城市（或从城市到

---

① DPZ 公司从中国台北袖珍博物馆提供的一个连续 40 英尺（约 12.19 m）的卷轴中提取了 4 幅图片，这 4 幅图片展示了中国古代时期的断面。虽然其具体内容与北美的横断面不同，但的确证明了断面是人类栖息地的一种跨文化现象。来源：https://transect.org/rural_img.html。

乡村）的空间连续体，体现的是一系列物质性元素的连续变化关系，它可以与所有类型的规划相协调，在自然和建成环境之间寻求连续性、完整性。断面分区不存在固定的模式[267, 270]，它可以依据不同地方或城市的具体特征进行变化和拓展延伸，与传统区划和管理法规结合并应用于各种精明规划当中。

  本章以保持既有生活品质为目的，探讨并分析了断面模型、形态准则、精明准则在美国收缩城市的形态管理中的实践应用，寻求整合精明增长和精明收缩形态管理的耦合框架与技术路径。本研究希望通过耦合框架的提出以及相关案例的解析，确立精明收缩目标与形态控制手段之间的对应关系，完善增长管理和收缩管理理论，以此指导城市规划师和政策管理者，引导并管控城市形态的正向（增长期）与反向（收缩期）有序演变。

  然而，本章还没有开始构建反映我国城市与乡村空间特征的断面模型一般案例库，中国理想生态区所对应的具体形态特征仍有待分析，我国城乡断面模型的分类分区指标仍有待建立。我国当前规划强调区域统筹、城乡统筹、绿色生态与社会公平等目标，未来可依托精明收缩框架建立一套符合我国城市-乡村特征的、创新的形态控制手段和管理范式，形成我国城镇有序精明增长和精明收缩的形态管控参考。

吸引力提升：中小城市人口流出、流入与回流引导

地方空间（或称"场所空间"，space of places）和流动空间（或称"流空间"，space of flows）是解释网络社会中经济、社会、技术要素空间组织规律的两种重要视角[289, 290]。前者强调地方性，认为生产和经济组织活动受到固定的地理区位和距离限制，在亲缘、地缘、业缘关系之上建立具有明显边界、相对封闭的实体空间[291, 292]；后者关注在不同流载体（高速公路、高铁、互联网等）的支持下，流要素（如人流、物流、资金流、技术流、信息流）如何形塑不同等级的流节点，进而构建动态化、等级化的网络拓扑结构[293, 294]。

地方空间是大多数人进行日常生活实践的实体地域，是人们能够通过经验感知的、具有身份认同和集体记忆的传统空间形式[295]，也是人文地理学区域研究的传统视角[292]。20世纪末期，信息通信技术的发展和知识、资本、技术及人才的全球流动，促使了区域空间关系研究视角从地方空间转向流动空间[296]。近些年，流动空间理论在规划、地理学领域的研究应用成果颇多，例如流动空间视角下的淘宝村研究[297-299]和城市群网络结构分析[300, 301]等。在信息化高度普及的今天，似乎"地方"已被"全球化"所遮蔽[302]，地方空间的自主控制和自我发展的能力被忽略。与此同时，也有学者认为，即便流动空间在当今复杂的网络社会中占主导地位，但流动空间并未渗透到人类社会实践的全部领域，地方空间仍然具有重要的价值。进而，研究者认为几乎所有的经济行为都会受到全球化和地方化的共同影响[303]，流动空间与地方空间已很难被剥离开来[304]，两者正共同作用于全球、国家、区域、城市及乡村的发展。由此，国内外学者也开始探索地方空间与流动空间的互动关系[290, 292, 305, 306]，但也仅停留在理论层面的探讨。

基于以上认识，本章以湖南省娄底市新化县洋溪镇为案例，分析地方空间与流动空间交织影响下的乡镇活力变化。本章首先对地方空间和流动空间的基础理论进行了简要的回顾；其次，在简要介绍区域情况的基础上，整理回顾了案例产业、空间和活力变化的阶段历程；最后，从两种空间视角下分析人口流动和活力变化的驱动机制。本章希望通过案例研究更为具体地探讨地方空间与流动空间的互动关系，并证明其在收缩的中小城镇和乡村活力提升及人口流出、流入与回流变化中的重要性。

7.1　地方空间和流动空间

地方空间是形式、功能与意义都自我包容于物理邻近性界线内的地域[290]。它既是拥有具体位置和方向意义的物理空间概念，也是包括人们生产、生活等行为在内的社会空间概念[307]。除此之外，地方空间还具有象征意义、思想感受和行为价值等特征[308, 309]。因此，地方空间具备物质空间和社会空间双重属性。从其物质空间属性看，地方空间将经济活动局限于固定的地理位置，使其发展受到区位和距离限制。同时，地方空间也具有外溢效应，地方繁荣能带动邻近地区的发展，但其外溢影响范围仍然受到距离约束。从社会空间属性看，地方空间即乡土，是有归属感、认同感的空间，并通过亲缘、地缘、业缘等建立起传统社会网络。随着信息通信技术、互联网及交通运输技术的发展成熟，这些地方性的经济和社会关系，一方面可能会因为全球化和信息化走向均质、淡化甚至断裂，另一方面也可能会依托便利的互联互通而变得更为牢固。

流动空间是当代网络社会崛起背景下形成的一种新的空间形式。Castells[290]将其定义为"通过流动而运作的共享时间之社会实践的物质组织"。Stalder[310]认为流动空间是为实现人、商品和信息在远距离的持续流动而组织并创造的空间。流动空间包括流要素、流载体、流节点[305]。董超[311]提出各种流要素在流动的过程中，表现出相互交织与共轭的特征，即产业流会牵动人流、物流和资金流，人流会黏附技术流和文化流等。高鑫等[304]认为流载体不仅包括网络电子信息流，也包括导致时空压缩的高速公路、铁路、航空等交通流。沈丽珍等[296]指出，在流要素和流载体支持下的流节点带有层级属性，且同时存在于虚拟网络空间和实体地方空间之中。流动空间能将相似的节点联系起来，使得经济社会活动可以消除距离障碍[310, 312]。此外，国家和地方政策、经济、技术、社会、文化等因素能改变流节点等级，并影响流载体的承载量及流转速度，从而调整流的走向与强度。

地方空间可以被纳入流动空间的运行体系，形成等级分明的节点；流动空间也并非完全脱离地方空间，必须以特定地方作为流的节点或核心，并通过要素的流动使相对封闭的地方空间实现功能性连接[290, 295]。一方面，流动空间使得地方空间在物质空间层面获得地理上的延伸，也使得传统社会关系在信息网络空间中得以转移和再造。流动空间的出现改变了地方空间的发展动力及存在意义[313]。流动空间可以改变传统地理区位条件[298]，使得区位较差的地方可能成为流节点，从而获得新的发展机会。流动空间补充了地方空间，通过流动弥补物质空间的割据性，消减距离对经济发展的约束作用，从而扩大地方空间的影响力和影响范围。另一方面，地方空间也可直接或间接地形塑流动空间[314]，体现在：①地方空间可以生产并释放出流，例如人才流、资本流或技术流；②基于制度、语言、文化、社会、经济或政治影响因素，地方空间可以对流入的要素进行过滤和选择；③地方空间还可以改变流的内容和形式，使其适应于某个地方的特殊属性。事实上，地方空间对流动空间一定程度的"干扰"，能够防止流的无序流动，同时也能保证流的持久运转。

7.2　案例概况

本章案例洋溪镇隶属湖南省中部的新化县（图7-1）。洋溪镇虽然位于人口流出的湘中地区，也出现过人口流出的阶段，却并没有出现产业、人口的长期持续流失，走向湘中地区大多数乡镇的衰退路径。相反，借助地方空间和流动空间的积极作用力，洋溪镇在新的空间关系中寻找"邻近关系"和"联络机遇"，避免被边缘化，产业、交通、信息快速发展。因此，该案例可以作为分析地方吸引力变化如何改变人口流向的样本，分析人口流出、流入和回流过程的驱动因素和影响机制。

洋溪镇2014年入选全国重点镇，2019年被列入湖南省首批特色产业小镇，定位为"文印特色小镇"，入围2019—2021年度淘宝镇①。本研究通过实地调研、走访获取一手资料和数据，辅以官方报道及新闻资料等，从产业、人口、土地等方面分析洋溪镇在地方空间与流动空间作用下的活力演变特征，以及各阶段所呈现的空间结构形态，总结并讨论洋溪镇活力复苏的动因和路径。

---

① 依据《住房城乡建设部等部门关于公布全国重点镇名单的通知》（建村〔2014〕107号），湖南省发展和改革委员会于2019年公布的12个首批特色产业小镇名录，阿里研究院公布的淘宝镇名单。

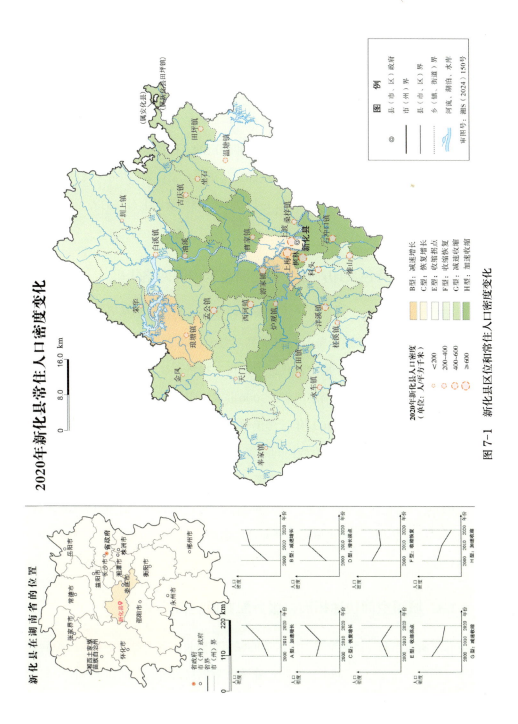

图 7-1 新化县区位和常住人口密度变化

7 吸引力提升：中小城市人口流出、流入与回流引导

7.2.1 在人口流出的湘中地区，维持人口相对稳定

根据第五次、第六次、第七次全国人口普查数据，2000—2020年新化县常住人口基本保持稳定，与其他人口收缩的湖南中部县市形成明显对比。洋溪镇作为新化县"副城"，2000年、2010年、2020年常住人口数量分别为65317人、57783人、57392人，虽然仍然在收缩，但是整体的减少趋势在放缓。尤其是近十年来，人口流出量持续控制在几百人以内，且15～64岁年龄段的人口数量在2000年、2010年和2020年都占常住人口总量的一半以上。至2020年年底，常住人口中0～14岁有14826人，15～64岁有33883人（约占常住人口的59%），65岁及以上有8683人，人口年龄结构年轻化。

7.2.2 围绕特色文印产业，构建涵盖全国的网络集群

洋溪镇人口保持稳定得益于其优良的产业发展。新化县特色文印产业从20世纪60年代起步，围绕印刷设备及耗材产品，集产、供、销、服务于一体，涵盖了研发生产、回收再制造、展示、代理、销售、租赁、复印快印、培训等各个环节，形成了遍布全国的15万余家门店、3000余家复印机再制造与经销企业和2000余家耗材生产和销售企业。2021年，洋溪镇89634户籍人口中，大约有5.3万人从事文印产业，为该镇聚集了雄厚的民间财富。经调研，2017—2021年，300余家复印机再制造企业和耗材生产企业落户洋溪镇集聚发展，且镇内拥有规模以上企业8家。2021年，新化县文印产业总产值达68亿元，同比增长166%，新增就业人数2万余人，同比增长43%。洋溪镇文印产业总产值约11.6亿元，约占全县文印产业总产值的17%。

7.2.3 城镇空间快速拓展，服务配套设施自然生长

随着洋溪镇产业经济的繁荣，洋溪镇的城镇空间也出现"野蛮生长"，空间扩张迅速（图7-2）。产业空间上，文印产业除向新化县高新区"向红工业园"集聚外，还向洋溪镇的高铁新村和文昌新村两地集聚，在镇辖区形成高铁华城和洋溪文印市场等多个产业集中地，并沿312省道两旁零散分布。产业就业带来了人口的聚

集，洋溪镇住房及设施需求也不断增加，镇中心高楼林立、商铺密布，周边乡村新建的农民自建住宅密布。同时，科教文卫设施也开始逐渐增加。2021年，全镇共有幼儿园和托儿所9家、小学和中学多所、图书馆1座，建成镇医院和多个诊所，各村还设有老年活动中心。

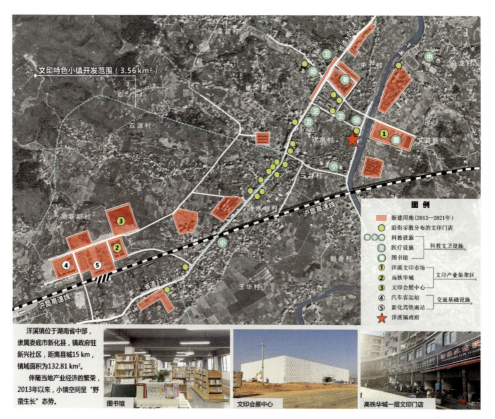

图 7-2　洋溪镇近十年产业空间和城镇空间的新变化

7.3　产业、人口和空间的活力演化

洋溪镇近几十年的活力变化可以归纳为激发、增强、衰减和复苏四个阶段。洋溪镇在地方空间与流动空间的交织作用下，文印产业曲折发展，人口经历流出、流

入和回流,土地利用出现自发性、计划性拓展,产业、人口及空间要素三者关联共轭,共同呈现出洋溪镇各个阶段的活力特征(图7-3)。

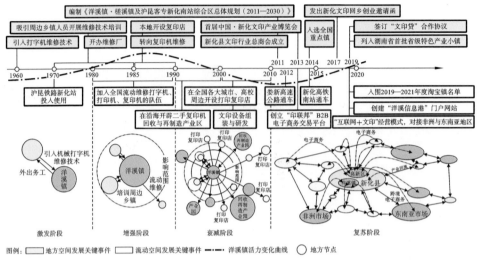

图 7-3　洋溪镇的活力阶段演化

7.3.1　激发:文印产业起步后的活力萌芽

文印产业是扰动洋溪镇发展历程的关键要素。早期,新化文印产业的出现具有偶然性。在中华人民共和国成立之初,洋溪镇还仅有造纸、陶瓷制作和食品加工等产业,通过水运销往全国[315]。20世纪60年代,易代兴等人在四川学得机械打字机维修技术;20世纪80年代,邹联经等人在洋溪镇成立打字机维修厂[316]。外出务工人员在外学得打字机维修技术并回乡创业,带动了洋溪文印产业的发展。此后,随着早期技术优势的确立,洋溪的文印产业逐渐起步,成为地方活力萌芽的激发点。

7.3.2　增强:邻近关系驱动下的地方崛起

20世纪80年代,机械打字机维修厂成立后,维修技术人员的培训、考核、颁证等业务开始在洋溪镇快速发展。打字机维修由于业务需求大、报酬丰厚,技术门槛相对较低,且学习培训上手快、周期短,因此驱动着洋溪镇境内及周边邻近乡镇

（槎溪镇、炉观镇、科头乡）的居民纷纷进厂或拜师学习，其间本地相关技术人员成倍增长，为后来文印产业类型的转型升级储备了技术与人才。

在地方活力快速增强阶段，洋溪文印产业的良好发展前景为周边乡镇带去了新的发展机遇，同时，大量人口的流入也为洋溪镇当地带来了更多生机。依托地理邻近性，洋溪镇与周边乡镇实现了共同崛起。洋溪基于产业发展和人口聚集构建了城镇空间形态（图7-3），在有限的影响范围内，以洋溪为核心向周边乡镇溢出，形成单中心多节点结构的地方空间。

7.3.3　衰减：全国产业网络发展下的地方要素外流

洋溪镇的早期繁荣是短暂的。由于打字机、复印机维修没有固定服务场所，技术人员大多需要上门维修，学成的当地技术人员以"亲帮亲、邻帮邻、友帮友"的方式陆续走出洋溪，加入全国流动维修的队伍。一方面，洋溪镇成为向全国各地文印产业网络释放人流、技术流、资金流的中心节点，著名的全国文印行业的"新化现象"①由此形成[317, 318]。另一方面，要素外流也导致了本地产业和人口发展萧条。此阶段，洋溪镇的活力衰减主要源于两个方面：全国产业网络的延伸与转型；本地区位劣势的逐渐突显。

首先，受在全国各地流动的维修打字机和复印机的洋溪人迎合新的市场需求的影响，文印产业链开始向二手复印机回收与再制造、打字与复印产业延伸，产业体系也随之转型。从20世纪90年代初开始，洋溪文印人开始从美国、日本等地收购二手复印机，进行拆装、维修、翻新后出售。出于节省运费和时间成本考虑，大量的回收与再制造企业聚集在沿海的广州、上海等地，如广州花都文印市场、天河科技街等。同时，在外维修的洋溪人开始在各地高校附近开设打字复印店[319]。21世纪初，新化籍打字复印"夫妻店"或"兄弟店"已遍布全国，复印店扩张的同时也促进了新化二手复印机产业和相关耗材产业的同步壮大。但是，相关产业的拓展和增长都是在新化县之外的地区。

其次，在产业和人员向全国输送的过程中，洋溪镇偏远地理区位和较低政策能级的劣势开始突显，不再具备文印产业转型后的竞争力。新的产业要素被其他城

---

① 新化现象是指以从事文印行业的湖南新化人为主体而形成的地缘性产业扩散经济现象。

市吸收，产业实现空间位移，文印产业从洋溪镇"流出"。同时，由于地处偏远且交通不便，时间成本使得外出者与家乡的亲人联系受阻。外出务工人员常年游走在外，甚至拖家带口扎根他乡，家乡的房屋常年闲置破败，洋溪镇的活力持续衰减。

在活力衰减阶段，洋溪镇空间结构特点表现为：地方空间能级降低，对周边乡镇的影响减弱。同时，由洋溪镇向外释放的产业和人口离散分布于其他地区，在全国范围内形成新的节点，节点之间由文印产业的"业缘"关系、新化老乡的"地缘"关系和家族"亲缘"关系彼此沟通（图7-3）。

7.3.4 复苏：地方空间和流动空间交织下的活力回升

2000年以来，新化文印产业链条在全国进一步开拓了设备组装、研发等新环节，产业类型也不断迭代升级，为洋溪镇的复苏奠定了基础。并且，互联网时代的到来以及娄新高速公路、新化高铁南站的陆续建成，促使产业、资金、技术、人口等要素有机会向洋溪镇回流。同时，新化县和洋溪镇政府也有意迎合新趋势，推出文印特色小镇建设项目，促进镇区服务设施、高铁新城、文印市场建设，推动地方节点的再次发展。

新化文印企业开始尝试利用互联网来连接并整合产业优势资源，进行网络营销。2020年，洋溪信息港①门户网站创立，致力于汇集全国各地的文印产业信息，实现上下游产业的联络与合作。龙头企业新印科技公司也开始探索"互联网+文印"的经营模式，实现与国内各大城市以及国外的跨地域对接，试图打开越南、马来西亚、迪拜、加纳等国家的市场[320]。

与此同时，地方政府借助流动空间带来的发展机遇，开始利用业缘、地缘和亲缘关系强化地方空间的作用，重建洋溪镇作为人流、物流、技术流"发源地"的核心节点地位。2017年，地方政府向许多在外的新化籍文印厂商发送回乡创业邀请函②，广州、上海等地的部分复印机再制造企业应邀回迁。2020年，第八届"中国·新化文印产业博览会暨高峰论坛"在洋溪镇成功召开。该活动旨在搭建

---

① 洋溪信息港网址为 https://www.ant05.com/。
② 2017年8月，洋溪镇政府向外地文印人发出邀请函，诚邀他们回乡创业，承诺给予他们政策和资金扶持，共同打造洋溪镇文印产业园。

产品展示、交易、发展和招商引资的平台，将洋溪镇文印产品销往全国的同时，也让洋溪人能有机会回到家乡，带动地方的经济发展，关注家乡的建设。

在活力复苏阶段，一方面，流动空间的发展促使产业、资金、技术等要素开始向洋溪镇回流，产业、人口向新化集聚，逐渐形成以新化为核心的、无边界的动态化网络空间格局；另一方面，在地方空间的打造下，洋溪镇的本地活力开始复苏（图7-3）。洋溪植根于流动空间的地方空间成了新的增长点，文印特色小镇和高新区向红工业园成为两个主要的活力汇集点。

7.4 乡镇活力提升的驱动机制讨论

讨论"收缩中小城市的人口流动和活力提升"问题，需要重点对洋溪镇活力复苏阶段的驱动机制进行分析。在这个阶段，流动空间的介入让洋溪镇与更广泛的地域产生了链接，但是，此时地方空间的作用也并未消失，两者的交织影响成为洋溪镇活力提升的关键。

7.4.1 避免与流动空间"断裂"和"脱钩"

人口流失和活力衰退的城市常被认定为从现有世界城市网络逐渐脱离的边缘化群体。乡镇和中小城市常常是在全球城市网络下被剥夺了经济和人口源流的弱势空间。例如，洋溪镇在全国产业链分工中，就曾经由于不占据核心交通区位，而逐渐丧失经济投资和人口活力。然而，由互联网和智能手机普及带来的以网络经济、电子商务、互联网营销为主要特征的新经济业态，使得不少中小城市和乡村能在信息化浪潮和快速交通网络中，找到新的发展契机。例如，洋溪镇在有效的政策影响下，产业和人口获得了新的增长。

流动空间在提供发展机会的同时，也可能会进一步加剧发展的不平衡，从而使得当地与其他地区形成新的"断裂"[321]。关键是地方行动者如何把握好流动空间带来的机遇，对流动空间引发的空间重构做出积极响应，避免因地方与全球再次"脱钩"而失去活力。同时，在网络社会中，地方空间仍然具备能够自主控制并影响地方发展的能力[322]，活力提升背后的地方驱动因素也同样重要。例如，高铁南站的开通使得洋溪镇重新与区域经济网络产生了关联，政府结合高铁通车来建设文印特色小镇，为文印产业和人口持续回流做准备。

7.4.2　形成有效的地方政策和空间响应

地方政府有必要通过整合各种资源，形成"政策洼地"来吸引流要素的汇聚[304]。例如，新化县政府成立了专门的组织机构和工作队伍，从文印企业入园发展、技术创新、品牌创建、人才引进、企业上市、技术培训等方面给予政策及资金支持。新化县财政局每年支出5000万元作为文印产业专项扶持资金，还与金融企业签订了"文印贷"合作协议，以用于满足产业园区建设、经营周转等融资需求①。为促进文印产业持续回流，新化县政府以"保姆式"工作扶持文印产业的回乡发展，并推动文印会展中心、文印大市场等产业基地项目的开展。

地方响应还体现在第三方力量——新化县文印行业总商会的培育和发展上。新化县文印行业总商会总部位于洋溪镇，在北京、上海、广东等地成立了办事处（分会），并建立了线上联系群。新化县文印行业总商会不仅可以规范行业行为、整合资源、提供法律咨询等，还可以作为私营企业、个体户与政府之间的桥梁。同时，新化县政府还联合新化县文印行业总商会组织建设图书馆、养老院等服务设施，并与新化思沁学校达成合作协议，为文印人子女上学提供保障。

7.4.3　挖掘深层次的地方网络和社会需求

文印产业之所以能发展成为"新化现象"，亲缘和地缘认同起着决定性的作用[317]，乡土情结扎根于新化文印人群体中。可以看到，虽然流动空间的介入曾经使得洋溪镇出现了要素外流，但是，洋溪镇的地方网络并没有因此消失，如今便利的信息和交通联系，让亲缘和地缘关系更为紧密，并最终促使全国各地的文印人在产业上和精神上不同程度的回归。洋溪镇近二十年也在力图通过各种方式强化这一趋势。例如，新化高铁南站选址在洋溪镇，让在外的文印人能更加便利地回到家乡；

---

① 新化县委、县政府发布的《关于加快文印产业发展的若干意见（试行）》；"文印贷"合作协议于2019年签订，包括置业贷、实业贷、创业贷3大类7项子产品，对接新化文印产业金融需求。

洋溪信息港网站不仅成为业务交流平台，也是聊家乡、聊生活、聊记忆的场所；"中国·新化文印产业博览会"每年都会选在春节前后召开，方便老乡在回家探亲的同时洽谈业务合作；镇政府重视地方的文教和养老等公共服务设施的建设，为外出的文印人解决后顾之忧。乡土情怀必须在地方空间找到情感上的归属，发掘地方网络的深层次价值，服务地方社会更本质的需求。流动空间不仅是导致如洋溪这样的乡镇出现要素流出的动因，也可以成为吸引要素回流的渠道。

7.5 小　　结

本章以湖南新化洋溪镇为案例，分析了以文印产业为主要驱动力的地方空间发展变革，讨论了基于信息化、快速交通和全国产业网络的流动空间的影响。分析发现，作为中部地区普通乡镇，洋溪镇在两者的交织影响作用下，经历了"激发、增强、衰减与复苏"的活力演变历程。一方面，洋溪镇力图突破实体地理区位和空间距离的桎梏，充分发挥地方空间的作用，挖掘当地的自主发展潜力；另一方面，利用流动空间主动与区域经济网络产生关联，使得产业和人口等重新获得活力，实现了当地的复苏。流动空间在全球范围的普及给洋溪镇带来了复苏的机遇。地方空间则抓住这一机遇，让文印产业、文印老乡陆续回流成为可能。

本章在理论研究的基础上补充案例研究，探讨地方空间与流动空间的互动关系。研究发现两者对于某一特定地点的影响绝非此消彼长、此强彼弱的单一线性影响：①流动空间使知识、资本、技术和人才等要素能通过交通流、信息流载体在节点间快速流动，这可能会剥夺偏远乡镇等弱势空间的经济和人口源流，但同时也可能给中小城镇带来活力复苏的机遇；②对于地理区位不占优势的乡镇来说，流动空间的出现会使地方空间的作用强度在一段时间内逐渐减弱，但不会消失；③地方空间则可以抓住流动空间带来的机遇，扩大地方空间的影响范围和影响力度，利用地方政策、开发活动、社会网络等资源吸引人口回流。在流动空间主导的当下，加强地方空间的介入对活力的提升十分重要。

在我国，许多乡镇拥有特色产业及浓厚的亲缘和地缘情结。近年来，流动空间的介入对于所有正在失去活力的这些乡镇来说都是机遇与挑战并存。如何利用流动空间带来的机遇，发挥国家与地方力量，推动地方经济回升、人口回流？面对发达地区的良好创业环境与劳动力需求等挑战，如何提升乡镇的核心创新能力与市场竞争力，跻身区域、全国甚至全球的市场行列？又采取何种手段留住已经回流的产业和人口？这些都是收缩城市规划应对研究中值得深思的问题。洋溪镇的经历体现了对这些问题的思考和尝试，对全国其他人口收缩的中小城市发展具有一定的借鉴意义和参考价值。

第四部分

实证研究

湖南省多地理尺度下的人口"收缩地图"

随着我国经济整体增速放缓和区域发展差异突显，人口的局部收缩将成为越来越普遍的发展现象。除了当下收缩城市研究关注比较多的东北地区，国内很多地区的人口收缩现象、特征和过程还有待进一步进行实证分析。特别是对于过去二十年中人口大量迁出的中部省份[323-331]，这些"中部凹陷"[328]地区的收缩问题还需进行案例分析和实证研究。本书第四部分选定湖南省为研究区域，通过宏观的趋势判读、政策分析并结合具体的收缩城市案例分析，对前文论述的理论模型和规划应对策略进行实证检验。

本章从湖南省全局视角出发，利用人口普查数据对省域、地州市、县市区和乡镇街道尺度下的人口收缩特征进行定量分析，探讨中部省份湖南的人口收缩情境。研究中使用的人口数据取自2000年第五次全国人口普查、2010年第六次全国人口普查和2020年第七次全国人口普查，社会经济发展数据来源于各类统计年鉴。本章尝试从2000—2010年和2010—2020年两个时间段分析和比较湖南省人口收缩的时空演变规律，并将收缩城市分析具体到乡镇街道，用小尺度分析单元揭示更细致的人口变化规律。一方面，本章希望能给读者介绍中部地区收缩城市的实证研究基本背景，描绘湖南人口变化的"收缩地图"；另一方面，本章希望从人口收缩视角指出湖南城镇化发展的历程、现状和未来的问题，为后面的规划应对研究奠定基础。

8.1 省域尺度：人口发展和城镇化的总体趋势

2000—2020年是湖南省"人口红利"集中释放的二十年。全省人口基数持续增加，2020年常住人口较2000年增长了5%。但是，随着全省人口年龄结构由增长型转向稳定型再转向放缓型（图8-1），全省总人口增长趋势已放缓，且逐渐步入老龄化阶段。2020年全省劳动人口（15~64岁人口）与2000年、2010年相比分别减少了18万人和40万人；2020年，全省65岁及以上人口占常住人口总量的14.81%，与2000年第五次全国人口普查数据（占比7.29%）、2010年第六次全国人口普查数据（占比9.78%）相比分别上升了7.52和5.03个百分点，人口老龄化形势严峻。

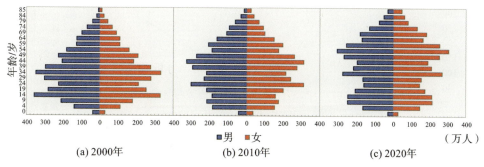

图 8-1 湖南省 2000 年、2010 年、2020 年人口年龄分布

8.1.1 2000—2010 年

2000—2010年，湖南省常住人口增加了242.65万人（由6327.42万人增至6570.07万人）。在这十年间，虽然全省人口迁入量维持低速增长，但在流出量快速增加的拉动下，人口净流出量持续增加[329]。除受到发达地区（主要是广东省）的吸引外，湖南省也处于粤、赣、鄂、黔等相邻省份形成的"短距离人口净迁移集合"之中[331]。2000—2010年，湖南省省际净流出人口650.4万人，是"华南迁移圈"①人口输出的主要省份[325]。分析第六次全国人口普查数据发现，湖南省还拥有613.7万省内人口流动，规模比较大。省会长沙市是省内人口迁移流动最重要的目的地[326, 332]，也是全省唯一常住人口超过户籍人口的地区（图8-2）。其余13个地州市常住人口均少于户籍人口。另外，对2010年湖南省各地州市流动人口户籍登记地数据进行分析发现（图8-3）：①长沙市流动人口户籍登记地大多在本省其他县（市、区）；②株洲市、湘潭市、衡阳市吸纳省内其他县（市、区）和本市县（市、区）流动人口规模相当；③其他地州市主要吸纳本县（市、区）内人口。

可见，2000—2010年湖南城镇化发展是"异地城镇化"[329]和"本地城镇化"混合作用的结果。一方面，充足的劳动力增加量支撑了大量的省际人口流出，这些人在其他地区的城镇工作定居，实现了大量农村人口异地城镇化。另一方面，由于基础设施、公共服务、就业收入的差异，省内广大乡村和乡镇人口仍然有进入城市

---

① 华南迁移圈指以广东为中心，包括湖南、江西、福建、广西和贵州等省（自治区），其人口迁移规模非常大，迁移流方向以从湖南、江西、福建、广西和贵州等地向广东迁移为主。

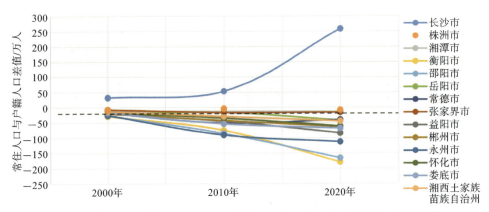

图 8-2 湖南省各地州市 2000 年、2010 年、2020 年常住人口与户籍人口规模差值

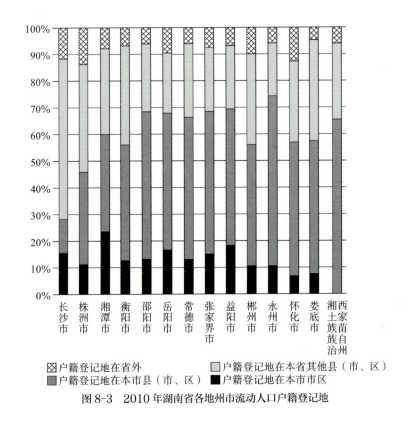

图 8-3 2010 年湖南省各地州市流动人口户籍登记地

定居的意愿，全省本地城镇化动力仍然强劲。此外，湖南省的发展核心"长沙-株洲-湘潭（长株潭地区）"既存在人口外流问题，又吸引着省内和周边省份的人口流入，流入人口补充了在省际迁移中损失的城镇人口，这种在双向人口流动中实现城

镇化发展的地区，被有些研究者称为"过渡性迁移区"[333]。

8.1.2 2010—2020年

2010—2020年，湖南省常住人口总量继续增长74.42万人（由6570.07万人增至6644.49万人）。2020年，湖南省常住人口中，28.83%的人口分布在地级市市辖区，71.17%的人口分布在县级行政单元（表8-1）。对比2010年数据，全省人口总量年均增长率为0.11%。与全国人口平均增速（0.53%）相比，湖南省年均增长率已远低于全国平均水平，可见湖南省的人口增长在放缓。就地州市而言，14个地州市在这十年间户籍人口与常住人口的规模差值在增大。长沙仍是全省唯一常住人口超过户籍人口的地区，其余地州市常住人口与户籍人口之间的差值持续增大（图8-2）。并且，常住人口和户籍人口差值负增长最大的地州市主要集中在"3+5"城市群①地区。同时，除长沙、株洲、张家界、郴州、永州和娄底外，其他地州市的常住人口均在流失，且其人口流失总量约257万人（图8-4）。由以上可以推断，长沙对周边关联紧密的地州市的常住人口虹吸效应相当显著。

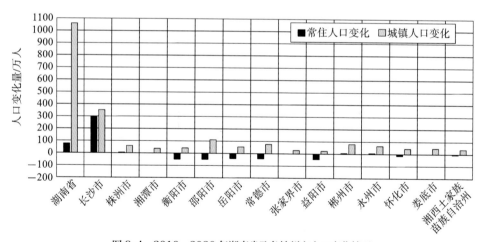

图8-4 2010—2020年湖南省及各地州市人口变化情况

至2020年，湖南省城镇人口规模共计3904.62万人，其中约41.08%分布在地级市市辖区，约58.92%分布在县级行政单元（表8-1）。2010—2020年全省城镇人口总量

---

① "3+5"城市群是指长沙、株洲、湘潭3个城市，以及以长株潭为中心、以1.5 h行程为半径的岳阳、常德、益阳、娄底、衡阳5个城市。

净增1059.31万人，城镇人口年均增长率为3.72%，湖南的城镇化进程仍在稳步推进。从各地州市的城镇人口变化来看，长沙城镇人口明显增长，邵阳、常德、郴州、永州、株洲等城镇人口在十年的发展中也实现了缓慢上升（图8-4）。这反映了湖南省城镇化在稳步提升的过程中，变得越来越极化，进一步说明了长沙对省域邻近地州市人口的虹吸效应。此外，湖南省县级行政单元的城镇人口总量呈现增加趋势，但县域常住人口普遍在减少。这表明各县（市、区）的农村地区人口逐渐向本县城、地级市和省会城市流动。2010—2020年，随着国内外产业发展格局的变化，湖南省的人口流动格局变得更加复杂，人口流出、人口回流、城乡对流趋势同时出现。

表8-1 2010—2020年湖南省人口分布与规模变化

类型	行政区	2010年 规模/万人	2010年 占比/（%）	2020年 规模/万人	2020年 占比/（%）	2010—2020年变化 规模变化/万人	2010—2020年变化 变化率/（%）
常住人口	全省	6570.07	100%	6644.49	100%	74.42	1.13%
	地级市市辖区	1516.40	23.08%	1915.30	28.83%	398.90	26.31%
	县级行政单元	5053.67	76.92%	4729.19	71.17%	−324.48	−6.42%
城镇人口	全省	2845.31	100%	3904.62	100%	1059.31	37.23%
	地级市市辖区	1156.10	40.63%	1604.15	41.08%	448.05	38.76%
	县级行政单元	1689.21	59.37%	2300.47	58.92%	611.26	36.19%

8.1.3 2020年之后

2020年以后，湖南省进入了人口负增长的新阶段。2021年湖南省常住人口总量为6622万人，相较于2020年减少了22.49万人。根据《湖南省2021年国民经济和社会发展统计公报》，2021年湖南省出生人口为47.3万人，死亡人口为54.93万人，人口自然增长率为−1.15‰，20多年来首次出现负数（图8-5）。利用中国人口预测软件（CPPS），采用人口队列分析算法[334]①，考虑不同年龄段的男女

---

① 苏昌贵利用CPPS软件对湖南省人口进行预测，其核心算法是人口队列分析算法，使用了生命表算法、存活转移矩阵、生育模型、总人口预测模型，具体可参考文献[334]原文。此外，本章选用线性插值法，将全国人口普查数据五岁间隔年龄段数据转为连续年龄段数据，进行单区域人口预测，总和生育率设为0.001343。

比例与人口生育率、死亡率的数据获取度，研究基于第七次全国人口普查数据对2035年之前湖南省人口总量发展进行预测。预测结果表明，湖南省常住人口规模在2021年达到顶峰后，人口负增长速度将逐年加快，2028年人口将减少至2010年的水平。如果人口变化趋势没有得到扭转，2035年全省人口将减少至6418.3万人（图8-6）。

图8-5　湖南省2000—2021年人口自然增长率变化趋势

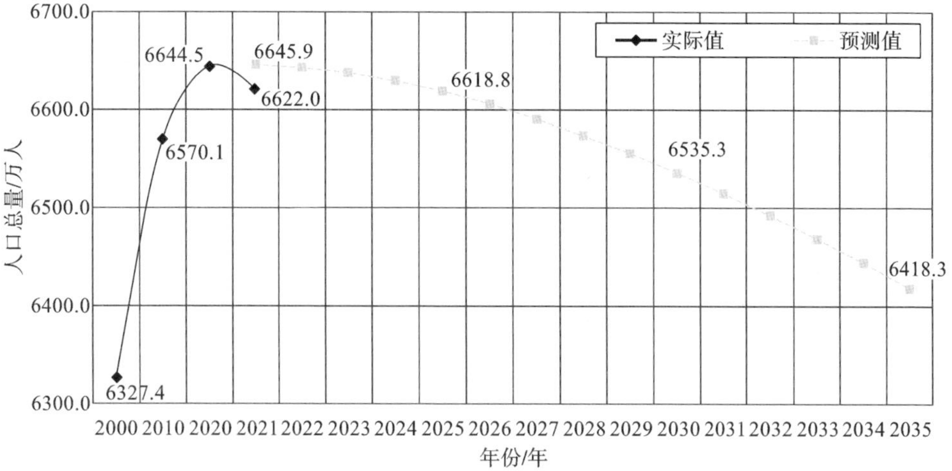

图8-6　湖南省常住人口发展的总体趋势预测

8.2　地州市尺度：人地失调与空间极化

　　湖南省地州市尺度下人口发展和城镇化过程中曾经出现过明显的人地失调。2010—2020年，在整体人口增速放缓并局部收缩的背景下，湖南省各地州市在过往的规划编制中曾经对人口增长抱有相当高的期望（表8-2）。将各地州市2020年城市总体规划人口和土地利用总体规划人口数值相加后可知，2010—2020年全省规划人口增长率分别为18.1%和19.8%，远高于2000—2010年3.8%的实际人口增长率。湖南省各地州市2020年总体规划人口和土地利用总体规划人口之和分别为7761万人和7871万人，也都远高于各地州市2020年度的实际常住人口之和（6644.49万人）。

表 8-2　湖南省各地州市的人口发展规划

各地州市	2020年城市总体规划			2020年土地利用总体规划		
	规划人口/万人	增长率（与2010年相比）/(%)	2020年实际人口与规划人口偏差率/(%)	规划人口/万人	增长率（与2010年相比）/(%)	2020年实际人口与规划人口偏差率/(%)
长沙市	1000	42.0	0.5	1109	57.5	−10.4
株洲市	425	10.2	−8.9	425*	10.2	−8.9
湘潭市	340	23.5	−24.7	340	23.5	−24.7
衡阳市	760	6.3	−14.4	790	10.5	−18.9
邵阳市	820	16.0	−24.9	810	14.5	−23.4
岳阳市	590	7.7	−16.8	590	7.7	−16.8
常德市	670	17.2	−26.9	670*	17.2	−26.9
张家界市	172	16.4	−13.4	175	18.4	−15.4
益阳市	500	16.1	−29.8	500*	16.1	−29.8
郴州市	505	10.2	−8.2	525	14.5	−12.5

续表

各地州市	2020年城市总体规划			2020年土地利用总体规划		
	规划人口/万人	增长率（与2010年相比）/(%)	2020年实际人口与规划人口偏差率/(%)	规划人口/万人	增长率（与2010年相比）/(%)	2020年实际人口与规划人口偏差率/(%)
永州市	636	22.4	−20.2	628	20.9	−18.7
怀化市	575	21.3	−25.3	550	16.0	−19.9
娄底市	455	20.2	−18.9	450	18.9	−17.6
湘西土家族苗族自治州	313	22.8	−25.8	309	21.2	−24.2
总和	7761	18.1	−16.8	7871	19.8	−18.5

注：① 2010年和2020年数据分别来自第六次全国人口普查、第七次全国人口普查数据，2020年各规划数据根据各地州市规划文件整理；

②常住人口包括居住在本乡镇街道，户口在本乡镇街道；居住在本乡镇街道，户口在外乡镇街道，离开户口登记地半年以上；居住在本乡镇街道，户口待定；原住本乡镇街道，现在国外工作学习的人口；

③带"*"数据表示土地利用总体规划中没有进行人口规模预测，使用城市总体规划中的数据。

与人口的超前规划直接相关联的是国有建设用地的供给虚高。由于传统"以人定地"的规划模式，根据表8-2，各地州市城市建设安排和土地供给计划普遍基于10%以上的规划人口增速。但是，即便在劳动力自然增长情况相对较好的2000—2010年，也仅有长沙、岳阳、株洲、郴州的实际人口规模增长超过6%。基于此，2010年以来，省内各地州市的国有建设土地供给量出现了明显的提高（图8-7）。2001—2017年，用地供给总量超过2×10^4 ha的地州市有长沙、衡阳、怀化。但对比常住人口年平均增长率，2010—2020年长沙、株洲、张家界、郴州、永州、娄底尚呈现常住人口正增长，其余地州市均为负增长（图8-4）。由此，湖南省很多地州市出现了"常住人口增速放缓、劳动力人口下降，但是建设用地供给提高"的现象。随着湖南省总人口于2021年进入负增长阶段，可以预见，未来部分地州市将陷入"人减地不增"的发展境况。

地州市尺度下的另一特征是：人口发展和城镇化的高度空间极化。2020年长

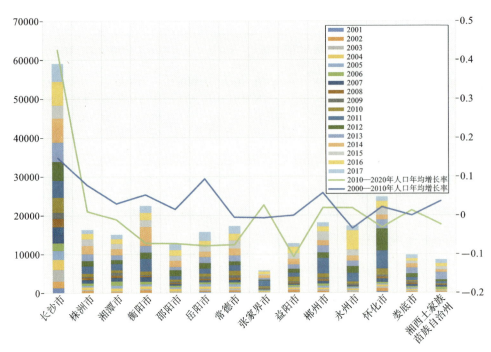

图 8-7　2001—2017 年湖南省各地州市国有建设用地供应规模（单位：ha）

（资料来源：2001—2017 年《中国国土资源统计年鉴》）

株潭地区常住人口 2050.37 万人，占全省常住人口的 30.86%；2010—2020 年长株潭地区常住人口增加 287.25 万人，是省内四大板块（长株潭地区、洞庭湖地区、湘南地区、大湘西地区）中唯一常住人口正增长的地区。2020 年长株潭地区城镇人口 1463.29 万人，占全省城镇人口的 37.48%；2010—2020 年长株潭地区城镇人口增加 353.41 万人，约占全省城镇人口增量的 1/3。此外，2020—2021 年，长沙城镇人口增加 21.5 万人，占全省城镇人口增量（50 万人）的 43.08%；2021—2022 年，长沙城镇人口增加 16.2 万人，占全省城镇人口增量（29 万人）的 55.94%。可见，全省常住人口和城镇人口增长主要集中在长株潭地区，更具体地说，集中在省会长沙。与人口增量趋势相同，省内的国有建设用地增量也大多集中在以长沙为中心的长株潭地区。以 2014 年和 2015 年为例，全省国有建设用地供应计划指标约有 1/10 在长沙城区，1/5 在长沙市域，长株潭地区的国有建设用地供应计划指标占全省的 1/3 以上（图8-8）。

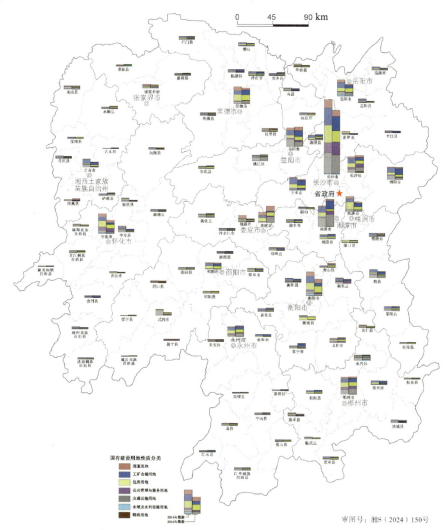

图 8-8　2014 年、2015 年湖南省国有建设用地供应计划

8.3　县市区尺度：人口增长收缩的识别、比较与分类

8.3.1　"两个十年"中人口增长、稳定和收缩变化

湖南省共有122个县市区行政单元，其中有86个县和县级市。人口局部收缩在

中西部人口高输出地区普遍存在，而县级行政单元常处于人口增长或收缩的损益边缘[137]。

2000—2010年，有42个县市区常住人口总量出现了下降，43个县市区常住人口密度（常住人口总量除以土地面积）出现下降，84个县市区常住人口少于户籍人口数量。常住人口总量、常住人口密度、劳动力总量和劳动力密度4项指标同步减少的典型人口收缩型县级单元有31个（图8-9）。湖南省县市区常住人口密度增长地区与收缩地区的面积相当（图8-10）。常住人口密度增长区域集中在湘西、湘西南、湘东，收缩区域出现在湘西北、湘中、湘南。

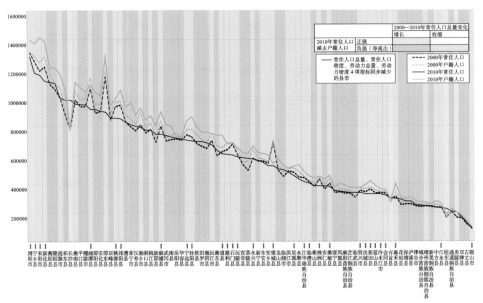

图8-9　2000年、2010年湖南省县市常住／户籍人口数量统计（按2010年常住人口数量排序）①

2010—2020年，湖南省域内人口流动定向集中趋势明显，大中城市对周边人口的吸引力加强，收缩县市数量增多，中小城市人口流失加速（图8-11）。相比2000—2010年，湘南地区部分县市区常住人口密度从收缩转为增长或从增长转为收缩。例如，2000—2010年人口密度降低的零陵区、双牌县、道县、江永县、江华瑶

---

① 图中望城县于2011年改为望城区，宁乡县于2017年改为宁乡市，株洲县于2018年改为渌口区，邵东县于2019年改为邵东市，祁阳县于2021年改为祁阳市。2010年湖南省共有88个县和县级市。

族自治县、嘉禾县、新田县、桂阳县和汝城县,在2010—2020年都出现了人口回流现象;2000—2010年人口密度增长的常宁市、祁东县、衡阳县、衡山县、衡东县、永兴县、安仁县、资兴市、宜章县、临武县、桂东县,在2010—2020年则出现了一定程度的收缩。

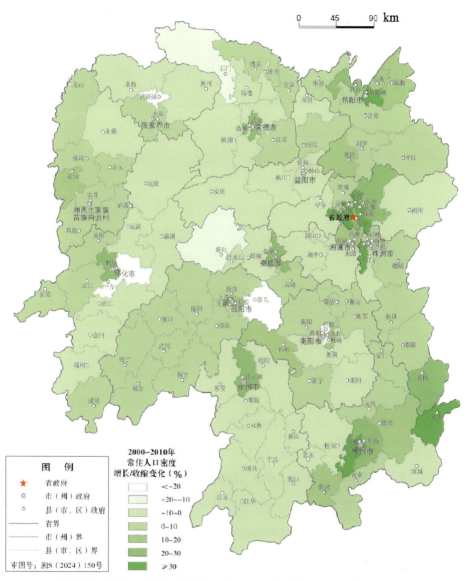

图8-10　2000—2010年湖南省各县(市、区)常住人口密度增长/收缩变化

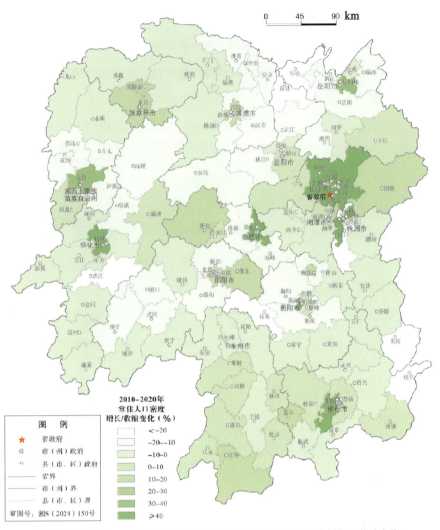

图 8-11　2010—2020 年湖南省各县（市、区）常住人口密度增长/收缩变化

总体来看，这两个时期，湖南省人口流动从向区域中心城市集聚转变为向省级中心城市（省会长沙）及个别中心城市（岳阳、衡阳等）集聚，因而导致县市级的中小城市人口流失加剧。发展较快的湘北、湘中面临更加严重的人口流失问题，人口总体大量流向长株潭地区。经济发展相对落后的湘西地区存在明显的极化发展趋势，由原本张家界市、湘西土家族苗族自治州、怀化市的县市人口增长和收缩镶嵌分布，转变为向张家界、吉首、怀化等区域中心集聚，其余县市人口普遍减少；湘南地区城市人口变化趋势有较大转变，2000—2010 年主要向珠三角地区输出人口，

2010—2020年出现了人口的回流。

进一步对比2000—2010年和2010—2020年各县市区的常住人口密度增长与收缩变化轨迹。湖南省各县市区人口发展呈现为多种趋势类型（图8-12）：①增长型，包括2000—2020年常住人口密度增长大于0.5%的县市区，具体又可以细分为加速增长型（A型）、减速增长型（B型）、恢复增长型（C型）、增长拐点型（D型）；②稳定型（N型），指常住人口密度增长或收缩变化不超过0.5%的县市区；③收缩型，包括常住人口密度收缩幅度超过0.5%的县市区，具体可以细分为收缩拐点型（E型）、收缩恢复型（F型）、减速收缩型（G型）与加速收缩型（H型）。由此可见，湖南省各县市区人口发展的走势已经多元化，存在增长、稳定、收缩发展的多种类型。因此，未来湖南省县市区的城镇化发展路径也应该有多种不同选择。湖南省人口发展的空间结构正在发生深刻变化，空间分异性在进一步加剧，以长沙为极核、长株潭都市圈为核心、"3+5"城市群为内圈、湘南和大湘西地区为外圈的圈层分异特征进一步强化。未来湖南省区域协调发展，不可简单要求各地区在城镇化发展上都基于同样的速度达到同一水平，而是要根据各地区的本底条件，走"整体分配有序、局部高效集中"的发展路径。这恰巧符合生态文明建设背景下主体功能区的战略目标，即通过差异化的空间功能分工实现"经济、社会、自然综合效益"的最大化，并为差异化与精准化配置空间资源、落实空间政策、评估制度绩效提供基本依据。

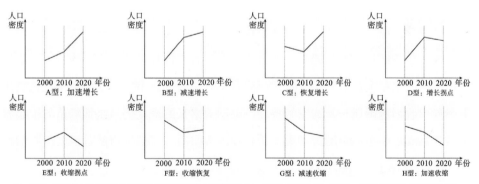

注：2000—2020年人口密度增长或收缩大于0.5%判断为整体增长（A～D型）或收缩（E～H型），变化不超过0.5%判定为稳定（N型）。

图8-12　2000—2020年湖南省各县市区常住人口密度变化轨迹

8.3.2 劳动力、经济增长和城镇化的协同变化规律

1.由人口红利释放期转向劳动力收缩期

资本、土地、劳动力是3种基础的生产要素,对应城市发展中的经济增长、城镇化发展、劳动力迁移3个维度。研究利用劳动力变化率来判断人口是增长还是收缩:将劳动力变化率小于等于－10%的县市区称为"人口快速收缩区";劳动力变化率小于等于－5%且大于－10%的县市区称为"人口缓慢收缩区";劳动力变化率小于等于5%且大于－5%的县市区称为"人口发展停滞区";劳动力变化率小于等于10%且大于5%的县市区称为"人口缓慢增长区";劳动力变化率大于10%的县市区称为"人口快速增长区"。

2000—2010年,湖南省超过50%的县市区(66个)劳动力人口(16～64岁)总数维持增长,其中47个县市区的劳动力快速增长(劳动力变化率大于10%),是"人口红利集中释放"的时期。从空间分布上看[图8-13(a)],2000—2010年劳动力规模增长的县市区分布较为均衡,而其中劳动力快速增长的区域主要分布在地级市的中心城市,是劳动力人口迁入的地区。另外,个别劳动力流失的县市区零散地分布在湖南省的中部、南部及长沙市区周边,其中邵东、望城、祁阳、石门这4个县市区的劳动力人口在该时期快速收缩(劳动力变化率小于等于－10%)。

2010—2020年,全省有97个县市区出现劳动人口总数收缩或发展停滞,且人口快速收缩(小于等于－10%)的县市区数量就占了72个,可见湖南省在人口红利期结束后,已步入劳动力人口规模普遍收缩的阶段。考虑到全省人口自然增长率和人口年龄结构的变化趋势,各县市区劳动力人口数量普遍收缩的原因主要是人口机械迁出和人口老龄化。从空间分布上看,省内县市区劳动力数量变化总体上呈现"收缩包围增长"的空间特征,劳动力增长的地区仍然是地级市的中心城市,其对周边中小城市的劳动力人口有较大吸引力,其他县市区普遍处于收缩状态[图8-13(b)]。

综上所述,在2000—2020年,县市区的劳动力人口的规模、增速和分布均发生了根本性转变(图8-13)。一方面,2000—2010年超过50%的县市区处于劳动力人

口快速增长阶段，2010—2020年湖南省步入县域人口普遍收缩的阶段，其中大量在2000—2010年人口发展停滞（劳动力变化率为−5%～5%）的县市区在2010—2020年进入人口快速收缩阶段。另一方面，在省内流动人口数量上升的背景下，其劳动力人口的空间聚集出现分化。劳动力人口主要向地级市中心城市集聚。省会和地级市中心城市对劳动力人口的虹吸效应在逐渐增强，劳动力供给形成了"强者更强，强者恒强"的发展态势。

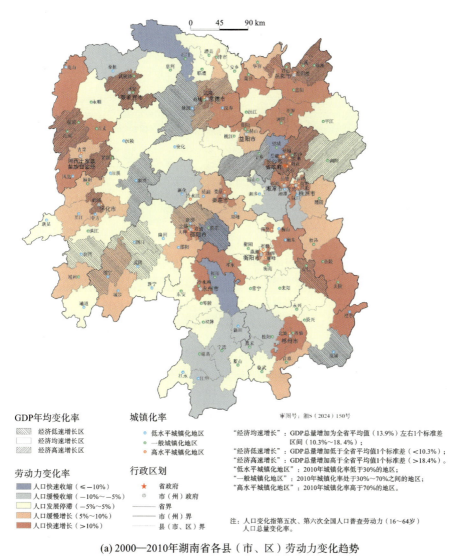

(a) 2000—2010年湖南省各县（市、区）劳动力变化趋势

图8-13　2000—2010年与2010—2020年湖南省各县（市、区）劳动力变化趋势

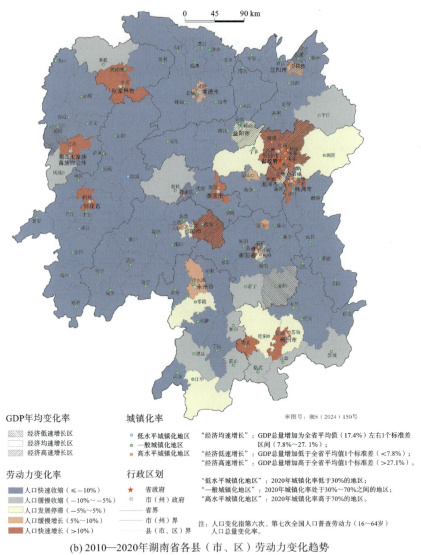

(b) 2010—2020年湖南省各县（市、区）劳动力变化趋势

续图 8-13

2. "人-地-财"关系的阶段演变过程

本节进一步分析2000—2010年和2010—2020年县市区尺度下的劳动力人口变化、城镇化阶段和GDP增长之间的协同变化规律，总结人-地-财关系的阶段演变规律，揭示三者之间的关联。

2000—2020年，湖南县市区城镇化发展水平稳步提升。研究将城镇化率低于30%的县市区称为"低水平城镇化地区"，城镇化率为30%~70%的县市区称为

"一般城镇化地区",城镇化率高于70%的县市区称为"高水平城镇化地区"(图8-13)。从城镇化率来看,2000—2010年湖南大部分县市区的城镇化率处于较低水平(<30%)或中等水平(30%~70%)。2010—2020年,除溆浦以外的其他111个县市区的城镇化率都进入30%以上发展水平阶段。

从经济增长角度来看,这两个时期的湖南省GDP增加都较多(2000—2010年全省增长13.9%;2010—2020年全省增长17.4%)。研究将GDP总量增加位于全省平均值左右1个标准差的地区界定为"经济均速增长区",低于全省平均值1个标准差的地区称为"经济低速增长区",高于全省平均值1个标准差的地区称为"经济高速增长区"(图8-13)。与2000—2010年相比,2010—2020年经济低速增长区数量有所减少(减少至6个),经济高速增长区数量也有所减少(减少至7个)。这表明湖南省区域经济发展的不平衡情况趋于改善(图8-14)。

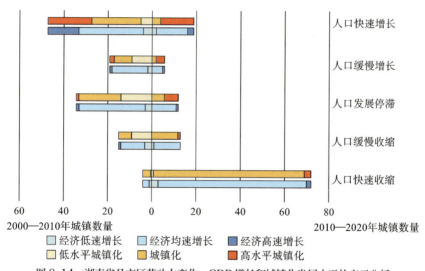

图8-14 湖南省县市区劳动力变化、GDP增长和城镇化发展水平的交叉分析

在县市区尺度下将劳动力人口变化、经济增长水平、城镇化发展水平进行交叉分析发现:①2000—2010年,城镇化率高、GDP增长快的县市区更有可能出现劳动力人口的快速增长,三个维度指标呈现正反馈关联;②2010—2020年,劳动力人口快速收缩的县市区中,经济均速增长区和一般城镇化地区占了大部分比例,说明经济和城市发展中等水平的县市区是劳动力人口收缩的主体(图8-14)。

8.3.3 县市区的人口收缩分类

基于劳动力变化、城镇化发展水平、GDP变化三个维度的交叉比较，笔者将各时间段出现人口收缩的县市区分为三种类型：①中心袭夺型，指受周边中心城市快速发展势头影响，出现人口快速或缓慢收缩、经济低速增长的城镇化地区；②空心衰减型，指由于劳动力输出而出现人口收缩或缓慢收缩、经济低速增长的低水平城镇化地区；③资源枯竭型，指由于资源消耗和产业转型导致人口发展停滞、缓慢收缩或快速收缩的高水平城镇化地区。正如上文所述，各县市区的人口、经济和社会状况并不是一成不变的，因此同一县级行政单元在不同时间段可以呈现出不同的收缩类型。

2000—2010年湖南省出现人口收缩的县市区分类如下（表8-3）。①中心袭夺型：邵东县、望城县、祁阳县和石门县。这些地区多具有某种区位或交通发展优势，并已形成一定的工贸基础，但由于人口被更强势的上级中心城市袭夺，出现人口收缩。例如，2000—2010年，邵东县是湖南中部具有较好工业和商贸发展基础的特色县，由于其商贸也受到邵阳和长沙业态的竞争，并受到互联网商业的冲击，其除了全县出现了明显的人口收缩，是城镇化发展地区县域收缩的典型。②空心衰减型：桃源县、汝城县、溆浦县、洞口县、武冈市、会同县、湘潭县、株洲县、桑植县、新田县、江华瑶族自治县和新化县。例如，桃源县是湖南西北部农业县，产业结构处在由1-2-3向2-3-1转变的起步发展阶段，2000—2010年其人口缓慢收缩、经济低速增长，人口大量流出务工，是湖南中西部人口迁出、小城镇空心化的典型。③资源枯竭型：冷水江市等。冷水江市是湖南典型的资源型工业城市，是国务院实施转型发展扶持政策的44个资源枯竭型城市之一。2000—2010年，冷水江市域人口增长基本停滞，是亟待调整工业结构和进行绿色转型的典型城市。

表8-3 2000—2010年湖南省县市区人口收缩、城镇化和经济增长交叉分析表

	低水平城镇化地区	一般城镇化地区	高水平城镇化地区	经济低速增长地区	经济均速增长地区	经济高速增长地区
人口快速收缩（≤-10%）	—	邵东县、望城县、祁阳县、石门县	—	邵东县	望城县、石门县、祁阳县	—

续表

	低水平城镇化地区	一般城镇化地区	高水平城镇化地区	经济低速增长地区	经济均速增长地区	经济高速增长地区
人口缓慢收缩（−10%～−5%）	桃源县、汝城县、溆浦县、湘潭县、株洲县、桑植县、新田县、江华瑶族自治县、新化县	韶山市、桂阳县、嘉禾县、道县、宁远县、宁乡县	—	桃源县、汝城县、溆浦县	湘潭县、株洲县、韶山市、桑植县、桂阳县、嘉禾县、道县、宁远县、新田县、江华瑶族自治县、新化县	宁乡县
人口发展停滞（−5%～5%）	洞口县、武冈市、会同县、湘乡市、衡阳县、衡山县、隆回县、新宁县、安化县、江永县、沅陵县、辰溪县、新晃侗族自治县、通道侗族自治县	衡南县、耒阳市、常宁市、平江县、安乡县、澧县、临澧县、慈利县、桃江县、沅江市、永兴县、临武县、资兴市、东安县、双牌县、蓝山县、洪江市、永顺县、浏阳市、零陵区	冷水江市、石峰区、石鼓区	洞口县、武冈市、会同县	湘乡市、衡阳县、衡南县、衡山县、耒阳市、常宁市、隆回县、新宁县、平江县、安乡县、澧县、临澧县、慈利县、桃江县、安化县、沅江市、永兴县、临武县、资兴市、东安县、双牌县、江永县、蓝山县、沅陵县、新晃侗族自治县、辰溪县、通道侗族自治县、洪江市、冷水江市、永顺县、石峰区、石鼓区、零陵区	浏阳市

注：人口变化指第五次、第六次全国人口普查中劳动力（15～64岁）人口总量变化；城镇化率数据来源于《湖南省统计年鉴（2011）》中2000年各县市数据；"经济均速增长"，指GDP总量增加为全省平均值（13.9%）左右一个标准差区间（10.3%～18.4%）；"经济低速增长"，指GDP总量增加低于全省平均值1个标准差（<10.3%）；"经济高速增长"，指GDP总量增加高于全省平均值1个标准差（>18.4%）。

2010—2020年湖南省人口收缩县市区的分类如下（表8-4）。①中心袭夺型：2000—2010年仅包括邵东县、望城县、祁阳县和石门县四个地区，2010—2020年不少县市区陆续转为这一类型。除湘南外，湖南其他地区（如江永县、安化县、衡东县、涟源市、桂东县、会同县等）均出现了区域大中心城市周边的"中心袭夺型"

表 8-4　湖南省县市区 2010—2020 年人口收缩、城镇化和经济增长交叉分析表

	低水平城镇化地区	一般城镇化地区	高水平城镇化地区	经济低速增长地区	经济均速增长地区	经济高速增长地区
人口快速收缩（≤－10%）	溆浦县	祁阳县、石门县、江永县、安化县、衡东县、涟源市、桂东县、会同县、绥宁县、东安县、双峰县、辰溪县、洪江市、沅陵县、祁东县、花垣县、安乡县、城步苗族自治县、隆回县、桃源县、通道侗族自治县、泸溪县、新晃侗族自治县、中方县、衡阳县、汨罗市、新邵县、保靖县、古丈县、临澧县、湘潭县、邵阳县、新宁县、衡南县、安仁县、慈利县、芷江侗族自治县、衡山县、麻阳苗族自治县、宁远县、双牌县、南县、汉寿县、洞口县、沅江市、永顺县、武冈市、湘乡市、龙山县、靖州苗族侗族自治县、茶陵县、渌口区、华容县、桃江县、资阳区、湘阴县、岳阳县、永兴县、君山区、炎陵县、攸县、临湘市、澧县、云溪区、鼎城区、醴陵市、津市市、资兴市	冷水江市、石鼓区、石峰区	石峰区、花垣县、冷水江市	石门县、祁阳县、沅陵县、泸溪县、渌口区、永兴县、资兴市、湘阴县、安乡县、沅江市、辰溪县、保靖县、芷江侗族自治县、华容县、慈利县、衡南县、东安县、衡阳县、衡东县、祁东县、攸县、涟源市、绥宁县、衡山县、中方县、洪江市、靖州苗族侗族自治县、澧县、临澧县、龙山县、桃江县、临湘市、溆浦县、君山区、岳阳县、洞口县、新宁县、安化县、汉寿县、双峰县、茶陵县、邵阳县、醴陵市、武冈市、鼎城区、新邵县、麻阳苗族自治县、江永县、津市市、新晃侗族自治县、永顺县、桃源县、双牌县、湘潭县、会同县、古丈县、城步苗族自治县、资阳区、通道侗族自治县、隆回县、炎陵县、湘乡市、汨罗市、南县、安仁县、桂东县、宁远县	石鼓区、云溪区

续表

	低水平城镇化地区	一般城镇化地区	高水平城镇化地区	经济低速增长地区	经济均速增长地区	经济高速增长地区
人口缓慢收缩（−10%～−5%）	—	新化县、道县、桑植县、凤凰县、汝城县、耒阳市、新田县、常宁市、临武县、宜章县、蓝山县、平江县	珠晖区	耒阳市	桑植县、道县、新田县、新化县、常宁市、珠晖区、临武县、凤凰县、蓝山县、平江县、宜章县、汝城县	—
人口发展停滞（−5%～5%）	—	浏阳市、江华瑶族自治县、桂阳县、零陵区、宁乡市、浏阳市、赫山区	苏仙区、大祥区、双清区、岳塘区、荷塘区、雁峰区	—	岳塘区、荷塘区、宁乡市、零陵区、苏仙区、桂阳县、双清区、大祥区、江华瑶族自治县、雁峰区、浏阳市	赫山区

注：人口变化指第六次和第七次全国人口普查中劳动力（15～64岁）人口总量变化；"城镇化率"数据来源于《湖南统计年鉴2021》中2020年各县市数据；"经济均速增长"，指GDP总量增加为全省平均值（17.4%）左右一个标准差区间（7.8%～27.1%）；"经济低速增长""经济高速增长"分别指GDP变化低于、高于全省平均值1个标准差。

人口收缩。同时，邵东县在该时期有较大变化，人口不断回升且经济高速增长，但其2020年的常住人口和劳动力人口仍然低于2000年的人口数量，人口收缩尚未完全恢复。②空心衰减型：2000—2010年归为该类型的收缩县市区中，仅溆浦县仍处于低城镇化发展水平，其他县市区的城镇化率都有所提升，但是人口仍然在快速收缩。③资源枯竭型：冷水江市仍是湖南典型的资源型收缩城市代表。2000—2010年冷水江市域劳动人口增长基本停滞，2010—2020年人口更是快速收缩，经济上更是从原来的均速增长转为低速增长，其GDP年增长值已低于全省平均水平。

8.4　乡镇街道尺度：人口收缩的空间格局

利用第五次全国人口普查和第六次全国人口普查的常住人口数据，研究绘制了2000—2010年湖南省乡镇街道尺度的人口收缩地图[96]。2000—2010年，湖南省有1727个乡镇街道（占总数61%）出现了常住人口密度减少，人口收缩明显。由图8-15可见，人口收缩在各地区普遍出现，不局限于中西部偏远地区，长株潭地区周边也密布有收缩的乡镇。通过全局空间自相关性检验（表8-5），在省域尺度下，人口变化特征是显著聚集的〔Moran's Index（莫兰指数）为0.127〕；在地州市尺度下，大部分湘东、湘中行政区内人口变化是显著聚集的，少部分在湘西行政区内出现随机分布。从收缩乡镇街道的空间分布格局看，长株潭地区周围形成了一个致密的人口收缩圈层，可见在大城市人口虹吸效应的作用下周边乡镇人口流出明显。湘西北、湘中和湘南山区，县级中心城市[①]周边也遍布人口收缩的乡镇。总体上看，地级、县级中心城市及其邻近乡镇多是空间上人口增长聚集的区域，其他地区体现出人口收缩聚集特征。由于第七次全国人口普查乡镇街道尺度下的常住人口数据一直没有公开发布，笔者尚无法绘制2010—2020年全省的人口收缩地图，本书会在后几章典型城市案例研究中介绍个别县市乡镇街道尺度下的人口收缩的空间格局。

表8-5　湖南省及各地州市乡镇街道尺度下的常住人口密度收缩的空间自相关性检验

名称	Moran's Index	z-score	p-value	空间格局
湖南省	0.127157	16.311424	0.000000	聚集
长沙市	0.173761	4.366263	0.000013	聚集
株洲市	0.162021	4.835106	0.000001	聚集
湘潭市	0.281494	3.884643	0.000102	聚集
衡阳市	0.111605	3.282023	0.001031	聚集
邵阳市	−0.009775	−0.293965	0.768785	随机
岳阳市	0.090745	2.506129	0.012206	聚集
常德市	0.279351	11.167480	0.000000	聚集
张家界市	−0.007274	0.123581	0.901647	随机
益阳市	−0.091470	−1.445282	0.148379	随机
郴州市	0.002001	0.136797	0.891191	随机

① 本章所使用的数据中，地级中心城市人口变化针对地级市全部市辖区范围而言；县级中心城市人口增长针对城关镇镇域范围而言。

续表

名称	Moran's Index	z-score	p-value	空间格局
永州市	0.164255	4.616835	0.000004	聚集
怀化市	−0.022808	−0.598306	0.549636	随机
娄底市	0.186935	3.512032	0.000445	聚集
湘西土家族苗族自治州	0.027870	0.789806	0.429641	随机

注：使用常住人口密度数据，以标准化的反欧式距离作为空间权重；Moran's Index 反映空间自相关趋势，值为正表示聚类趋势，值为负表示离散趋势；z-score（z 得分）和 p-value（p 值）指示统计显著性，本研究取置信度为90%，z-score 的临界值为−1.65倍标准差和1.65倍标准差，同时，与其关联的未经校正的 p-value 为0.10。

8.5 小　　结

本章将人口变化放在省域尺度、地州市尺度、县市区尺度、乡镇街道尺度下总结其历程、现状和趋势，描绘湖南省的收缩地图。首先，2000—2020年，湖南省人口发展由增长型转向稳定型再转向放缓型，经历了人口红利释放之后，进入负增长时期。在劳动力收缩的大趋势下，湖南省未来城镇化发展将更多依赖于人口回流和本地城镇化，而非自然增长，大体形成"省会和中心城市人口流入，地级、县级中心城市人口增长或收缩，大部分乡镇地区人口进一步减少"的发展格局。其次，2000—2020年，湖南省在人口自然增速放缓、劳动力人口缩减的过程中，仍然期望维系高速城镇化和经济发展思维惯性，因此，逐渐出现人口资源和空间资源分布不相匹配的问题。人口和劳动力受总量增速一定的自然约束，是不可超额预支的发展要素，因此，未来湖南需要在人口收缩情境下寻求城镇化持续发展，人口资源或将成为比空间资源更加关键的竞争要素。最后，县级行政单元常处于人口增长或收缩的损益边缘，多类型的县级城市或将是湖南未来城镇化发展的关键。2000—2020年，湖南省人口流动从向区域中心城市集聚转变为向省级中心城市（特别是省会长沙）及个别中心城市（岳阳、衡阳等）集聚，而县市级的中小城市人口流失在加剧，并且人口发展的走势类型开始变得多种多样。在县市区尺度下，在劳动力增长时期，经济发展快速、城镇化发展水平较高的地区享受了大量的人口流入带来的正向反馈；在劳动力收缩时期，经济均速增长区和一般城镇化地区是劳动力人口收缩的主体。未来，人口增长将形成"强者更强，强者恒强"的发展态势。

定量数据展现出各空间尺度下的湖南人口收缩现实，但是，很长一段时间内，人口收缩的前景尚未被纳入相关政策分析研究的视野。虽然人口收缩已经成为湖南发展的常态，但是当前大部分发展思路仍未跳出"必须增长"的思维定式，还没有认识到收缩的问题和机遇。随着国家《2019年新型城镇化建设重点任务》《关于推进以县城为重要载体的城镇化建设的意见》等相关政策文件的陆续印发，各地方政府也开始思考应对收缩的政策与规划方法。这也是本书后面几章希望重点探讨的内容。考虑到不同时间段各县级城市表现出不同的人口收缩、城镇发展和经济变化特征，本部分接下来的几章将选取几个城市案例，基于"现象-机制-对策"框架对典型案例进行分析。

9 湖南省人口收缩情境下的城市政策应对

针对人口收缩带来的城市和区域衰退，20世纪以来的西方城市探索了很多规划政策。一方面，规划者希望通过物理环境更新，集中消除城市的"枯萎"片区。这些规划政策聚焦于人口变少后出现的"硬件问题"，即使用需求降低和市政预算减少导致的物质空间破败，城市住房和土地大量闲置，基础设施（水电设施、排污设施、交通设施等）和公共设施（医疗和教育设施等）未得到充分利用[335]。相关规划政策建议从再开发、再组织、再利用、再定位4个方面，以精明收缩为理念，重新营造场所环境、组织城市功能、发掘土地价值和重塑未来愿景[33, 82, 148]。另一方面，规划者关注收缩城市中弱势人群的社会经济困境，力图打破衰退现象世代延续的恶性循环[13, 36, 336]。这些基于社区的规划政策聚焦于"软件问题"，关注收缩城市的经济要素（产业结构落后、自然资源枯竭、商业活力丧失等）和社会要素（收入分配不平等、居住隔离和阶层固化等）。对于经济要素，规划者希望顺应经济发展规律，通过产业结构的转型，增加资本吸引力，恢复城市增长动力。对于社会要素，规划者主张发掘社会资本，通过教育培训和公众参与来达成共识，提高收缩社区的自治能力。

我国城市自改革开放以来一直处在快速增长的发展情境下，在面对人口流失时，决策者或规划师需要进行一定的思路转变[188]。新的应对理念和方法可以来源于国际理论和案例分析，但更需要从我国自身的收缩城市研究中汲取经验。第8章中，笔者将湖南省2000—2020年劳动力变化、城镇化发展水平和GDP变化进行交叉分析[96]，归纳了县市区级行政单元的3种人口收缩基本类型：中心袭夺型、空心衰减型和资源枯竭型。本章从这3种城市类型中分别挑选了邵东市、桃源县、冷水江市进行实证分析，尝试进一步解析其人口收缩的动因和机制，并对政府做出的政策应对进行介绍和反思。

9.1 中心袭夺型：邵东市的收缩特征与政策应对

邵东市是湖南省邵阳市下属的县级市（图9-1）。邵东市于2019年撤县设市①，

---

① 邵东市人民政府. 国务院批准邵东撤县设市 [EB/OL]. （2019-07-27）[2024-06-20]. https://www.shaodong.gov.cn/shaodong/ttxw/201907/a7bf945a57b4470a80d1560bca1a0fd3.shtml.

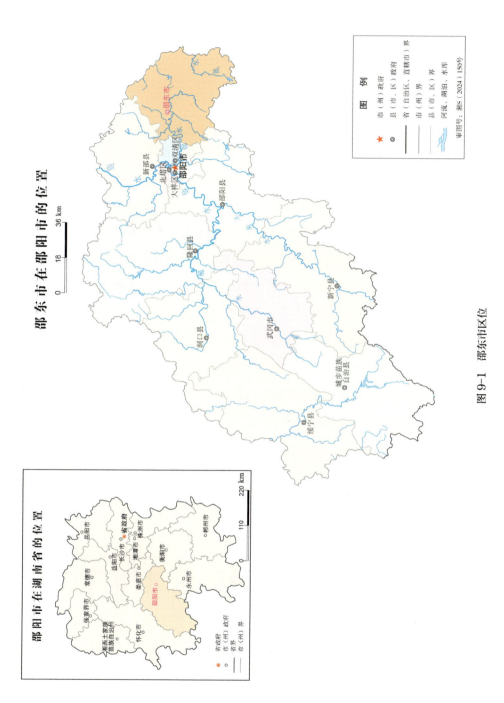

图9-1 邵东市区位

9 湖南省人口收缩情境下的城市政策应对

辖3街道18镇4乡1场和1个省级经开区，总面积为1778 km²。邵东市紧邻邵阳市区，拥有一定的工贸基础，且处在城镇化加速发展阶段，但2000—2010年常住人口流失趋势明显（减少超过10%），城市经济发展遭遇瓶颈且城区衰败，是典型的中心袭夺型收缩城市。

9.1.1 人口收缩特征

基于第五次、第六次和第七次全国人口普查数据，发现在2000—2010年，邵东市域常住人口流失严重（从113.95万人降至89.66万人），人口规模下降21.3%。除两市镇外，各乡镇街道人口都出现不同程度的人口收缩，牛马司镇、流光岭镇、杨桥镇、野鸡坪镇、石株桥乡（现已调并至灵官殿镇）、九龙岭镇的常住人口流失率达35%以上。2010—2020年，邵东市域常住人口数量有所回升且经济恢复高速增长，同时大禾塘街道、仙槎桥镇、火厂坪镇、周官桥乡等乡镇街道也开始出现人口增长的情况，但是，相比于2000年，邵东市域常住人口仍处于收缩境况，人口总数还没有恢复到历史最高水平（图9-2、图9-3）。《邵东县城总体规划（2006—2020）》及《邵东县城镇体系规划（2006—2020）》预测2020年邵东市人口规模为125万人，但2020年实际常住人口为103.84万人，邵东市域现状人口规模远低于规划预期。

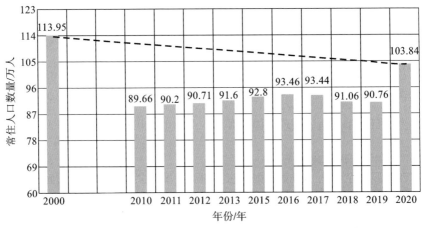

图9-2 邵东市市域常住人口变化（2000年、2010—2020年）

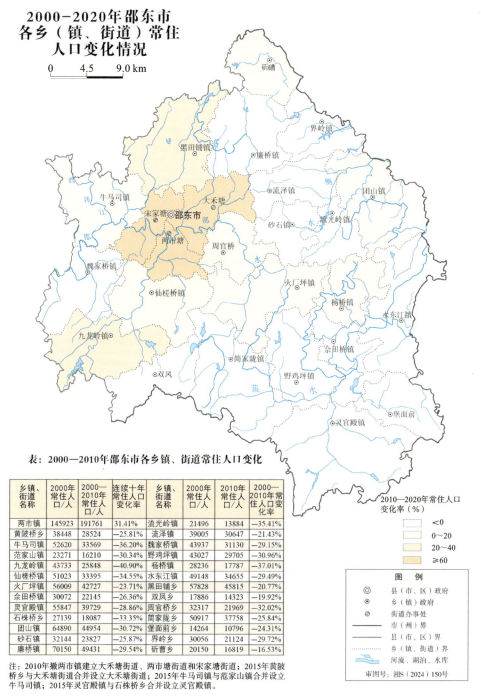

2000—2020年邵东市各乡（镇、街道）常住人口变化情况

表：2000—2010年邵东市各乡镇、街道常住人口变化

乡镇、街道名称	2000年常住人口/人	2000—2010年常住人口/人	连续十年常住人口变化率	乡镇、街道名称	2000年常住人口/人	2010年常住人口/人	2000—2010年常住人口变化率
两市镇	145923	191761	31.41%	流光岭镇	21496	13884	−35.41%
黄陂桥乡	38448	28524	−25.81%	流泽镇	39005	30647	−21.43%
牛马司镇	52620	33569	−36.20%	魏家桥镇	43937	31130	−29.15%
范家山镇	23271	16210	−30.34%	野鸡坪镇	43027	29705	−30.96%
九龙岭镇	43733	25848	−40.90%	杨桥镇	28236	17787	−37.01%
仙槎桥镇	51023	33395	−34.55%	水东江镇	49148	34655	−29.49%
火厂坪镇	56009	42727	−23.71%	黑田铺镇	57828	45815	−20.77%
佘田桥镇	30072	22145	−26.36%	双凤乡	17886	14323	−19.92%
灵官殿镇	55847	39729	−28.86%	周官桥乡	32317	21969	−32.02%
石株桥乡	27139	18087	−33.35%	简家陇镇	50917	37758	−25.84%
团山镇	64890	44954	−30.72%	堡面前乡	14264	10796	−24.31%
砂石镇	32144	23827	−25.87%	界岭镇	30056	21124	−29.72%
廉桥镇	70150	49431	−29.54%	矿硐乡	20150	16819	−16.53%

注：2010年撤两市镇建立大禾塘街道、两市塘街道和宋家塘街道；2015年黄陂桥乡与大禾塘街道合并设立大禾塘街道；2015年牛马司镇与范家山镇合并设立牛马司镇；2015年灵官殿镇与石株桥乡合并设立灵官殿镇。

图9-3 邵东市乡镇街道尺度下常住人口变化情况（2000—2010年、2010—2020年）

另外,根据邵东市2000年、2010年和2020年的户籍人口数据,邵东市2000年户籍人口为117.96万人,常住人口为113.95万人,两者之差反映城市外流人口至少有4.01万人[①];2010年户籍人口为127.93万人,外流人口为38.27万人;2020年户籍人口为133.1万人,外流人口为29.26万人。2000—2010年,外流人口增加了34.26万人,人口外流趋势猛增。2010—2020年外流人口减少了9.01万人,但相比2000年,2020年外流人口仍增加不少,人口外流趋势仍然明显。

9.1.2 收缩历程与动因机制

改革开放之初的邵东被称为"湖南的温州"。邵东商人从长沙、株洲等城市批发货品,在当地摆摊自发形成小市场,逐渐依靠小商品批发抢占了市场经济的先机。20世纪80年代以后,个体工商户将长途贩卖转变为店铺经营,政府因势利导地建设批发市场,如邵东工业品市场(图9-4)。20世纪90年代,小商品批发市场

图9-4 邵东工业品市场

---

① 由于当前统计部门缺乏有关人口迁徙和人口流动的数据,现有研究通常用常住人口与户籍人口的差值来估算外流人口数量。本章提到的"外流人口",都以这样的方式计算得出。

的影响力辐射到其他县市，吸引了周边地区的中小批发商和零售商，邵东逐渐成为湖南中南部地区小商品流通的核心。邵东的商品市场从改革开放初期繁荣到了2000年，也见证了邵东民营经济从起步到腾飞。邵东从低于湖南经济发展平均水平的"湖南中部典型的贫困县"跃升为全省排名前五的"民营经济改革与发展试验区"。

然而，2000年以后，邵东的发展轨迹出现变化。随着其他地区市场经济体制的逐步完善，贸易的信息、交通壁垒逐渐被技术和基础设施打破，邵东的中转型市场逐渐失去了利润空间。并且，邵东作为县级城市，资源调动能力有限，商品市场设施更新慢，管理理念落后，县城中心市场逐渐出现空置现象。到2002年，城市特色市场——邵东工业品市场①的个体经营户从1998年的6800户减至5800户[337]。据邵东市商务局发布的市场情况报告，2010年邵东工业品市场的个体经营户已经减少到只有150余户。贸易萎缩和门店关闭随即带来了常住人口数量减少。调查可知，在20世纪90年代的商业繁荣中实现财富和经验积累的邵东商人或学徒构成了人口输出的主体，他们在市场变化后走出去寻求新的机遇。从改革开放之初至2010年，邵东发展经历了从增长起步到收缩衰退的全过程。

邵东市人口收缩的动因是商贸环境变化和市场潜力耗尽。在我国市场经济的发展初期，有限的信息、资源和监管的确给具有企业家精神且勇于开拓的地区提供了经济崛起的机遇。然而，在长沙、株洲、常德、怀化（省内中心城市）和邵阳（所属地级中心城市）不断崛起的过程中，邵东的个体经营企业和商户被其他发展中心所"袭夺"，资本和人口在更大市场、更先进设施、更规范管理和更好商机的驱使下离开了邵东。如今，邵东商贸业也在努力向电子商务转型（图9-5）。

---

① 邵东工业品市场是邵东商贸发展的典型代表，其位于邵东市经开区的繁华地段，1.5 km范围内功能丰富，分布着公共服务设施、商业设施和居住设施，交通便利。该市场由8栋经营大楼组成，以衡宝路为界分为南、北两期。一期于1993年建立，其经营理念落后、模式单一、场地狭窄且设施陈旧，脏乱差问题突出，严重影响了居民生活和城市形象。由于个体经营户日渐流失，一期现已被拆除，并规划改造成商业综合体（缤纷环球城）。

图 9-5 邵东商贸业向电子商务转型

9.1.3 收缩治理政策的阶段演化与框架构建

1. 收缩治理政策的阶段演化

在进入经济增速锐减的发展瓶颈期后,政府开始从多种角度寻求振兴邵东经济的"良药",其收缩治理政策的制定可大体归纳为三个阶段。

(1) 依托商品市场重构,吸引商户回流(2000—2005年)。按照"调整、充实、稳定、提高"的原则,邵东政府部门严格控制新建各类市场,对现有的传统市场进行了改造,加快市场升级换代的步伐,变地摊市场为专业市场。一方面,采用"改造经营场地,实行规模化经营"的方式因地制宜地对工业品市场内的摊位进行改造,以改善自身经营环境。另一方面,采取"打造县域市场集群"的举措来应对商贸衰退的环境[338]。以邵东工业品市场为轴心,陆续完善中南五金大市场、建材市场、家电城、眼镜城、皮具工贸城、服装城等大型专业市场的配套基础设施,并整治廉桥药材市场、徐家铺木材市场等一批专业农贸市场。政府希望通过改善环境和规范管理来引导市场进行升级换代。但是,自我完善举措无法对抗宏观市场变化的结构性力量,这一阶段的政策并没有逆转商户的流失,成效甚微。

（2）商户回流无望，着眼城市转型（2006—2015年）。地方政府意识到不能仅仅依靠小商品的流转和批发来重塑经济，《邵东县国民经济和社会发展第十二个五年规划纲要》提出要着力实施"兴工旺商、富民强县"发展战略，必须补齐工业制造短板，实现经济转型，通过发展制造业来重新驱动人口集聚[49]。同时，进行城市基础设施和公共服务设施建设，打造宜工、宜居、宜商邵东。从2010年第六次全国人口普查两市镇人口小幅度增加来看，县城就业、服务和人居环境等要素的改善能吸引部分人口集聚，但规模远小于预期，且乡镇以打火机、五金、箱包等高污染高能耗制造业为支柱产业，对人口回流吸引力存在负效应。另外，从2010年第六次全国人口普查县域常住人口大幅流失的结果来看，现实与规划预期大相径庭，产业的转移、新区的落地、市场的新建三大方向并没有带动农村剩余劳动力的转移吸纳。究其原因，城镇经济的梯度差异造成邵东对流动人口的吸纳就业能力远不及东部地区，也不及省会和周边城市，造成邵东劳动力大量跨省转移或去省内其他地区寻求就业机会，制约邵东城镇常住人口增长及工业和服务业的劳动供给。

（3）人才吸引意识觉醒，打造邵商经济（2016年至今）。新常态下邵东紧扣"一带一路""大众创业万众创新"等时代脉搏，采取乡情招商、微企落户、人才回笼等新举措。地方政府先后组团赴珠三角、长三角开展乡情招商，制定优惠政策，吸引老乡回乡创业，落户邵东湘商产业园；给予孵化资金扶持，引导小微企业向工业园区集中与落户；从单纯注重空间生产分配转向注重创新要素的空间集聚和创新服务功能的培育，从"集聚产业"向"吸引人才、集聚要素、培育内力"转型。住房方面，政府为创新团队核心成员提供免费公租房，对连续在邵东工作5年以上的创新人才，给予免费住房奖励。补贴方面，政府对定点培训机构培训的高新技术人才按培训后在邵东的就业情况进行补贴，正高级专业技术人员工资按相关标准进行补贴。生活方面，政府优化功能配套且着力解决企业职工就医、生活及子女入学等难题。政府将目标锁定在上一个繁荣期所积累的企业家人脉资源上，希望通过吸引人才与资金回流，助推整个邵东传统产业的转型升级发展。从2020年第七次全国人口普查结果来看，相比2010年人口出现了一定的回升。从某种程度上看，邵东实行的人才吸引政策初见成效。

2. 收缩治理政策的框架构建

以邵东市为代表的中心袭夺型收缩城市所经历的是不断变动的市场经济环境带来的机遇、挑战和冲击。邵东的政策应对描绘了其从商业城市、工业城市再到后工业城市转变的愿景，调整转型的思路是清晰的（图9-6）。经济振兴上，推动专业市场集群改建和工业生产基地建立，在新时代立足于创新的先进制造业和人才返乡战略，发挥竞争优势。城市建设上，以建设综合型城市为目标，优化城市结构、统筹空间布局、完善基础设施，根据社会经济发展情况调整需要营建或复兴的城市收缩空间。

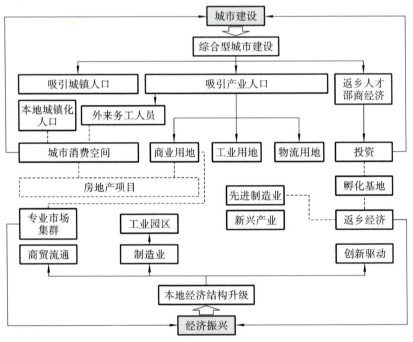

图 9-6　邵东市的收缩治理政策框架

9.2　空心衰减型：桃源县的收缩特征与政策应对

桃源县隶属常德市，是位于湖南省西北部的一个农业县。县域面积4442 km²，在湖南省县市区中位居第4位；耕地面积为134.29万亩，在全省县市区中排名第1位。截至2024年，桃源县辖28个乡镇（图9-7）。桃源县长期受农业经济和区域发展

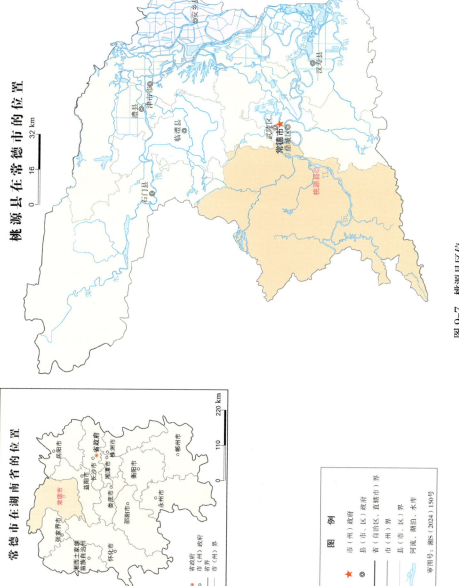

图9-7 桃源县区位

9 湖南省人口收缩情境下的城市政策应对 | 173

环境影响，其城镇化发展水平、经济发展水平（GDP总量和增速）、社会发展水平（人均GDP）等指标均落后于全省平均水平，是典型的空心衰减型收缩城市。

9.2.1 人口收缩特征

尽管桃源县的耕地面积排名第一，但其经济实力和城镇化率长期低于全省平均水平。根据第五次、第六次和第七次全国人口普查数据，以及相应年份的国民经济和社会发展统计公报，2000—2010年，桃源县常住人口减少了7.91万人。2010年，其以户籍人口和常住人口差值度量的外流人口达到13.4万人，比2000年增加10万人。同时，该时期全县劳动力人口（15～64岁）数量收缩了8.2%，这使其成为内陆省份典型的劳动力输出地区之一。从乡镇街道尺度看，仅漳江镇人口在增加（增长了7.89%），其他乡镇街道人口都为负增长，人口流失率最大的为牯牛山乡（减少了27.22%）。2010—2020年，常住人口继续流失，其人口规模从85.37万人降至80.92万人，该时期劳动力减少了17.9%，与2000—2010年相比劳动力呈现双倍的负增长趋势，劳动力流失严重。从乡镇街道尺度看，除漳江街道和浔阳街道（均为原漳江镇管辖范围）人口持续增长外，2010—2020年仅陬市镇人口有所回升（增长了2.8%），其余乡镇街道人口都持续呈现负增长（图9-8、图9-9）。

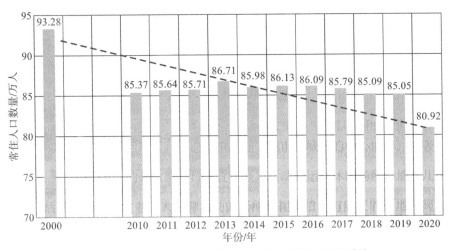

图 9-8 桃源县域常住人口变化（2000年、2010—2020年）

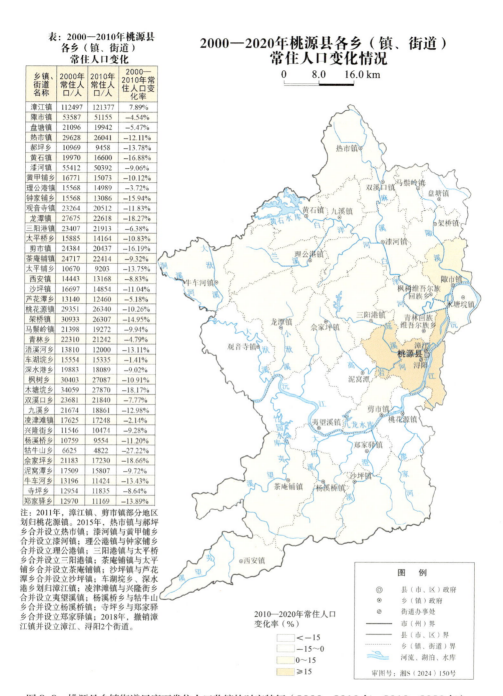

图 9-9 桃源县乡镇街道尺度下常住人口收缩的时空特征（2000—2010 年、2010—2020 年）

9 湖南省人口收缩情境下的城市政策应对

9.2.2　收缩历程与动因机制

由于城镇发展不充分、非农就业机会少，桃源县内剩余劳动力走出去就业成为常态。大量人口常年外出务工，从事建筑、运输等基础服务工作。2009年之前，旨在支持剩余劳动力流出的就业促进计划（桃源"三位一体"统筹城乡就业）被纳入政府工作议程。该政策旨在给当地的剩余劳动力提供必要的职业技能培训，还向生活在偏远地区的年轻人提供工作信息，并为大家提供合同签订、付款延迟、补偿和福利等法律问题的咨询服务，形成"就业培训、劳务输出、跟踪维权"三位一体的就业服务机制。2000—2010年，桃源县政府采取了一系列政策措施，支持、管理和组织剩余劳动力外流到繁荣的沿海地区，实现有组织、有计划、大规模、常年性、专业型的劳力输出。在此期间设立了4所专业学校（全部为私营）和15个农民工培训中心，涵盖数控机床操作员、电机技工、厨师、家政工人等13个工种。显然，政府的这一系列政策旨在培养享誉全国的高素质劳动力，并期望这些工人最终会带着储蓄和技术专长返回家乡发展。由此，桃源县也逐渐形成了7种特定类型的劳动力输出方向：①中国南方（珠三角）的制鞋工人；②中国南方大城市（如深圳市、广州市、珠海市）的家政服务人员；③全国连锁酒店的服务员；④一些国家大型基础设施项目的建筑工人；⑤中国南方物业管理公司的安保人员；⑥福建省、山东省和广东省的焊工；⑦广东省和浙江省的纺织工人。

以桃源县为代表的空心衰减型县域的人口收缩可以看作"乡村空心化"的扩大版本。桃源在城市化和工业化方面落后于湖南省其他地区，地方就业吸纳能力不足，这成为推动人们在其他地方寻找更好工作机会的主要动力。在异地城镇第二、三产业的就业机会和相对较高的收入的双重吸引下，青壮年劳动力人口大量外流，从而导致人口收缩和劳动力大量流失。"出来一个人，全家都脱贫；一家走俩人，小康早来临"，从该句宣传口号可以看出，通过劳务输出实现脱贫致富是人口流失的最初动因。一方面，这种劳动力外流在提高家庭收入方面取得了成效。据官方调查报告，2010年4月至2011年4月，桃源县劳动力产出超过20万人次，总收入达15亿元人民币，占桃源县农村人口总收入的60%。然而，劳务输出脱贫政策也给当地带来了诸多副作用：①劳动力外流导致当地劳动力供应萎缩；

②人口密度和人口总量减少，导致住宅与土地荒弃；③年轻劳动力外出导致本地老人、妇女、儿童比例提高，人口结构的变化也使得乡村和城镇丧失活力；④本地城镇化陷入停滞，城镇拉力和农村推力均不足，导致社会资本再次流失。

9.2.3 收缩治理政策的阶段演化与框架构建

1. 收缩治理政策的阶段演化

面对这一收缩局面，政府密切关注了人口和财政收入变动，不断进行政策调整。桃源县收缩治理政策的制定可归纳为两个阶段。

（1）倡导农民工回流，增加就业机会（2009—2010年）。虽然，2000—2010年桃源县政府仍在开展外出就业培训、有序引导劳动力输出等工作，但是《桃源县人民政府2009年政府工作报告》中首次提到了"农民工回流"，当地政府开始有意识地吸引外出农民工返乡。桃源县统计局发表的一份报告指出，2008年金融危机导致沿海地区许多工厂关闭后，2009年9—11月，约有2万名桃源县农民工（占总人数的9.6%）回流，他们大多在制造业工作。从那时起，如何为这些工人的再就业提供援助已成为地方政府的政策议题之一。与此同时，政府也意识到单纯鼓励劳动力外出务工不会支持当地经济的长期发展。一方面，移民第二代通常与远亲保持较少的社会联系，与家乡情感联系较弱。另一方面，无休止的劳动力外流正在耗尽当地的人力储备，影响了桃源县核心区域的未来发展。在这种背景下，"促进就地城市化"的口号取代了"鼓励劳动力输出"的口号，成为桃源政策制定的指导原则。桃源县地方政府改变了思路，开始着力于两个方面：提高中心乡镇街道的吸引力；增加当地的就业机会和提高就业能力。

（2）解决劳务惯性输出问题，发挥后发优势（2011年至今）。大城市以房价为代表的综合生活成本的迅速上升，成为制约农民异地落户的重要门槛。外出务工人员在户籍地和工作地之间的迁徙产生种种社会经济问题：农地闲置抛荒、农村二次占地、社会网络割裂等。鉴于二代外出务工人员回归农村的意愿逐步降低，桃源县政府开始突出县城优势，关注经济格局变化后的人口回流现象，助推梯度转移型城镇化。一方面，地方政府的重点从"在其他地方寻找就业机会"转向"在当地创造就业机会"，相关行动包括为失业家庭提供助手、为小企业建立孵化器、提供个人小额信贷等。另一方面，努力实现产业转型，扩大就业容量。重点推动以铝材加工为代表的粗放型资源工业的转型，减少对环境的破坏；发展以纺织业、家具业为代表的劳动密集型产业，对农村剩余劳动力实现本地吸纳；打造工业集中区（见表9-1），逐步完善园区配套设施、壮大主导产业、延伸产业链条。另外，政府着力孵化旅游业，增强地方向心力与吸引力。桃源县按照"观光在景区、游乐在沅江、休闲在山水、消费在县城"的思路，以桃花源景区为核心，整合沅水风光带、乌云界花源里、夷望溪镇、茶庵铺镇茶园、兴隆街竹海、西安镇探险漂流等资源，围绕"食、住、行、游、购、娱"等要素，打造完整生态经济和旅游产业走廊[339]；发挥资源带动的后发经济优势，以点带面，吸引当地劳动力回流，并投身于旅游服务产业，真正实现山区老百姓在当地脱贫致富。据报道，到2016年，桃源县已经成功创造了200多个小企业和3000个就业岗位①，2017年还实施了"归雁工程"项目，它鼓励生于桃源的企业家和23万农民工中的任何人返乡创业，"以浓浓的乡情引老乡、回故乡、建家乡"。

表 9-1　桃源县工业集中区三大园区主导产业类型

名称	创元工业园	陬市工业园		漳江工业园	
面积 /km²	2.42	2.55		3.93	
重点产业类型	铝材精深加工产业	以工程机械为主导的机械制造业	农副产品精深加工业	纺织产业（高档纺织业）	农副产品精深加工业（稻米深加工、茶油深加工）
龙头企业	湖南创元铝业有限公司	湖南大华机械有限公司		常德市鑫玉花纺织有限公司	万福生科（湖南）农业开发股份有限公司、湖南省康多利油脂有限公司

（资料来源：《湖南桃源县工业集中区发展规划》）

2.收缩治理政策的框架构建

由桃源县案例可知，空心衰减型城市的人口收缩症结在于城镇自身的发展机制不健全。空心衰减型城市的发展仍处于前工业化阶段，还没有在市场经济中摸索出提

---

① 来自《桃源县人民政府 2016 年政府工作报告》。

升城镇吸引力的方式，尚无法实现中心城镇的带动和反哺作用，因此造成地区的人口外流问题。但空心衰减型城市的后发优势也很明显，存在追赶的可能和空间。2000—2010年，县城整体上的资源要素更贴近农村，生态环境和土地资源两方面具有比较优势。假若能得到有效利用，不仅可以吸引农村人口就地城镇化，也可能吸引城市人群尤其是生活在大都市地区的人群迁入。随着留在大城市的门槛提高，会有部分外出人口选择回流，潜在的回流资源是布局县城规划建设的动力。因此，提升中心城市交通、信息基础设施水平，以农业和旅游业为突破口，培育地方增长极，完善公共服务配套设施，提升县城吸引力，成了这一类型县级单元的规划政策选择（图9-10）。

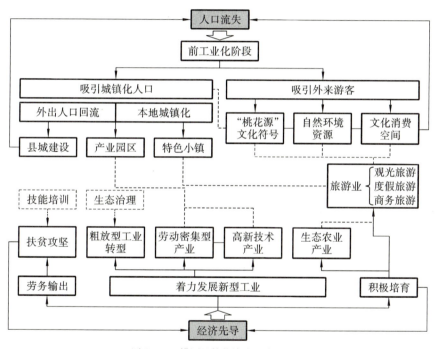

图9-10　桃源县的收缩治理政策框架

9.3　资源枯竭型：冷水江市的收缩特征与政策应对

冷水江市是湖南省娄底市下辖的县级市，位于湖南省的中部地区，东接涟源市，南邻新邵县，西部和北部与新化县相连，总面积为439 km²（图9-11）。冷水江市下辖4个街道（包括冷水江街道、布溪街道、锡矿山街道和沙塘湾街道）、5个镇（包括禾青镇、三尖镇、金竹山镇、铎山镇和渣渡镇）、1个乡（中连乡）。冷水江一直以矿产资源作为城市和经济的发展引擎，城镇化率已经较高，但是面对资源消耗殆尽和政策性绿色转型的双重压力，冷水江产业发展亟待转型，人口逐渐流失，是典型的资源枯竭型收缩城市。

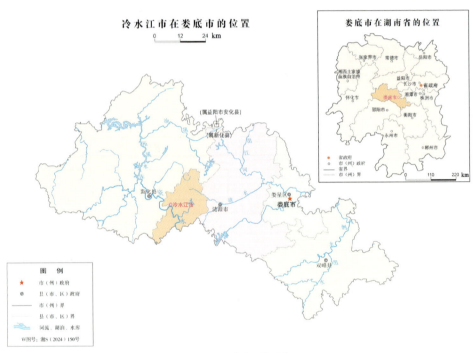

图 9-11 冷水江市区位

9.3.1 人口收缩特征

基于第五次、第六次和第七次全国人口普查数据，以及历年的国民经济和社会发展统计公报，冷水江市在2000—2010年市域常住人口减少1.26万人，锡矿山街道、渣渡镇、毛易镇（现已调并到沙塘湾街道）等工矿区乡镇街道的常住人口减少均接近或超过30%。2010—2020年，市域常住人口数量虽逐年略有回升,至2019年年末市域常住人口已升至35.07万人,但2020年市域常住人口数量又下降至32.99万人。相比2000年的市域常住人口数据,2020年的市域常住人口规模仍然略有收缩。乡镇街道尺度下,除市区冷水江街道、布溪街道和沙塘湾街道外,锡矿山街道、渣渡镇、中连乡等乡镇基本上持续保持收缩趋势,禾青镇人口略有回升趋势,而金竹山乡(现为金竹山镇)和岩口镇(现合并至铎山镇)的人口则由增长转为收缩(图9-12、图9-13)。同时,根据《冷水江市城市总体规划(2011—2030年)》①,2030年规划常住人口规模为56.8万人,规划常住人口年均增长约1.04万人,且规划2020年常住人口应当达到47.4万人。这一规划值远远超过了2020年的实际常住人口32.99万人,市域实际年均增长情况和现状人口规模也远低于规划值,并且,实际常住人口在2020年出现负增长的情况。

9.3.2 收缩历程与动因机制

冷水江市是国务院公布的第二批资源枯竭型城市之一。这个曾经的"世界锑都"没能摆脱"资源诅咒②"。随着铁、煤、锑矿的相继枯竭,以及国家出于绿色

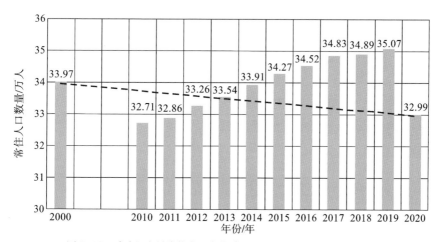

图9-12 冷水江市域常住人口变化(2000年、2010—2020年)

---

① 冷水江市自然资源局.冷水江市城市总体规划(2011—2030年)[EB/OL].(2020-12-30)[2024-06-20]. http://www.lsj.gov.cn/lsj/ghjh45/202012/8d57a31967044944b7a18131fbfa0ad7.shtml.
② 资源诅咒(resource curse)指由丰富自然资源带来经济快速发展的地区,常常又由于资源的枯竭和过度依赖与资源相关的单一工业体系,最终很快走向衰落。这样看,资源富集成为一种发展诅咒而不是祝福。

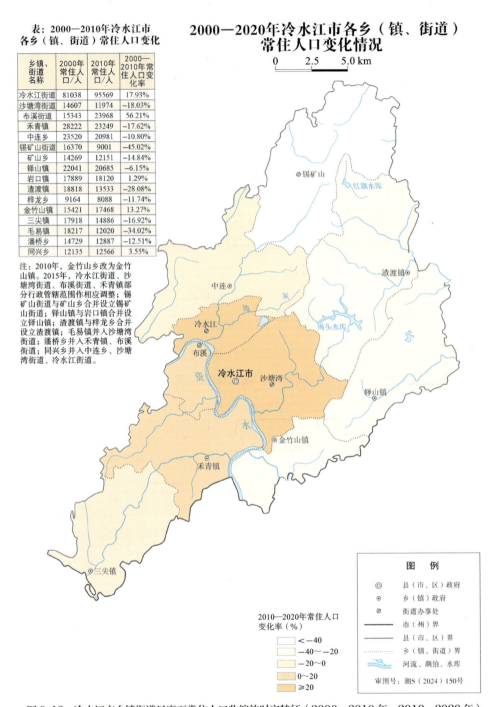

图9-13 冷水江市乡镇街道尺度下常住人口收缩的时空特征（2000—2010年、2010—2020年）

可持续发展理念日趋收紧矿产开发权，矿企及发电厂、钢铁厂、煤化工厂、锑冶炼厂、碱厂、耐火材料厂等支柱企业先后出现发展危机。高能耗、高排放、高污染经济主体支撑下的冷水江，自然也摆脱不了资源城市的宿命，陷入资源枯竭、环境污染、经济结构落后的发展困境。

在城镇发展方面，冷水江市"先有矿后建城"，锑矿的开采是城镇最初的生长点。冷水江市在工矿业推动下发展迅速，2016年城镇化率就已经达到76.9%。冷水江市区目前主要形成了两大建成区：①锡矿山采矿区，即在矿区管理和生活需求的推动下，围绕生产厂区建立起来的服务设施、居民区和生活配套片区；②冷水江市区，位于资江河畔，曾经的锑产品、矿石的运输码头，逐渐发展成为工业城市的市场中心、信息中心和物资交流中心。

2000—2010年，锡矿山采矿区（街道）人口规模就已经出现大幅度减少，由16370人减少到5531人，收缩66.2%。大型矿企的效益逐年下降，民营中、小矿企被政策性关停，导致就业岗位消失，劳动力纷纷离开矿区。长年开采带来的煤矿粉尘、生态退化、重金属污染也使得矿区不再适合居住，年轻人大量离开，正如受访居民所言，"有能力走的都走了"。这些人或是迁居到冷水江市区，或是定居到其他城市。该时期，虽然冷水江市区常住人口没有下降（甚至有所增加），但是，资源枯竭也使得市区显露衰败景象。财政对社会事业投入少，文化、体育和环保设施滞后，使得城市硬件设施和人居环境较差（图9-14）。

图9-14　冷水江锡矿山的城镇风貌

2010年以后，冷水江市的常住人口虽有缓慢回升，但主要是市区人口有所增加。由于矿区减产和工业、企业转型，失业下岗的居民人数不断增加。由于生态环境破坏严重，居住在当地的有搬迁能力的居民更愿意选择到环境质量更好的城市生活（图9-15）。加之相比娄底、长沙等城市，冷水江本身的集聚效应明显存在不足，近些年来几乎没有外来人口的机械流入，因此市域人口在不断减少。市域人口收缩一方面体现为人口结构的变化，年轻人群流失造成了城市社会资本流失、公共活动减少、城市活力不足以及弱势群体集聚等后果；另一方面体现为人口数量和人口密度的变化，这使得土地与住房空置、基础设施供给过剩，城乡人地矛盾突出。矿业城市发展累积的经济、社会和环境等矛盾是冷水江未来城市可持续发展的症结所在。

图9-15 冷水江锡矿山的生态修复工程

9.3.3 收缩治理政策的阶段演化与框架构建

1.收缩治理政策的阶段演化

从2009年入选国家第二批资源枯竭型城市后，冷水江开始踏上资源枯竭型城市发展转型的征程，其收缩治理政策的制定可分为两个阶段。

（1）直面资源枯竭现状，调整发展路径（2009—2015年）。这一阶段的冷水江还没有意识到人口问题，迫切推进的是经济结构、城市功能、城市定位的全面变革。一方面，政府通过"央地合作"支持大型企业发展转型，引入央企的力量，以湖南有色金属控股集团有限公司（中国五矿股份有限公司控股）作为具体实施主体，以锑等有色金属的整合、开发、利用和精深加工为重点。同时，冷水江市政府强力停产整合民营锑业企业，取缔选矿手工小作坊，淘汰落后产能。另一方面，利用政府转移支付资金进行生态环境治理，进行棕地的复垦种植、采矿区的生态修复、工业"三废"（废气、废水、废渣）的治理，重塑城市生活品质，打造资江风光带的风景走廊，构建城市生态绿心，并且通过"搬城搬厂"来优化城市空间。值得肯定的是，采矿沉陷区的综合治理、市区工业用地的腾退、城市绿地景观的打造、公共服务设施的完善的确提高了当地居民的生活品质，城市发展动力实现了由矿区驱动向城区驱动转变。

（2）增量指标已至极限，城市转向存量发展（2016年至今）。前一阶段的政策需要大量的土地指标支持，但是市域人口增长停滞和高城镇化率已经无法在"人口/用地人均指标"上继续支撑扩张型的规划发展。随着空间增长边界、城市双修等理念的出现，基于生态环境的空间管控和城市存量用地的更新意识已经开始觉醒。总体规划划定了建设用地空间增长边界，在城镇体系调整上允许原有的独立工矿中心发展规模保持现状甚至是降级，设立微层次的中心，同时培育新的发展方向，如保护建筑遗产，打造城市商标；用绿色空间和开放空间代替破旧的棚户区；在采矿塌陷区发展农业；培育旅游业等。

2.收缩治理政策的框架构建

随着宏观经济的升级转型，以资源型产业为主的冷水江市不可避免地遇到了发展危机——资源枯竭、产能过剩、需求低迷、环境污染的困境突显，至此谋求变革的城市政策全面铺开（图9-16）。冷水江一方面通过美化老城区，打造顺应中产阶级心愿的居住环境；另一方面，通过城东生态新城的整体建设创造新的城镇化空间，促进人口的城镇化，包括本地非农人口的就地城镇化和异地非农人口的就近城镇化。此外，对工矿历史遗产进行保留和活化，以创建文化符号，营造文化消费空间，发展旅游业。资源枯竭型收缩城市发展的症结在于，在基于矿石采掘、加工产业的社会经济运行系统崩塌后，能够替代其支撑城市运行的新秩序尚未建立。

资源枯竭致使支柱产业衰落，工人大量失业，累积的经济、环境、社会矛盾集中爆发。而实施应对政策的困难在于，政府既要弥补历史上的环境"欠账"和市政"欠账"，又要维持城市运转的基本需求，谋求支撑城市经济转型发展的资源。而保障政策顺利实施所需要的资金，却受到收缩阶段不断吃紧的财政基础的限制。

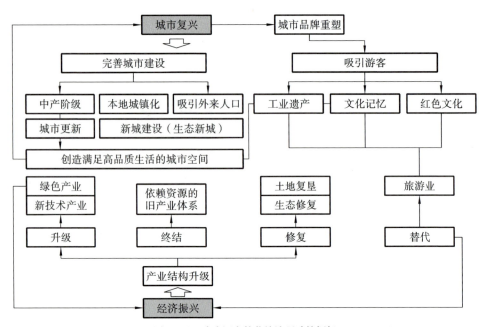

图 9-16　冷水江市的收缩治理政策框架

9.4　应对局部人口收缩的规划政策探讨

本章分析了湖南省各种类型收缩城市案例，虽然其发展困境植根于各自背景环境与影响要素之中，但其中的"人口观念"是厘清它们各自运行逻辑的关键，也是探索规划应对的出发点。

9.4.1　"人口指标"再认识

在当前的城市规划实践中，未来人口和用地的增长是毋庸置疑的前提。调查发现，很多收缩城市的预测人口增长速度通常远高于实际人口增长速度，有些城市甚至在人口减少的现状下预测近期出现高速增长。这是由于，在土地财政的要求下，城市总体规划必须用名义上的预测人口增长速度来超前调动土地、空间和财政资源，即将预测人口规模折算成建设用地规模，再分解为各类土地利用性质，然后配备公共服务设施和基础设施。然而，这种城镇化路径在人口收缩情境下不具有操作性：一方面，在低城镇化率地区论证人口未来短期内高速增长相当困难，例如，桃源县和邵东市只是单方面期望人口返乡回流；另一方面，在高城镇化率地区通过人口指标来获得建设用地更加艰难，例如，冷水江的增量指标已达极限。

在人口收缩地区，即便成功获得了建设用地指标，如何吸引投资来消化闲置或新增建设用地仍然是个艰巨的任务。土地闲置是常见的收缩表象。因此，收缩规划必须突破"人口→用地→财政"的单向发展驱动方式，寻求多样的发展模式。2018年《自然资源部关于健全建设用地"增存挂钩"机制的通知》将闲置土地使用与新用地指标联系起来是重要开端，接下来应该思考如何将人口变化加入考量。

9.4.2 人口流动性和地方吸引力

根据经济学蒂布特模型，人口因为追逐就业机会而迁移是一个自然的市场选择过程。就像在冷水江矿区，"有能力走的都走了"，只有无法或不能迁移的人才会最终留下来。对于就业不充分的地区，政府是否该鼓励人口流出是个两难抉择。从桃源县案例看，期望外出务工者带回资金和技术来建设家乡可能是一厢情愿，外出务工人员的返乡意愿有限，即便回流也只选择定居在中心城市，即"回流不回乡"。从邵东市案例看，吸引流出资本或企业家回归可能会更加困难。

换一个角度看这个问题，改革开放40多年来，人口流动、市场经济改革和城镇化相伴而行。人力资源要素（及产业要素）在区域间的流动是对生产力的巨大解放，这也带来了发展的两极分化。人口流入地享受着人口红利，人口流出地面临着劳动力/产业空心化。国外研究发现[340]，越高层次的人才流动越频繁。面对流动性只会越来越高的劳动力市场，如何吸引国内（甚至国际）流动的新居民定居，这才是未来城市竞争的核心内容。地方吸引力来源于多个发展维度，就业机会只是影响迁移的一个变量。从三个案例的应对政策看，城市最终或多或少地都会转向宜居环境的营造，打造生态、环境优美，以及生活、环境、就业、创业条件突出的"完整城市"成为城市的共同归宿。这说明，整体提高城市竞争力，综合提升城市生活水平，才是在人口争夺战中胜出的战略选择[49]。

9.4.3 面向生活品质的城镇化

传统的城镇化最关心的是宏观上的人口数据，不仅是与城镇空间建设相匹配的户籍人口和常住人口总数，还包括与经济产业活力相匹配的人口构成（劳动力人口、受教育水平、性别比），以及与设施配套相关联的服务人口规模（千人指标、育龄妇女、学龄前儿童）。基于这样的视角，"人"的内涵就约等于劳动力，城镇化建设则意味着将劳动力效用最大化、促进劳动力就业，并提供劳动力再生产所需的基础设施和公共服务。

城市收缩是在警示规划师，仅从增长主义和构图美学出发，仅考虑人的自然属性而打造的总体规划，已很难满足新型城镇化的需求。规划一座城市，不再仅是打造一个漂亮的容器，更是造一块充满吸引力的磁体。而事实上，重塑收缩城市的"磁力"，不仅要实现复兴城市的目标，更要认识到人口不是冰冷的指标，规划应该考虑人口需求的多样性和层次性。在收缩城市的规划议程中应该包括：①针对失业人口生存需求，要着手制定经济复兴计划，解决就业岗位不足的短板，吸引人口在本地就业；②针对人口的社会需求，要完善商业设施配套，创造地方消费内需，培育地方活力，同时提升本地居民的生活品质，吸引人们以家庭为单位进城定居，重塑地方凝聚力；③针对人口尊重与自我实现需求，要关注城市的空间品质，处理好过往扩张式规划所遗留下来的旧城更新问题和提升新城活力问题。

9.5 小 结

本章在前文定量、宏观描述性分析基础上，选取了邵东市、桃源县、冷水江市作为典型案例，以定性研究方法深入调查了它们的收缩历程和特点，并综合评议了政府应对收缩的政策演化。在前述大量数据提供的大背景框架下，本章补充描绘了湖南不同类型收缩城市更加具体和细致的图景。

　　研究最终提出，收缩城市的规划政策要尊重人口流动的自然规律，政府必须做好未来人口增长长期不足的准备。行政决策和空间规划需要破解增长主义思想的禁锢，解开人口和用地的关联，弱化土地财政影响下对人口指标的追逐。编制空间规划需要考虑人口慢（逆）增长，即除了人口增长方案，还要制定人口稳定、收缩下的空间方案。恰当应对人口收缩的规划政策应是量质并举的，即注重吸引增量人口和提高存量人口的生活品质并重。

　　必须承认，在人口收缩的规划政策应对这个宏大的议题下，本章还有诸多不足。首先，在案例方法上偏重定性分析，案例类型的划分不能涵盖所有，应对阶段的总结也可能比较武断。其次，本章探索的规划方法侧重于宏观层面的城市战略决策，远未能达到指导具体城市法定性规划编制的程度，还有待进一步探索。在这里，收缩城市的政策应对应该是一个跨越人口学、地理学、城乡规划学、社会学、公共管理学等诸多学科的交叉课题，无论是理论方面还是实证方面都还需要更多领域的专家学者共同探讨。本部分接下来的几章中，笔者将基于案例城市的人口收缩现状、问题和趋势，基于前文提到的收缩城市治理原则、应对思路和规划方法，针对不同城市的特定问题展开探讨。

城镇开发边界收缩调整与中心区复兴设计：以冷水江市和邵东市为例

在国土空间规划体系的战略引领下，生态文明建设和高质量发展的要求衔接城市收缩区域的复兴策略，给空间规划和空间设计提出更高的要求：一方面，在城市总体规划中，总体策略应更加注重高质量发展，理性看待城市可能出现的人口收缩现象，从区域协调发展的角度引导收缩城市的建设，并主动对城市定位和城市规模进行调整，实现城镇化路径的优化和城市的可持续发展；另一方面，在城市存量发展的大背景下，城市将越来越注重城市内部空间结构的优化，对不同功能区采取对应的适应性措施。人口、经济出现穿孔型收缩的城市功能区，往往是城市更新的主要对象。要提升收缩城市的环境品质，实现空间优化的质变，必须通过城市设计和城市更新的手段优化城市空间形态和提升城市空间品质。

本章以湖南省冷水江市和邵东市为案例，分别从总体规划层面和详细规划层面展开探索。首先，冷水江市作为典型的资源枯竭型城市，整体面临着人口流失、产业转型、城市风貌衰败、房屋空置等多重问题，但是，其城市规划仍在引导城市快速扩张，人地关系明显不匹配。本章从总体规划层面对冷水江市中心城区的土地规模进行调整，通过总体规划方案的优化研究达到未来人地关系协调发展的目标。其次，邵东市在2000—2010年属于中心袭夺型收缩城市，其位于中心城区的邵东工业品市场由于丧失竞争优势而发展困难，商户外流严重，中心商业区呈现萧条、衰败的景象。因此，本章从详细规划层面对中心城区的邵东工业品市场进行更新与设计，以复兴中心商业区活力。两个案例针对不同收缩特征的地区采取不同的应对路径，本章尝试讨论通过"城镇开发边界收缩调整"和"中心区复兴设计"来优化湖南省部分收缩城市的规划方案，希望对类似收缩城市的治理具有参考意义。

10.1 国土空间规划下的收缩城市应对策略

在国土空间规划体系中，为了实现"一张蓝图"管到底，形成了五级三类总体框架。在此背景下，收缩城市应对策略需要在省级国土空间规划的引导下，衔接市县级国土空间总体规划，最终通过详细规划实施。基于此，本章首先基于国土空间规划的编制要求（总体规划和详细规划）和收缩城市的应对经验，梳理出空间规划对收缩城市治理的指引作用。

10.1.1　基于省级国土空间规划的城市收缩应对

省级国土空间规划是编制省级相关专项规划、市县等下位国土空间规划的基本依据[341]。省级国土空间规划在战略性上要求在领会国家重大战略思想的基础上提出空间策略，同时引领"三生空间"（生产空间、生活空间、生态空间）科学布局，将战略要求转化为空间治理措施[342]。在省级层面，收缩城市的规划应对需要从区域定位和区域资源协调两方面进行战略衔接。一方面，在区域收缩的情况下，收缩城市的发展规模定位与省级国土空间规划中的区域发展定位密切相关。省级国土空间规划在基于人口规模进行城市等级分类的同时，应该注意到现存的收缩城市的特殊性。在省级国土空间规划层面，规划研究需要预测并掌握全省人口与城镇化发展的基本走向，并对全省的城市进行精准分类，将收缩城市纳入新的城市分类，引导城市集聚发展，制定适宜的发展定位。另一方面，资源枯竭型城市和传统工矿城市的闲置工业场地是不容忽视的存量空间资产，特别是用地紧张的城市更应做好存量用地的高效利用。省级国土空间规划可以通过专项规划优化城市空间布局，促进解决此类收缩城市发展动力不足的问题。

10.1.2　基于市县级国土空间总体规划的城市收缩应对

市县级国土空间总体规划担负着处理城市和区域的空间关系、探索城市空间发展模式、进行空间结构优化等重要职责。2020年自然资源部印发的《市级国土空间总体规划编制指南（试行）》[343]将"资源枯竭、人口收缩城市振兴发展的空间策略"列为该层次规划的重大专题之一。依据市县级国土空间总体规划的编制要求，可以归纳出以下有关收缩应对的基本思路：一方面，加强与周围地区的联系和分区引导实现"紧+缩"的国土空间格局，在收缩地区需要对城镇开发边界进行收缩调整，转变以往只能增长的发展模式，接受适度收缩的规划观念[179]；另一方面，对不同功能区制定城市收缩与复兴策略，优化空间结构，完善公共空间和公共服务，通过多样化的城市振兴、更新和再利用手段，实现城市高质量发展。

10.1.3 基于国土空间详细规划的城市收缩应对

详细规划需要对具体地块用途和开发建设强度等作出实施性安排[344]。详细规划是国土空间规划体系中实现空间优化的重要环节，而城市设计在编制国土空间规划、提高国土空间品质中具有重要作用，是详细规划的有效手段。根据2021年自然资源部发布的《国土空间规划城市设计指南》[345]，一般片区和重点控制区的详细规划都可能与收缩城市的不同功能区的空间形态引导相关。针对一般片区，详细规划需注重功能与空间结构的匹配，主要内容包括：优化片区功能布局和空间结构的关系、建立土地使用和交通组织的有机联系、构建整体有序的三维空间形态、设计人性化公共空间、加强建筑群体导控、协同管控地上地下空间。针对重点控制区（如城市中心区、新城新区、旧城更新区和收缩城市等），其城市层面的空间优化有着相同的调整目标：城市中心区紧凑、高效发展是城市高质量发展的前提；新城新区注重高品质开发，要求内涵式发展；旧城更新区的品质提升要求与收缩城市寻求的高品质生活理念是一致的。

10.2 总体规划应对：冷水江市城镇开发边界收缩调整

本节基于市级国土空间总体规划的战略框架指引，提出冷水江市的规模调整和空间优化策略。针对冷水江市中心城区开发边界过大的问题，本节提出弹性控制城镇开发边界，合理确定中心城区规模。

10.2.1 中心城区发展困境

冷水江市的中心城区分为两个部分：面积不大但人口密集的老城区；2011年市政府在东部重点规划建设的生态新城。通过实地调研和座谈访问，笔者发现冷水江市的新城建设缓慢，人口集聚在老城区且极少数人愿意迁往新城。一方面，尽管政府投入大量资金打造的东部生态新城明显比老城区居住环境整洁、空气质量好，但是由于开发进度较慢、配套设施不完善，生活便利程度远不如老城区。因此，冷水江作为人口收缩城市，大力投入建设的生态新城发展进度缓慢，居民移居意愿不强；同时，拥挤的老城区城市空间结构散乱，居住生活品质不高。另一方面，冷水江市受资源枯竭的影响，原来的支柱产业（重工业和采矿业）因受到冲击而发展受限，急需实现资源枯竭型城市的转型发展。旧有产业的逐渐衰落或强制退出，导致城市的财政收入大幅度下降，在替代产业发展还乏力的阶段，城市建设又面临很多亟须解决的社会服务设施和基础设施不完善、环境污染等问题。政府收支很难平衡，资源型城市的转型和复兴举步维艰。生态新城的规划设想是通过城市规模的扩张，激发土地市场活力，学习发达地区的土地财政经验，实现房地产开发、城市建设、环境改善的良性互动。然而，在人口收缩的冷水江市，这一目标却没有顺利、快速实现，造成冷水江市发展陷入困境。究其原因，主要包括以下几个方面。

1. 城市发展定位不够准确

由于忽视了人口收缩现象，在预测人口规模时趋于理想化，城市扩张的动力不足导致开发建设缓慢。冷水江市应转变一味寻求增长的战略定位，将城市未来发展方向由寻求增量导向激活存量或适当减量。作为资源枯竭型城市，冷水江应重视城市转型发展，破除老工业城市遗留的发展阻碍，转向寻求新兴产业支撑城市经济发展。同时，冷水江市应该深挖城市特色，与周边城市形成差异化发展，在区域发展间寻求比较优势。

2. 中心城区开发边界过大

冷水江市人口增长停滞，增长动力不足，尚未形成区域吸引力，人口处于长期稳定收缩阶段。并且，城市政策未能成功将人口向城东新区引导，新区建设缓慢，老城区和新城区发展不平衡。城市应该认识到这一现状，依据现状适当调整城市规模，在紧凑式发展的理念下把控城市空间形态。根据《冷水江市城市总体规划（2011—2030年）》，冷水江市中心城区2030年规划人口将达到40万人，在城市现状的五个分散组团冷江、布溪、群丰、沙塘湾和禾青的基础上进行拓展和完善，城市空间拓展呈组团式发展。受地形条件和土地适宜性的限制，冷水江市规划城市未来发展集中在东部和南部，在现有的分散组团的基础上进行一定的整合，总体构建"一中心三组团"的空间结构格局，规划建设用地为41.7 km²（表10-1）。2008年，冷水江市中心城区人口为19.6万人，建设用地为19.46 km²；2020年规划人口为28万人，规划建设用地为28 km^2。然而，冷水江近十年城市总人口总体无明显增长，规划用地却增长约44%。比较2020年现状用地和规划图，冷水江市城东生态新城的开发进度与规划预期还存在很大差异。

表10-1　冷水江市城镇开发边界调整（模拟）前后用地平衡表

用地代码		用地名称	用地面积/hm²		占城市建设用地比例/（%）	
大类	中类		原规划用地	调整用地	原规划用地	调整用地
R		居住用地	1210.55	891.67	29.03	25.05
	R2	二类居住用地	1210.55	891.67	29.03	25.05
A		公共管理与公共服务设施用地	434.77	332.72	10.43	9.35
	A1	行政办公用地	62.35	62.35	1.50	1.75
	A2	文化设施用地	43.18	20.61	1.04	0.58
	A3	教育科研用地	185.77	147.97	4.45	4.16
		中小学用地	85.30	59.11	2.05	1.66
	A4	体育用地	25.05	17.19	0.60	0.48
	A5	医疗卫生用地	33.12	25.49	0.79	0.72
B		商业服务业设施用地	216.26	168.51	5.19	4.73
	B1	商业用地	216.26	168.51	5.19	4.73
M		工业用地	1013.45	968.12	24.30	27.19
	M1	一类工业用地	395.69	355.89	9.49	10.00
	M2	二类工业用地	309.61	304.08	7.42	8.54
	M3	三类工业用地	308.15	308.15	7.39	8.66
W		物流仓储用地	118.91	96.86	2.85	2.72
	W1	一类物流仓储用地	111.76	89.71	2.68	2.52
	W2	二类物流仓储用地	7.15	7.15	0.17	0.20
S		道路与交通设施用地	72.06	68.26	1.73	1.92
	S4	交通场站用地	36.03	34.13	0.86	0.96
		公共交通场站用地	4.42	4.42	0.11	0.12
		社会停车场用地	31.61	29.71	0.76	0.83

续表

用地代码		用地名称	用地面积 /hm²		占城市建设用地比例 / (%)	
大类	中类		原规划用地	调整用地	原规划用地	调整用地
U		公用设施用地	67.12	66.45	1.61	1.87
	U1	供应设施用地	40.32	40.14	0.97	1.13
		通信用地	3.04	2.87	0.07	0.08
	U2	环境设施用地	9.52	9.36	0.23	0.26
		环卫设施用地	9.52	9.36	0.23	0.26
	U9	其他公用设施用地	4.72	4.72	0.11	0.13
G		绿地与广场用地	1037.24	967.39	24.87	27.17
	G1	公园绿地	730.67	689.14	17.52	19.36
	G2	防护绿地	289.66	264.11	6.95	7.42
	G3	广场用地	16.91	14.14	0.41	0.40

3.城东生态新区吸引力不足

老城区环境相对较差，街道拥挤且设施陈旧，但是能满足居民的日常生活需求，而城东生态新城虽然通过迁入市政府和其他机关部门已经形成了一定的规模，但还未完善配套设施，日常生活便利程度远不如老城区。调研发现，老城区在有限的空间里充分发挥了城市功能，商业活力充足，城区尺度适宜；城东新区来往车辆较少，配套设施不齐全，居住在城东新区的居民有时候仍需前往老城区购置部分生活日用品，导致老城区人口不愿迁往新城。

4.经开区尚未形成规模

冷水江市现状工业用地较为分散，在冷江组团和禾青组团都分布有大型工业厂房，冷水江市经开区工业发展动力不足。经开区工业用地地块较小，难以满足大型企业开发利用的需求。工业园区并不能吸引企业入驻，导致冷水江市经开区的工业园区建设受阻，全市规划工业用地尚未出让的较多。

5.城市道路交通系统不完善

老城区和新城区之间的交通联系不便利，缺乏城市过境交通路线，运输矿石的货车只能穿过城市主干道。一方面，这导致城市环境变差、路面泥泞、空气浑浊；另一方面，在老城区和新城区的交通要道出现堵塞，居民日常出行不便。各组团之间交通联系较弱，城市分散发展，进一步阻碍了新城的开发建设。

6.城市空间品质较差，土地利用效率不高

冷水江市重点企业冷水江钢铁有限责任公司位于老城区，与生活区紧密相连。冷水江钢铁有限责任公司的来往货车穿行在城市主要道路之间，导致城市长期被灰尘笼罩，城市建筑外立面布满灰尘，生活品质较差。同时，工业闲置场地散落分布，2019年低效空置用地达到3100亩，冷水江还需要盘活存量用地，提升土地利用效率。

10.2.2　策略指引

冷水江是中国资源枯竭型城市发展的典型，面对人口收缩的现实，其城市治理应该坚持的策略方向如下。

一方面，冷水江的城市发展应准确定位。在寻求高质量发展的城市转型期，冷水江市应该正视人口流失和城市竞争力不足的现实，找准城市发展定位，由追求城市扩张发展转向提升城市生活品质。首先，冷水江市应在规划中转变增长的城市发展模式，引导城市有序调整，利用收缩阶段提升老城区的空间品质，完善城市的基础配套设施。其次，保护和利用良好的资源本底，如穿城而过的资水和城市周围的山水林田湖草，将冷水江市建设成山水园林生态城市，同时结合全市现状旅游资源和工业特色遗址，综合规划发展红色工矿旅游。最后，冷水江市应积极转型成创新型工业城市，发挥自身工业优势，升级优化以光电子通信、生物医药、新材料、钢铁、锑业和现代农业6条产业链为支柱的工业体系，加快与新兴产业发展融合，实现产业结构优化转型，同时提升城市竞争力，吸引周边城镇人口聚集，打造区域中心城市。

另一方面，强化底线思维，调整规模促进高质量发展。国土空间规划的"底线约束"原则也可运用到冷水江市规模调整中，在坚守生态底线的基础上，还应实现土地资源有效利用。在冷水江市的总体规划中，城市扩张明显，土地规划超前。而根据实地调研，目前城东生态新城的土地开发利用尚未达到预测的目标。因此，及时、适当调整城市中心区的开发边界和建设规模是有必要的。为了保障居民高质量和高品质生活，对冷水江市中心城区开发边界提出规模调整。一是吸引人口前往城东新区，实现城市老城区和新城区的有序发展，引导群丰中心区和禾青组团集聚发展；二是基于城市现状人口预测，适度缩减城镇开发边界，以实现城市土地高效利用，将调整出来的用地作为城市弹性发展空间。

10.2.3　城镇开发边界收缩调整

基于收缩城市的理论成果，应该通过调整中心城区用地规划并缩小城市规模，来实现冷水江市"紧凑+收缩"的发展格局。目前，冷水江城市开发较为粗放，群丰中心区组团土地开发留有大量空白，开发区组团的工业区发展也未形成规模，禾青组团居民点分散，城市空间布局结构呈现"摊大饼"的状态。冷水江市空间布局为"一中心三组团"，但在规划中组团分布较为分散，尚未形成规模。未来调整应将群丰中心区、禾青组团和经开区组团的规模进行缩减（图10-1），使得各组团集聚发展。同时，将调整用地调出建设用地，作为城市弹性发展空间，为冷水江市未来发展储备用地。各组团的集聚发展能为城市居民提供优质的空间品质，做实做优城市空间形态才能集聚人口活力，提升冷水江市城市发展活力，具体举措如下。

（1）将群丰中心区南部未开发利用土地转化为非建设用地，促进节约集约发展。将现有居住人口增量转移至中心区集聚发展，并引导老城区居民迁往中心区发展，通过丰富中心区功能布局，加快建设基础设施和公共服务设施，为居民提供适宜、便利的居住环境，最终实现冷水江市人口、用地均衡。

（2）群丰中心区北部组团原为湖南省金竹山电厂，随着湖南省金竹山电厂迁往经开区，该地区的用地需求也随之减少，在调整中将其转化为非建设用地，以更好地实现新城区人口聚集。

（3）由于冷水江市的城市布局较为分散，应加强各组团之间的联系，加快形成区域交通体系，提升城市的连通性。通过实地调研发现，冷水江市的近期建设项目完成情况与规划预期存在着很大的差异，很多道路建设尚未完成，这也在一定程度上影响了群丰中心区的发展建设。

图 10-1　冷水江市中心城区边界调整（模拟）示意图

（4）在缩减城市用地规模时将禾青组团周边分散的小组团调整为非建设用地，实现土地资源的高效利用。目前，禾青组团居民点分散布置，在政策支持之下，禾青镇应该通过空间集聚实现人口和资源的整合，大力建设"特色小镇"，实现禾青组团式发展。

综上所述，调整后城市建设用地为35.60 km^2（表10-1），调整缩减用地6.1 km^2。对群丰中心区、禾青组团和经开区组团进行规模收缩调整（图10-2），使各组团集聚发展，同时将部分用地调出建设用地，作为城市弹性发展空间，为冷水江市未来发展储备用地。各组团的集聚发展能为城市居民提供优质的空间品质，做实做优城市空间形态才能集聚人口活力，提升冷水江市城市发展活力。

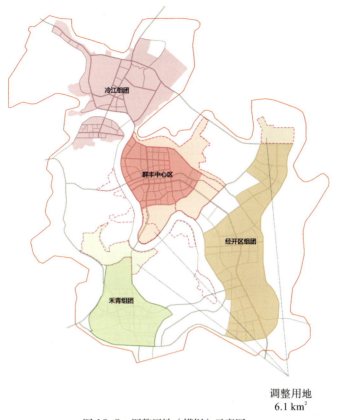

图 10-2 调整用地（模拟）示意图

　　本节对冷水江的调研分析主要在2019—2021年完成，这期间正是《冷水江市国土空间总体规划（2021—2035年）》展开编制的阶段。虽然，以上分析仅是学术上的讨论和思考，但是，在国土空间总体规划"严格控制建设用地规模"和"划定落实三条控制线"的大背景下，本节提出的收缩调整的方向最终与本轮国土空间总体规划方案高度吻合。可见，资源枯竭型收缩城市在总体规划编制中对城镇开发边界进行收缩调整，具有切实的规划实践价值。

10.3　详细规划应对：邵东市中心区复兴设计

　　本节基于市级国土空间详细规划，提出邵东工业品市场片区的设计和更新方案。针对邵东市中心区商业市场衰败的现状，进行中心区复兴设计方案研究。

10.3.1 商贸市场的收缩现状

在市场竞争力削弱、人口外流的趋势下，邵东市的市场空置率急剧上升。2006年邵东农林产品批发城空置率高达90%，大型市场数量锐减，财政收入增长率与最高时相比呈指数下降[337]。曾经人气最旺的邵东工业品市场也不例外，经营户一直在流失，至2019年下降了约50%①。时至今日，邵东工业品市场依旧没有恢复活力，具体表现如下。

1.区域功能衰退，空间活力下降

邵东工业品市场内部功能分散，交通组织混乱。邵东工业品市场二期的四栋市场经营大楼，除一层临街店铺还在营业外，其他楼层几乎处于空置状态。而一层店铺的布局也缺乏合理规划，不同种类的商业业态混合布置，显得十分散乱。相同类别的商业业态没有在空间上形成集聚效应，给前往批发进货的客户增加了额外路程。随着城市批发市场的衰落，邵东工业品市场功能衰退，未发挥出在城市中心区的区位优势，反而导致中心区空间破败、缺乏活力。

2.内部空间压抑，缺乏街道活力

邵东工业品市场建筑空间设计不合理也是导致该市场人口活力差、空置店铺多的原因之一。邵东工业品市场二期由四栋市场经营大楼组成，建筑尺度较大，空间划分过于均匀，缺乏空间体验性。现在，除了一楼临街店铺还能维持经营状态，其他楼层的店铺难以吸引过往游客（图10-3）。此外，市场所在片区的内部街道空间

(a)　　　　　　　　　　　(b)　　　　　　　　　　　(c)

图10-3　邵东工业品市场的空置情况

---

① 邵东市人民政府. 邵东稳步推进工业品市场改造工作 [EB/OL]．（2019-08-14）[2024-06-20].https://www.shaodong.gov.cn/shaodong/ldhd/201908/6566fd293f4b452986d4335715102530.shtml.

品质并不宜人，许多店铺将商品放置在道路上售卖，侵占了本就狭窄的通行道路。人、非机动车和机动车的行动空间相互交织，使得市场内部环境更加混乱。

3. 商业业态单一，竞争优势减少

邵东工业品市场还存在商业业态较为单一的问题，原来的批发市场已不能满足消费者的需求。随着批发市场的衰落，消费者从来自全国各地的商贩转变为邵东本地居民。邵东工业品市场若要振兴，还需要丰富业态，与周边商业形成差距，吸引不同消费群体，同时提升商业空间品质，通过优化环境和提升服务为邵东工业品市场注入新的活力。

本节分析和探讨的是邵东工业品市场二期四栋市场经营大楼的复兴设计。这四栋大楼位于城市繁华地区，周边主要业态为商业。这四栋大楼首层临街店铺仍维持着经营状态，但第二、三层的店铺几乎全都关闭，只有寥寥几家尚在营业（图10-3）。同时，由于店铺类型分布散乱，邵东工业品市场没有明显的功能分区。基于邵东以市场为中心进行城市建设的历史原因，市场周边城市道路较窄，市场以北衡宝路宽度为16 m，市场内部道路邵东大道仅有9 m宽，内部小路宽度为3 m。由于内部道路狭窄，来往车辆较多且存在乱停乱放的现象，市场内部交通混乱，同时人车混行也使得市场内部交通组织更加混乱。基于此，本节选取其作为邵东市中心区的复兴案例，思考如何通过设计激发其活力，与缤纷环球城共同形成老城区商业新热点，将邵东工业品市场更新改造为老城区休闲购物区，通过改善商业环境提升老城区活力。

10.3.2 策略指引

邵东工业品市场商业衰退使得城市中心区收缩。借鉴扬斯敦、底特律等收缩城市改造商业中心区的思路[33, 278]，结合地方政府政策，并依据国土空间规划，中心区收缩的区域一般需要通过改善公共环境、吸引投资、提供更多就业岗位等方式来恢复城市的活力。邵东工业品市场的衰落与整体商业环境质量有着紧密的联系，商业空间混乱导致了邵东工业品市场缺乏商业吸引力。

在国土空间规划背景下，优化城市功能结构要求收缩的中心区恢复以往的活力；在详细规划层面，可通过城市设计、城市更新手段优化城市空间结构，提升整体品质，注入新的商业活力，与周边空间进行有效互动，提供开放空间，扩大场地的功能辐射范围，激活城市中心区。基于邵东工业品市场良好的地理位置，以发挥空间最大的使用价值为改造更新的目标，可通过提升地区竞争力和吸引力来引导资金流入，通过复合场地功能打造具有活力的多元场所。邵东工业品市场位于商业繁华地带，周边交通流量大，路网密度大，有一定的后续发展动力。

10.3.3 邵东工业品市场的复兴设计

以以上策略为导向，本节提出邵东工业品市场基于空间活力复兴的调整策略（图10-4）。

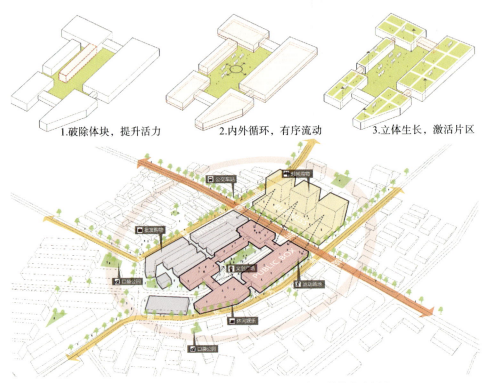

图 10-4 邵东工业品市场基于空间活力复兴的调整策略示意图

1. 破除体块，提升活力

改造地块内各建筑之间的空间尺度，拆除部分建筑提供开敞空间，使用连廊连通建筑内部空间和外部空间。

（1）分隔空间，提升活力。场地周边建筑密度较高，街道尺度较小，将四栋建筑进行分割，拆除部分建筑，留出开放空间，改变城市空间尺度的趋同性，通过不同空间尺度的转换为体验者提供多样性空间感受。根据创意产业不同的需求提供不同规模的空间，多样化的空间能更好地吸引商家入驻，有助于提升市场商业活力。

（2）衔接空间，有序互动。原有空间之间联系较弱，空间活力丧失，可保留部分建筑之间的连廊并加以改造升级，通过提升连廊的景观性，更好地连通各个空间，保证场地内建筑的整体性。

2.内外循环，有序流动

组织交通，引导人流在市场内部循环流动，避免人们集聚在某一空间，加强各空间之间的人流互动。提升街道景观，营造舒适的休闲购物环境。

（1）组织交通，有序流动。市场周边交通流量较大，为了解决交通堵塞和车辆乱停乱放的问题，规划路边停车位和人行通道，在满足车行和人行需求的同时，提供静态交通空间，避免出现交通拥堵的情况。采用人车分流的方式引导场地内部交通，与周围交通实现更好的衔接。

（2）提升景观，整治环境。将街道改造成适宜步行的空间，提升街道景观（图10-5）。优化商业环境，提升空间品质，改变以往脏乱差的现象，为消费者提供宜人的购物空间，为商业入驻者提供良好的商业环境。建筑内部空间尺度适宜，在有效使用空间的同时要兼顾美观性，营造舒适的休闲购物环境。

3.立体生长，激活片区

增加多样功能提升场地吸引力，与市场北部的商业综合体形成区域吸引力，将老城区激活成为邵东市商业休闲购物区。

（1）业态升级，合理布局。首先，将原来经营的店铺进行同类整合形成办公类、服饰类、五金类和百货类四大类店铺，并合并布置在四栋建筑的首层，保留首层店铺作为原有批发市场场地。更重要的是，邵东工业品市场应该围绕本地消费者的核心需求，以打造老城区休闲购物区为目的，通过商业业态升级丰富场地内的消费活动，同时，与市场以北的商业综合体形成差异。引入创意产业（咖啡店、手工坊）满足年轻消费者的需求，将建筑顶层打造成为半开放空间，为周围居民提供环境优美、闹中取静的公共空间。提升商业服务品质，吸引消费者停留（图10-6）。

图10-5　街道改造示意图

图10-6　多元功能空间示意图

(2) 功能复合，激活片区。考虑到市场处于城市老城区的中心地带，为吸引更多的人群，设置4个不同的开放空间：适宜年轻人活动的运动休闲场所、适宜儿童玩乐的亲子活动场所、适宜老年人闲聊活动的场所和提供给所有居民的绿地空间。以公共服务吸引群众前往，带动第二、三层店铺的人口活力和经济活力。原本的批发市场转型为集休闲、购物和娱乐于一体的多功能场所，增加人们的体验感。

10.4 小　　结

从总体规划层面和详细规划层面，本章分别选取冷水江市和邵东市作为研究案例，通过资料搜集、实地调研和座谈访问等方式对现状进行了解分析，梳理总结出两个案例地区的收缩现状及发展困境，并分别尝试探索出相应的收缩应对策略。在总体规划层面，对冷水江市中心城区的城镇开发边界进行收缩调整，提出将组团中分散的用地减量调整作为城市弹性发展空间，实现城市"紧+缩"的空间发展格局；在详细规划层面，对邵东工业品市场空置用地进行空间改造，为周边地区提供休闲购物场所，以城市设计和城市更新手法，通过功能复合和街道景观升级推动收缩的中心区实现复兴。

基于断面模型的收缩城市空间形态管控与调整:以冷水江市为例

收缩城市发展过程中出现的人口减少、经济衰退问题，最终都将对城市空间形态产生影响。收缩城市治理工作很大一部分是空间治理工作，特别是对于规划专业来说，空间形态管控和调整是收缩应对的重要技术手段。

湖南省冷水江市因矿而兴，因矿而衰，是典型的资源枯竭型收缩城市，在采矿业和重工业高速增长时期，城市空间积累了很多痼疾：①公共空间和绿地公园严重不足，老城区拥挤混乱；②多个年代的房屋混杂，城中村较多；③城市开发见缝插针，建筑高度、密度管控失据；④必要的公共服务配套缺乏，难以保障居民基本生活品质。冷水江市进入资源枯竭阶段以后，城市又开始面临经济震荡、人口流失、生态破坏和空间形态混乱等多重困境。虽然，政府一直致力于通过一系列绿色转型来突破发展困境，利用各种规划手段来改善城市环境和生活质量，也取得了一定的成效，但是，冷水江城市总体面貌仍然不佳，空间环境和城市形态仍然处于混乱状态。

随着城市双修、存量规划和空间增长边界等规划理念的出现，基于生态可持续性发展的绿色转型理念，以精明增长和精明收缩思想为指导，对存量土地的城市更新等新意识已然觉醒。但是，如果需要在收缩城市实现空间形态管理与城市风貌提升，现有的规划手段在城市空间形态管控方面做得还远远不够。本书在第6章中提出的"形态管控：断面模型与精明收缩的耦合框架"，是一种能有效帮助突破城市收缩阶段的城市形态发展困境的新方法。本章对冷水江市市区进行实证调研与分析，旨在充分了解其收缩现状下空间形态上存在的问题和面临的困境，并尝试将第6章所述的形态管控技术路径应用于冷水江市的收缩规划与空间治理中。

11.1　收缩城市的空间形态困境解析

人口收缩、资源枯竭使冷水江市陷入城市复兴与产业转型的双重困境[346]，冷水江市面对的空间形态困境主要体现为：形态与功能要素配置错位、土地与房屋的空置和废弃。

11.1.1　形态与功能要素配置错位

冷水江市是先有矿后建城，因此也一直有矿区和城区之分。但是不管是矿区还是城区，居住用地与工业用地总是相互交织。由于长期进行自组织开发建设，冷水江市的生产与生活空间总是相互杂糅、相互干扰。

在冷水江市的矿区，随着工矿企业的快速发展和持续扩张，为了满足在此工作的工人的日常生活需要，开始围绕厂区建设居住区和相关服务设施及生活配套。虽然，矿区在鼎盛时期呈现一片繁华景象，但是，矿区的空气污染和水污染对居民的生活影响很大。在矿产丰富、收入增加的时期，环境与人的冲突和矛盾容易被忽视。但是，随着有限的矿产资源被开采殆尽，这些完全依赖自然资源的工矿企业面临破产与转型，同时，长时期的工矿开采导致的矿区土质破坏等生态环境问题在此时达到了爆发点。一方面，资源枯竭直接影响到完全依赖厂区生存的当地工人的生计，导致工人失业、收入下降；另一方面，长年污染使得人与环境的矛盾达到了顶峰。衰败的厂区、夕阳的产业、微薄的收入、混乱的矿区、污染的环境、恶化的健康，多种因素叠加影响下的矿区空间破败不堪，社会矛盾突出。

冷水江城区依资江河畔而建，距离北面矿区12 km左右。城区曾经是矿区原料和产品的水运码头，在交通不发达时期起到了非常关键的货物运输作用。城因矿而兴，随着人口和经济要素的集聚，城区的城市生活功能逐渐突显，城区成为这个工矿业城市的贸易中心、信息中心和物资运输中心。城区虽然以生活为主要职能，但是在发展的过程中，一些工业厂区（如冷水江钢铁总厂、湖南资江煤业集团有限公司等）也随之布局在城区内或周边。穿插在城区的工业厂房无疑给城市生活环境带来了负面影响。与矿区一样，城区的厂房与居住建筑形态、生产和生活空间、工业与居住用地等形态与功能要素的配置错位，造成城市形态混乱、空间结构松散，一直制约着冷水江市的高品质发展。

11.1.2　土地与房屋的空置和废弃

环境污染是导致冷水江市土地与房屋空置、废弃的主要原因[347]。长期以来，冷水江市通过开采矿产资源来带动经济快速发展，忽略了环境的保护。掠夺式矿产开发造成了市域内多个地方的土壤、水体和空气严重污染，土地塌陷灾害频发，农耕用地安全也受到了一定的影响。生态环境和人居环境都受到严重威胁，城区和矿区的大量住宅、公共服务设施、基础设施也因此被迫废弃。此外，由于资源枯竭、规划管理控制、企业经营不善等，许多工矿企业相继倒闭，闲置的旧工业厂房也日趋增加。并且，随着城镇化进程的加快，许多村民搬到了城市居住，出现"空心村"现象，乡村土地和房屋空置问题也愈发突显。同时，冷水江城市建设用地增加速度明显快于实际人口数量的增长速度，土地和人口的供需失调，导致部分建设好的新区人气较低或基本处于空置状态。城区内低效用地问题突出、用地浪费问题严重，加剧了用地供需矛盾，也导致了城乡空间的混乱无序，降低了城市吸引力和社区认同感。

11.2 断面模型序列的构建

本书第6章提到了断面模型（图6-1），这一理念的创新之处在于：把城市-乡村的形态演化切分成6个生态区和1个特殊功能区。城市形态管控原则就可以相应阐述为，空间形态需要按照人地关系在生态区之间渐进、平滑地过渡，避免各种空间要素在不同生态区中任意组合，而最终导致风貌混乱和特色缺失。现有文献中的断面模型的生态区都基于西方国家的城乡建成环境分类绘制。因此，本章希望基于调研和考察，建立符合冷水江城乡空间发展特征的断面模型序列。并且，基于这样的断面模型，形态管控政策需要保证在城市收缩发展过程中，冷水江的空间形态要素在各个生态区之间进行合理分配和平滑过渡。

11.2.1 构建思路与方法

断面模型为新的分区系统提供了基础，通过从乡村到城市的共同连续体创建一种复杂的、相互关联的自然和人类环境。这种基于断面的分区系统有许多益处。一方面，它可以消除专家和设计者的自我参照标准来划分城市-乡村空间。另一方面，每一个断面分区都将是一个沉浸式环境，在该环境中所有组成元素相互加强以创建并强化特定的环境类型[348]。断面的形态分区在本质上是基于类型学思想实现的，一方面可以建立有序且多样化的城市肌理，另一方面可以实现对物质空间要素的组织与调配。

断面模型不存在固定的分区[267, 270, 348]，它需要依据不同地方或城市的具体特征进行变化和拓展。例如，加利福尼亚州格拉斯瓦利（Grass Valley）对T3区进行再细分以适应现有历史性社区的发展[349]；佛罗里达州迈阿密将各生态区再分解成若干子集以制定符合自身特征的迈阿密21准则（Miami 21 Code）[350]。因此，建立冷水江市的断面模型序列需要对当地城市-乡村的各种空间要素形态进行大量的研究，这样选取出来的形态类型才能与地域特征相关联。为了塑造具有地域性特征和场所记忆的空间形态，在创建方式上，本章基于类型学和沉浸式环境关系，参考美国格拉斯瓦利、迈阿密等相关断面形态分区的经验，并借鉴徐进勇等[351]、戚冬瑾等[352]等国内学者的断面分区与规划实践，设计了一套符合本研究目的的断面模型序列构建流程图（图11-1）。

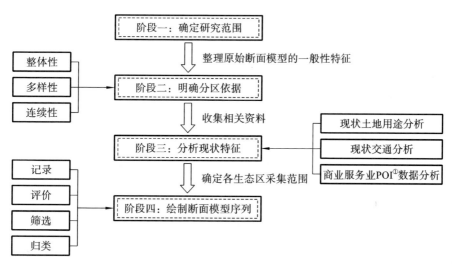

图 11-1 断面模型序列构建流程图

1.阶段一：确定研究范围

由于市域范围太大，为了提高生态区采样效率，笔者会根据实际情况相应缩

---

① POI：point of interest，兴趣点。

小范围，同时，保证采集到的断面序列是完整的。根据冷水江市的历史空间发展历程，以及未来的空间规划发展方向，研究将能够代表冷水江地方特征且形态发展较为完整的冷水江新、老城区及其周边乡村和自然地区（包括冷水江街道、布溪街道和沙塘湾街道的部分地区）作为绘制断面模型序列时的研究范围。

2.阶段二：明确分区依据

虽然是建立符合冷水江市地方形态特征的断面模型序列，但是其分区原则、分区依据仍需遵循美国断面模型的一般性特征，这是建立地方断面模型序列的基础和前提。分区依据会贯穿整个过程，以辅助最终选取和划分各生态区。

3.阶段三：分析现状特征

根据现状调研情况与相关资料，进行现状土地用途分析、现状交通分析和商业服务业POI数据分析等，并依据断面原始模型的空间要素分布特征确定各生态区的分布范围。分析现状特征有助于更清晰地了解城镇、郊区、乡村和自然空间之间的整体结构关系，为不同生态区的形态肌理选取和分区提供参考。

4.阶段四：绘制断面模型序列

基于各生态区范围，采集、记录并整理冷水江市的现状形态肌理。首选形态管控较好且具代表性的实体形态，将其归类到相应的生态区中（根据现状还可能再细分各生态区，或取消某些生态区）。并且，用图像化、易懂的表现方式来规定公共空间标准、建筑形态和相应用途的优先设计类型，从而创建基于冷水江现状的理想断面模型序列图，绘制反映当地内在特征的典型形态分区。

11.2.2 冷水江市断面模型序列绘制

首先，通过调研和实地考察，笔者考虑并满足原始断面模型的整体性、多样性和连续性等[348]一般性特征，以300 m×300 m为基本尺寸对冷水江市的各生态区进行形态采集，并在地图上进行定位与标记。其次，根据标记对相应地区进行实地踏勘，同时借助冷水江市的航拍影像、卫星影像，记录并整理已采集好的生态区现状形态特征，接着对各生态区的形态肌理进行线性切割、测量和评估，筛选出形态管控良好的典型样式。最后，对筛选出来的生态区进行形态分类。根据冷水江市的现状特征，笔者从卫星影像上总共划分出8个生态区（图11-2）。这8个生态区分别为

T1（自然地区）、T2-a（乡野地区）、T2-b（村落组群）、T3（郊区）、T4（一般城区）、T5-a（城市滨河区）、T5-b（城市传统街区）、T6（城市核心区）。需要说明的是，SD（特殊功能区）与各生态区之间是用道路、围墙或绿化带等隔离开来的，并不能实现它与生态区之间的平滑过渡。因此，在建立冷水江市断面模型序列时不对其做详细的采样和形态标准分析。

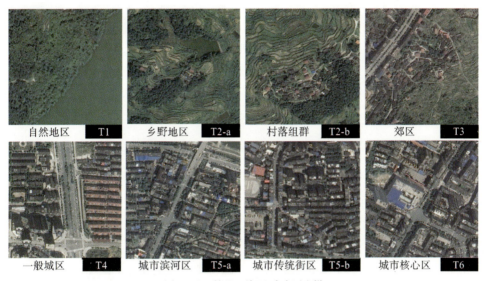

图 11-2　从 T1 到 T6 生态区取样

（资料来源：卫星影像图）

在生态区采集、记录、评价、筛选并归类的整个过程中，其取样的方式与基本尺寸的确定、借助的参考和分析工具等都是有目的性的。例如，采集生态区的基本尺寸是以300 m×300 m为标准，其依据在于两个方面：①可以保证选取出来的生态区尺度一致，更利于进行街道、建筑、景观等尺度的测量和比对，从而更易于发现各生态区之间的形态演变关系；②考虑到冷水江市属于中小型城市，所以采用满足居民基本生活需求的社区5分钟生活圈的步行半径作为采集生态区的边长。此外，借助各种航拍影像资料，可以了解到研究区域内一些典型建筑的形态、高度及区位关系（图11-3），以及城乡空间与山水自然景观的空间关系。借助卫星影像图和百度地图等平面参考工具，可以进一步了解街道尺度、临街面关系、市民空间类型、建筑尺度与建筑规模等。这些工具可以弥补现场实地踏勘缺失的数据，有助于从宏观

图 11-3 典型建筑的形态、高度及区位关系

（资料来源：航拍影像图）

二维、三维视角更充分地了解冷水江市的空间结构关系。

对选取出来的具体形态样式（包括平面肌理图、卫星影像图、三维轴测图、照片等丰富的图形）进行归纳与总结，得到各生态区的空间要素特征，并以剖面图和平面图的形式进行分类和排列表达，从而绘制出冷水江市的断面模型序列图（图11-4）。

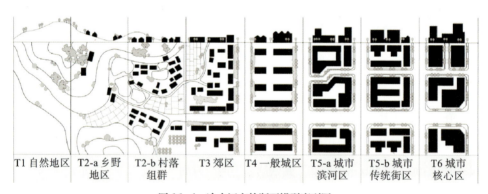

图 11-4 冷水江市的断面模型序列图

11.2.3 相关标准的确定

笔者还需要对冷水江市城乡断面序列的每一个形态分区进行两种标准（各生态区形态标准、各分区土地用途标准）的确定与描述。

1. 形态标准

笔者对各生态区的形态标准进行分析（表11-1），既包括对各生态区基本特征的分析，还包括对建筑类型、建筑布局、典型建筑高度、临街面类型、街道特征和市民空间类型等空间要素的确定，以初步实现空间要素的合理分配。其中，街道特征（车行道、人行道、行道树等）与市民空间类型（包括公园、绿化区、广场、集市、散步道、袖珍公园、游乐场和运动场等）属于公共空间标准，它们是空间要素的核心组成部分，深刻影响着城市公共场所的质量。

表 11-1 冷水江市各生态区的基本特征与形态标准

生态区类型	基本特征	形态标准
T1 自然地区	属于无人工建设行为的纯自然或荒野地区，也包括因地形、水文或其他因素导致不适宜居住的地区	建筑类型：无 建筑布局：无 典型建筑高度：无 临街面类型：无 街道特征：无 市民空间类型：生态公园
T2-a 乡野地区	大量开敞的梯田、稀疏的村民住房与自然山水紧密相连，村民主要从事传统农牧业	建筑类型：独栋住宅，一般为木制房、坡屋顶结构 建筑布局：由于地形和交通等条件限制，住宅松散布置 典型建筑高度：1～2层的低层房屋 临街面类型：无 街道特征：土质路面，其宽度适合骑摩托车或步行 市民空间类型：生态公园、绿地
T2-b 村落组群	乡村住房呈组团式布局，土地包括林地、耕地、设施农用地、园地和人工沟渠等用地，部分村民开始从事农牧业以外的行业，如手工业	建筑类型：以独栋住宅为主，沿村道会有一部分联排住宅，一般为木制房、砖瓦房 建筑布局：组群式布局，注重山水格局、风水塘等布局关系 典型建筑高度：1～4层的传统村民自建房 临街面类型：围栏、围墙、植被 街道特征：以水泥路面为主，道路依地形地势而不规则 市民空间类型：村巷或宗祠等集会场所

续表

生态区类型	基本特征	形态标准
T3 郊区	沿街有一到两排布置较为整齐的住宅，一般第一层到第二层为生活服务功能；街道后面是零散的乡村住房，还有部分农田用地和零星绿地	建筑类型：联排房屋，为砖瓦房、平屋顶结构 建筑布局：沿街布局，正面与侧面有较大的退距 典型建筑高度：高度不等，沿街建筑4～7层，其他1～4层 临街面类型：建筑前坪、门廊、植被 街道特征：以车行交通为主的环城道路或联系城市内外的道路，间或伴有人行道和少量行道树 市民空间类型：公园、绿地
T4 一般城区	以住宅用途为主，沿街一层门店或者街道转角处建筑通常为混合用途；符合传统居住区规范，有门禁、较大的退距等，景观类型丰富	建筑类型：单元式多层安置房、小高层住宅 建筑布局：行列式、组团式或点式布局 典型建筑高度：主要为7层的多层住宅、8～12层的小高层住宅 临街面类型：围墙、植被、转角处一般设临街店面 街道特征：住区外部是交通性干道或城市次干道、支路，并有路缘石、人行道；内部人车混行或人车分行 市民空间类型：公园、小区散步道、游乐场和绿化
T5-a 城市滨河区	多为新建住宅、公寓、商业和商住混合区，且居住区规模要比一般城市地区小；考虑滨水立面关系，居住区主要为点式高层建筑，有连续的行道树、人行道	建筑类型：沿街联排商住混合建筑，单元式和点式高层建筑，为平屋顶结构 建筑布局：街边呈围合式建筑组团布局，居住建筑以单元式为主，公寓类型建筑以点式为主 典型建筑高度：街角和滨水面以高层为主，其他主要为多层或小高层 临街面类型：花池、店铺门面、店前坪地、拱廊 街道特征：主街位于生活性主干道上，街区尺度较小，较小的路缘石半径，且有完整的人行道 市民空间类型：社区公园、滨水公园、滨水广场
T5-b 城市传统街区	以线性街道为主，有宽敞、连续的步行街道，建筑立面紧密相连；街区内部有传统保留下来的呈行列式布局的坡屋顶住宅和部分已更新的高层住宅	建筑类型：建筑尺度较小，建筑形态相对传统老旧 建筑布局：连续的建筑界面，布局非常紧密，建筑密度高 典型建筑高度：临街建筑为7～9层，街区内部住宅高度不等 临街面类型：店铺门面、拱廊 街道特征：连续的线性步行街道、行道树，街道和街区尺度较小，有街巷，紧邻城市核心区 市民空间类型：街区活动场地、集市、更新地块绿化

续表

生态区类型	基本特征	形态标准
T6 城市核心区	属于高密度、混合用途的地区，一般拥有服务于整个城市的商业和商务中心，具有最低的自然特性、最高的城市社会特征	建筑类型：现代塔楼或地标性建筑、占地面积大的统间式建筑 建筑布局：退线较少或没有退距，抑或是在大型建筑退线位置建设大型广场、景观构筑物等，酒店、办公楼、公寓、住宅呈点式布局 典型建筑高度：9层以上，交叉口处基本为高层 临街面类型：商场主入口、店铺门面、拱廊 街道特征：主街位于生活性主干道上，街区尺度最小，有街巷 市民空间类型：小广场、主广场

冷水江市的断面模型序列整体形态表现为：从T1至T6，建筑类型渐次多样化，建筑布局渐次规整，建筑密度、建筑高度和建筑尺度渐次增大，临街面类型渐次丰富，街道尺度渐次变小，公园绿地渐次转变为硬质广场。该断面模型序列基本符合原始断面模型的一般性特征，同时也突显了冷水江市独特的城乡空间形态。

2. 用途标准

如表11-2所示，笔者列出了一些常见的土地用途类别（农业用途、住宅用途、商业用途、机构用途、工业用途和开放空间用途），并较为详细地描述了各土地用途类别在不同分区内的分布情况，以更好地了解土地用途与各形态分区之间的关系。因为考虑到对相关特殊用途（如机构用途和工业用途）标准的分析，所以将特殊功能区也纳入考虑范围。从表11-2可以发现，小学、创意产业、新型轻工业等一些特殊用途也可能在T1到T6区出现。

表 11-2　冷水江市各生态区的用途标准

用途分区		T1	T2-a	T2-b	T3	T4	T5-a	T5-b	T6	SD
农业用途	耕地	◐	●	●						
	园地		●	●						◐
	林地	●								
	畜牧/水产养殖业	◐								◐
	休闲农业	◐	●	●	●					

续表

用途分区		T1	T2-a	T2-b	T3	T4	T5-a	T5-b	T6	SD
住宅用途	独栋底层住宅	●	●	●	◐					
	联排式住宅			◐	●	●	●	●	●	
	单元式住宅					●	●	●	●	
	点式高层住宅					◐	●	●	●	
	公寓					○	●	●	●	
	混合住宅用途				◐	○	●	●	●	
商业用途	小卖部/小超市			◐	●	●	●	●	●	◐
	大型超市/商场					○	○		○	
	酒店/住宿						●	●	●	◐
	餐饮					●	●	●	●	◐
	金融办公						●	●		
	休闲娱乐		◐	◐		◐	●	●	●	
	生活服务			◐	●	●	●	●	●	◐
	混合使用					○	●	●	●	
机构用途	小学				●	●	●	●		●
	中学				◐	◐			◐	
	职业学校									●
	政府/行政办公						◐	◐	●	◐
	医疗卫生				◐	◐	●	●	●	●
	社会福利机构				●					●
工业用途	创意产业				◐	◐		●	●	●
	仓储					○				●
	新型轻工业					○			◐	●
	传统重工业									●

续表

用途分区		T1	T2-a	T2-b	T3	T4	T5-a	T5-b	T6	SD
开放空间用途	游乐场					●	◐		◐	
	社区公园					●	●	◐		
	街心花园					◐			●	
	森林公园	●	●	●	●					
	广场						○		◐	
	文化/体育场馆				◐				◐	●

注：● 表示许可用途；◐ 表示有条件允许的用途（需审批）；○ 表示仅限街区转角地段的用途。

11.3 多空间尺度下的形态管控策略

冷水江市断面模型序列的建立和相关标准的确定，为多空间尺度下的形态管控工作奠定了基础。多空间尺度下的形态管控应使形态衰败的收缩地区既能在区域层面实现系统化的形态指引，又能在局部地区进行差异化的形态管控。

11.3.1 区域层面：系统化的形态指引

冷水江市未来的愿景是建设成为"山水生态宜居城市"，并建立资源节约型和环境友好型的"两型"发展机制，注重空间增长边界的划定，建设城乡一体化的全面发展格局，促进新型工业化转型，并积极发展现代农业，实现由"生产型城市"向"家园城市"的转变。针对目前冷水江市形态与功能要素配置错位、土地与房屋的空置和废弃等形态问题，可以从区域层面总结出几项指导性的设计建议。

（1）形态与功能要素配置错位主要是指传统生产空间与生活空间布局混乱，二者呈现居住-工业-居住-工业的空间格局，居民生活品质下降，城乡系统结构混乱且不完整。以往的规划手段主要是通过建立绿化缓冲带来解决传统工业、企业对城市生活空间的负面影响，但这样解决不了城乡整体性、连续性的空间发展关系。因此，基于断面模型的形态管控所采取的指导性方法是将零星穿插在生活区中的传统污染工业（如电石厂、化工厂、水泥厂、玻璃厂、耐火材料厂等）搬迁或退出，同时进行生态修复，将土地回收并作为绿色空间储存，以备未来城市规划与发展使用。将搬迁后的工业迁入各工业园区内进行统一管理，并调整传统带有污染的产业，通过产业转型推进高新科技应用和节能改造升级，积极发展新型轻工业或创意产业，整体实现从T1区到T6区的有序城乡发展格局，让生产、生活、生态三者协同发展。

（2）土地与房屋的空置和废弃主要是受到工业污染、人口收缩的影响。精明收缩主张精减城市规模，在节点处实现主要发展，并容许部分低效资源整合退出。对冷水江市现状进行分析可知，老城区和布溪街道城区目前整体处于发展当中，只有局部地区出现收缩和形态衰败。针对这些局部收缩地区，基于断面模型的形态管控指导建议是对空间要素进行优化重组，激发该地区的活力，通过城市修补实现局部地区的再利用、再开发。新城区是政府刚开发的地区，其远景设想是将该地区作为城市的主中心，成为市级综合性的服务业密集区和生态居住聚集地。但目前许多房屋都处于空置状态，人口还主要集中在老城区和布溪街道城区，因此新城区不能盲目根据总体规划、详细规划的容积率、建筑密度等相关指标进行建设，应结合实际人口数量和人口住房需求进行规划和建设，避免"空城""鬼城"的出现。而对于郊区与乡村的收缩问题，可采用土地与房屋退出机制，直接拆迁并进行土地回收，将其转化为公共开发空间或直接退还给自然地区。

11.3.2　局部地区：差异化的形态管控

局部地区在进行形态管控时，应依托区域层面系统化的发展指引，根据项目所在生态区，确定其在整体城乡空间形态中的特征定位。同时，衰败地区往往具有向邻近地区发展的特点，因此需要清楚邻近地区的形态特征与形态分区，从而帮助项目实现生态区定位。然后查阅相应生态区的形态标准与用途标准，进行具体的、差异化的形态管控技术路径模拟，以有效控制和管理不同地区的物质空间形态。

通过现场调研与资料收集，笔者从研究范围内选取了两处形态管控不合理的典型收缩地区作为具体对象。它们分别位于老城区内的城中村、布溪街道的城郊工业厂房，区位与肌底现状如图11-5所示。

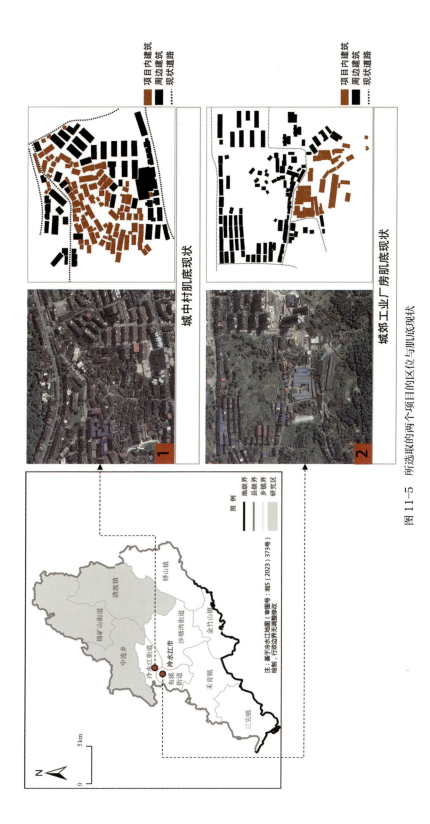

图 11-5 所选取的两个项目的区位与肌底现状

1.城中村的形态管控路径演示

冷水江老城区内城中村的出现其实是城镇化发展过程中的历史遗留问题。这些地区滞后于城市整体发展步伐,游离于城市管理之外,房屋年久失修,居住水平低下且人烟稀少,是冷水江形态衰败的收缩地区。

在进行技术路径模拟之前,需要对周边形态管控良好的地区进行形态类型分析,确定它们所在的生态区,并清楚该项目与周边地区形态之间的关系,从而对应到相应的生态区,明确项目所应采取的具体形态管控方法及管控标准。因此,笔者画出了穿越该地区的东西向和南北向轴线,分别对这两条轴线进行断面模型序列分析(图11-6)。东西向断面模型序列的分析范围西起江北路,东至锑都中路,从西向东呈现"T3—T4—项目—T4—T5-a"的连续关系;南北向断面模型序列北起红日公园,南至资江,整体呈现"T3—T3—项目—T4—T5-a"的连续关系。通过连续的形态分析可以发现,该项目是在从T3向T4发展的过程中停滞了。

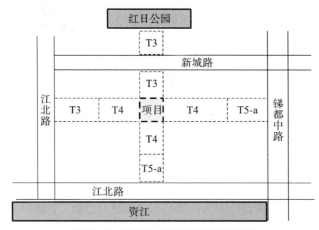

图 11-6　城中村与周边地区形态的关系

根据区域层面的形态指引,该地区应继续向T4区进行转换,通过更新手段实现对项目存量土地的再利用和再开发,以及空间结构的再布局。主要采用对部分低效用地资源进行整合退出和对空间资源进行优化重组的方式来帮助改善该地区的形态风貌(图11-7),具体思路与步骤如下:首先,对项目内的现状建筑进行分析、评价,确定质量较差且空置的房屋,将其拆除,实现部分低效用地资源的整合退出;

其次，根据冷水江城乡断面模型序列中T4的基本特征及相应的形态标准和用途标准，在具有优先发展潜力的位置进行再布局，新建建筑应以住宅用途为主，沿街一到两层可为混合用途，同时需要对保留的建筑进行修缮与形态改造，实现空间资源的优化重组；最后，对预留出来的空地进行优化，如增加小区绿地、建设社区公园等开敞性空间，以增加居民的舒适度，最终完成基于场地特征的形态管控。值得注意的是，如果该项目形态管控良好，对于远期发展来说可考虑正向演变的可能性，而这些临时性或永久性开敞空间是为未来发展提供的弹性发展空间。

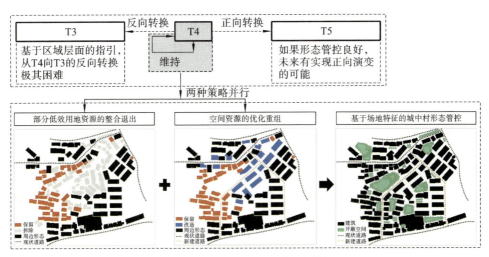

图11-7　城中村的形态管控路径模拟

2.城郊工业厂房的形态管控路径演示

冷水江市是依赖工业迅速兴起的城市，由于历史原因，该市形成了错综复杂的城市格局，各种传统污染型工业企业穿插在生活区域内，导致城市环境污染严重，严重影响了市民的生活质量。《冷水江市城市总体规划（2011—2030年）》提出将传统污染型工业厂房拆除或进行整改。本次选择的城郊工业厂房便是《冷水江市城市总体规划（2011—2030年）》中要求搬迁的项目之一。通过调查发现，该工厂主要从事煤矿采集工作，目前仍在运行中，但是内部的一些厂房建筑普遍破损严重，且排放的废水不符合相应标准，对周边社区居民生活造成了极大影响。同时，根据区域层面的形态指引，该地区需要直接搬迁，并进行生态修复。该项目特殊之处在于它属于特殊功能区，结合形态管控技术路径的运行原则，发现它并不能直接进行生态区之间的平滑过渡与相互转换。所以在这之前，需先将该地区从特殊功能区转型至合理的生态区。

同样，该项目在进行技术路径模拟之前，也需要对其邻近地区形态进行分析和具体生态区定位（图11-8）。穿越该项目的东西向断面模型序列西起资江，东至锑都南路，整体呈现"T3—T2-b—项目—T2-b—T4"的结构关系；南北向断面模型序列南起青山公园，北至青园路沿街，整体呈现"项目—T2-b—T3—T4"的连续关系。由此可以发现，项目周围以T2-b区的形态特征为主，基于断面的连续性特征，该项目向T2或T1区转型的可能性较大。假如转型至T2区，该地区由于形态管控不合理且处于收缩状态，技术路径将指导其向T1区反向演变；当然也可直接转型至T1区。

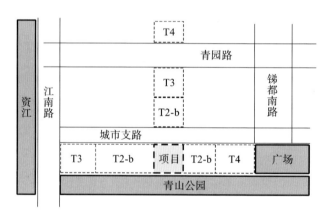

图11-8　城郊工业厂房与邻近地区形态的关系

针对T1区应采取保护优先策略。因此，该项目主要是通过对低效用地资源的整合退出实现生态区的反向转换（图11-9）。其具体采取的方法与步骤如下：首先，对形态衰败的空置建筑进行选择性拆除，实现低效用地资源的整合退出；其次，对退出的用地和被破坏的土地进行生态修复，以缓解和消除煤矿开采对土质的影响，并对保留的建筑进行功能置换与形态改造，如改造成为青山公园的配套服务设施，设计成为公园的次要出入口等；最后，将生态修复后的地区主动转换为自然地区，并与南面青山公园结合，最终实现城郊工业厂房基于场地特征的形态管控。在该项目中，还可以发现项目周围的乡村地区也在面临形态衰败的问题，尤其可以从东西向断面模型序列中看到，T2与T4区出现直接相连的情况，该断面模型序列并不连续。通过现场调研发现，其实邻近项目东面的乡村地区形态已经衰败，房屋也基本处于空置状态，因此，也可以基于技术路径的管控思路，对这些地区进行相应的形态管控，使各区之间能满足连续的平滑过渡关系。

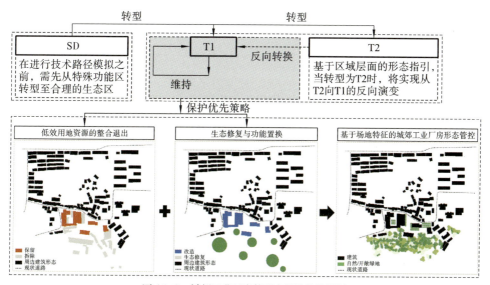

图 11-9　城郊工业厂房的形态管控路径模拟

11.4　小　　结

本章选取湖南省冷水江市作为主要的实证研究对象，通过对当地相关资料的搜集和实地调研，在充分了解该市现状的前提下，基于形态管控基础、管控模式和管控过程，展开了对冷水江市收缩地区的形态管控模拟与演示。本章内容主要分为三个部分。①笔者首先分析了冷水江市收缩现状与形态困境，证明该市符合精明收缩形态管控技术路径的要求，也为后续进行形态管控时，能针对性地解决该市形态衰败问题打下基础。②建立了符合冷水江市当地形态特征的断面模型序列，并制定了相应的形态标准与用途标准，该断面模型序列的建立完成了空间要素的合理分配，其制定的标准是作为后续收缩地区进行形态管控的准则。③进行了多空间尺度下的形态管控技术路径模拟，在区域层面，针对冷水江市形态与功能要素配置错位、土地与房屋的空置和废弃、新建地区特征不明的形态困境，参考城市未来发展目标提出几点指导性的设计建议和设计原则；针对局部地区，选取城中村、城郊工业厂房两处形态管控不合理的典型收缩地区作为实际项目进行研究，依托区域层面的形态指引，以断面模型序列的特征和相关标准作为形态管控的准则，在明确它们与邻近地区的形态关系，以及自身的生态区定位后，决定是否反向转换或维持不变，并依据相应的准则完成管控过程。

冷水江实例的整个技术路径模拟过程其实是对物质空间要素的"具象—抽象—具象"的演变过程。首先发掘当地现状良好的具体形态，再对其进行归类并建立断面模型序列，从而总结出该市的一般性形态特征与序列，以及相应的形态标准与用途标准。当该市某些收缩地区出现风貌衰败和形态混乱现象时，可按生态区的特征与标准完成具体的形态管控，以实现空间要素的合理分配和生态区的平滑过渡。我国许多收缩城市都面临城乡风貌特征消失、城市发展与自然保护相冲突、城市公共空间逐步退化等问题，本书想以冷水江市为代表，证明其技术路径应用于国内收缩城市的可行性，为这些收缩地区提供一种新的形态管控思路。

精明收缩理念下的生态安全格局修复：以锡矿山街道为例

收缩城市的空间治理，有些情况下需要基于形态研究（如第11章），有些情况下则需要基于科学的数据分析，以生态安全格局构建的思路展开。冷水江城区可以通过断面模型来进行空间形态改善，但是，冷水江矿区的精明收缩则需要运用完全不同的分析工具来完成。

冷水江矿区锡矿山街道在曾经粗放式挖掘下出现了严重污染，空气质量差、土壤受损、土地荒漠化、植被退化，自然生态斑块的破碎化程度高。同时，随着矿产枯竭，锡矿山街道经济发展乏力、人口外流、城镇空间衰败问题突显，有大量矿区土地闲置和旧有厂房或住房空置。2013年湖南省政府将锡矿山街道纳入重点整治区域，2018年娄底市将锡矿山街道区域环境综合治理作为"一号生态工程"。在生态文明发展理念下，锡矿山街道的矿区环境整治成为湖南省"山水林田湖草沙"生态修复的典型案例之一。

部分学者已经注意到资源型城市的精明收缩与生态安全格局修复之间的密切关联[353]，试图通过分析生态环境效应、生态效率[354]，引导其空间形态结构上的可持续转型。一方面，学者探讨了资源型城市土地利用、经济发展、产业转型与生态的协调关系，基于城市精明增长视角分析生态保护[355]和增长边界[356, 357]、政策对生态保护的目标贡献[358]、城市空间与生态环境的协调关联[359]、环境效应[360]、土地集约利用[361]等问题。另一方面，部分学者基于精明收缩理念探索生态修复路径，主张通过改变土地覆被类型实现绿色功能转换，将地块空置带来的负面问题转变为具有生态、经济和社会价值的正面机遇[362]。其涉及的研究问题涵盖了土地利用与生态系统服务的关系[192]、绿地和社会经济特征对收缩城市生态多样性的影响[363]、生态和社会学权衡[364]、闲置土地与绿色空间[23, 363]以及精明收缩下的空间结构优化[192, 276]等。但是，有关如何运用技术手段解决收缩城市具体空间治理问题（如生态安全格局修复）的研究还有待深入。

基于此，本章将传统生态安全格局修复范式引入收缩城市空间治理工作，以由电流密度计算结果得到的关键生态流路径和障碍点作为分期修复的依据，结合实际土地利用情况制定分区、分期收缩计划，对关键障碍点进行再利用设计并检验修复效果。笔者先将生态安全格局分析和资源型城市空间收缩治理相结合，延续"识别生态源地、构建阻力面、提取廊道、获取关键节点、构建生态网络"的一般范式对锡矿山街道进行生态安全格局分析，识别障碍点以优先退出废弃用地并修复生态安全格局中的关键点；再结合精明收缩理念，依据各级障碍点的空间分布特征制定近期、中期和远期修复目标并确定具体修复内容，实现有序收缩。

12.1 数据来源与研究方法

12.1.1 数据来源

笔者框定锡矿山街道、中连乡、渣渡镇3个行政区作为研究范围（图12-1）。研究范围内，林地占总面积的57%，草地占总面积的9.5%，采矿用地、工业用地、城镇居住用地分别占总面积的1.2%、0.63%、1.2%。本章使用的数据包括：2020年土地利用数据（10 m精度）；由地理空间数据云获取的ASTER GDEM数据（30 m精度）；由中国气象数据共享网获取的气象站点气温和降水数据；由NASA-USGS平

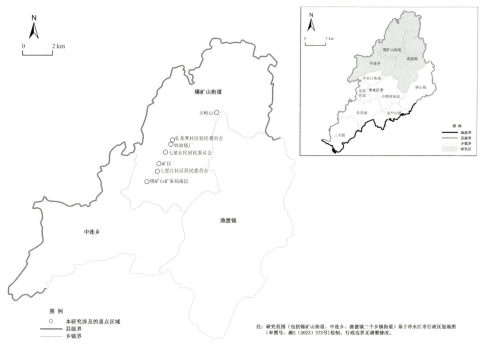

图 12-1　冷水江市锡矿山街道区位

台获取的MODIS蒸散数据、MODIS归一化植被指数（NDVI）产品、MODIS植被净初级生产力（NPP）数据；由OSM获取的道路路网数据；天地图卫星影像和地形图（1∶10000）。

12.1.2 研究方法

在资源型城市中实现生态修复和精明收缩的统一，难点在于整合生态安全格局修复、精明收缩理念及矿区空间规划的多学科思路，采取科学与设计有效结合的空间规划方法，探索"生态分析—政策研究—规划设计"协同工作路径。借鉴卡尔·斯坦尼兹提出的地理设计"四类人、六模型、三循环"[365, 366]①，本章构建了包括"分析问题—确定方法—研究方案"3个往复循环的方法框架，从现状表达、运作机制解析和模拟、现状评价、改变模拟和规划表达、影响评估、决策模拟6个板块展开工作，协同生态学、地理学、地理信息技术、城市管理、公共政策、城乡规划、景观修复、更新改造、建筑设计、本地居民、利益相关者等多类型参与者（图12-2）。

首先，本研究依旧延续"识别生态源地、构建阻力面、提取廊道、获取关键节点、构建生态网络"的一般范式对锡矿山街道进行生态安全格局分析，识别障碍点以优先退出废弃用地并修复生态安全格局中的关键点。其次，本研究将生态安全格局研究结果与现状土地闲置和房屋空置情况叠加，依据各级障碍点的空间分布特征制定近期、中期和远期修复目标并确定具体修复内容。最后，本研究利用精明收缩思维，结合现状土地、建筑物使用情况和地区产业转型进度，基于政策可行性来验证规划设计方案，并及时反馈调整，以确保生态修复方案的合理性，为有序进行生态源地保育、生态廊道修复、城市建设用地退出、潜在山水林田湖草沙的用地功能提升奠定基础。

---

①"四类人、六模型、三循环"框架于2012年提出。"四类人"明确了参与地理设计的相关人员。"六模型"指待解决问题：表达模型从内容、空间和时间上明确研究区域的描述方法；运作模型厘清要素间的结构和功能关系；评价模型评估运作情况；变化模型确定改变的具体实施方式；影响模型预测改变可能导致的结果；决策模型解答应该如何被改变。"三循环"指思维路径：从表达模型到决策模型自上而下顺向循环、从决策模型到表达模型自下而上逆向循环、再次从表达模型到决策模型自上而下顺向循环的"S"形路径。

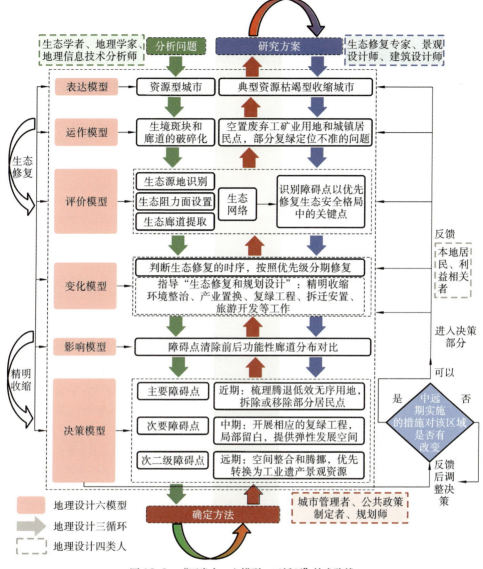

图12-2 "四类人、六模型、三循环"技术路线

1. 生态源地识别

本研究中的生态源地[357]指具有较高生境质量、适宜物种维持与扩散的栖息地，是生态系统服务供给的重要区域。由于锡矿山街道包含大量废弃空置的采矿用地、工业用地、城镇居住用地及其他污染严重的土地，生态环境恶劣，近几年，湖南省自然资源厅、生态环境厅采取了整治矿山、种植固碳林、治理荒废田地、污染水体

和裸露山体等措施，实施山水林田湖草沙系统治理。同时，冷水江市政府近期作出了锡矿山街道绿色转型发展、打造红色旅游与工业旅游的决策[①]。基于以上土地修复、环境治理、未来发展谋划方面的需要，本章选取"固碳释氧、生境质量、栖息地风险评估、气候调节和水敏感"5种生态系统服务，结合土地利用现状对生态源地进行定量评估（具体计算见表12-1、表12-2）。

表12-1　生态系统服务评估方法

服务因子	评估方法/模型	基本原理解释	权重
土地利用现状	提取草地、林地、水体等城市绿色基础设施要素	草地、林地、水体具有较高的生境质量，可以作为基本生态源地；利用ENVI监督分类解译遥感数据并修正，提取草地、林地、水体等城市绿色基础设施要素作为基本生态源地	0.30
固碳释氧	InVEST模型[②] Carbon模块	利用地上、地下、土壤和死有机体中每个碳库的最小碳量之和来表示，碳密度相关参数参考前人研究成果[367]与InVEST模型使用手册确定[③]	0.10
生境质量	InVEST模型 Habitat Quality 模块	以土地利用数据、每一种威胁性对土地利用类型的影响、生境栅格与威胁因子（表12-2，数据所需相关参数参考InVEST模型使用手册，并根据当地情况进行相应调整）之间的距离、每一类生境对每一种威胁因子的敏感性4个因素综合评价维持生物多样性服务[368]	0.20
栖息地风险评估	InVEST模型 Habitat Risk Assessment 模块	通过判断生境暴露于压力源的可能性及其暴露后果，结合暴露程度与响应值去给每个压力源-生境联合体生成一个对应的风险值，量化所有压力源对生境的累积风险，辨别处于风险热点的生境区域	0.15

① 《长征国家文化公园（湖南段）建设保护规划建议》将冷水江纳入了长征国家文化公园（湖南段）建设范围。
② 已有研究大多将InVEST模型应用于宏观尺度，但相关研究一直建议将其用于微观尺度；考虑到模型在微观尺度下的敏感性和不确定性，首先，本章在"固碳释氧"模型中采用精度高且来源可靠的土地利用数据，提高微观尺度下估算碳储存量的精度；其次，在"生境质量"模型中将锡矿山街道、中连乡、渣渡镇3个行政区作为研究范围，拓展纳入分析的景观边界，减少因人工边界划定造成的生境威胁被忽视的情况；最后，"栖息地风险评估"模型各类压力源及其暴露后果的信息的评分没有统一标准，本章参考已有的研究进行评分。基于上述情况，笔者认为将InVEST模型应用在本案例中的误差在可接受范围之内。
③ 斯坦福大学Natural Capital Project的InVEST模型官方网站，网址为https://naturalcapitalproject.stanford.edu/software/invest。

续表

服务因子	评估方法/模型	基本原理解释	权重
气候调节	城市生态智慧管理系统的气候调节模型	以生态系统蒸腾蒸发消耗的能量和植被蒸腾消耗的能量来表征气候调节服务①	0.10
水敏感	城市生态智慧管理系统的日常休憩模型	对主要的河流、公园绿地、果园、茶园、坑塘和沟渠，以行人不同时间下的步行距离分别做缓冲区，结合水敏感模型提取不同等级的水敏感范围①	0.15

表12-2 威胁因子属性表

威胁因子	相对权重	最大影响距离/km	空间衰退类型
草地	0.2	2	线性
林地	0.2	1	线性
城镇建设用地	1.0	10	指数
农村居民点	1.0	8	指数
工矿用地	1.0	10	指数
农业用地	0.8	6	线性
水域	0.2	3	指数
裸地	1.0	10	指数
道路用地	0.8	6	指数

首先，将修正后的土地利用现状图斑重分类，提取林地、草地、水体作为城市绿色基础设施的组成要素，得到研究区的基本生态源地。其次，在基本生态源地上叠加当前固碳释氧、生境质量、栖息地风险评估、气候调节、水敏感等因子层，参考已有的研究[360]以权重0.30、0.10、0.20、0.15、0.10、0.15分别赋值，选取叠加后面积大于0.1 hm²且各类生态系统服务水平位列前30%的斑块作为最终生态源地。

2.生态阻力面设置

研究区的土地覆被状态和人为干扰程度是阻碍生态流运动与传递的主要因素。

---

① 城市生态智慧管理系统（Intelligent Urban Ecosystem Management System），网址为 https://www.iuems.ac.cn/eco/index.html。

参考已有研究[369]，并结合数据的可获得性，本章确定了锡矿山街道不同土地利用类型的阻力系数（表12-3）。其中，使用中的城镇住宅用地、工业用地与采矿用地的景观类型阻力赋值最大；道路切割生态斑块，其景观类型阻力赋值相对较大，因此对公路、城镇村道路、农村道路做多环缓冲区。由于地处山地，坡度与高程对于景观连通性也具有一定影响，利用式（12-1）和式（12-2）确定相应坡度阻力与高程阻力[370]（表12-4）。最后，将各因子叠加到基本电导面上，得到过程电导面和最终电导面。

表 12-3　景观类型阻力赋值

土地利用类型	亚类	阻力值	土地利用类型	亚类	阻力值	土地利用类型	亚类	阻力值
林地	竹林地	1	农业用地	水浇地	30	建设用地	城镇住宅用地	正利用 500
	乔木林地	1		沟渠	50			废弃 300
	灌木林地	3		水田	50		公园与绿地	250
	其他林地	5		旱地	100		设施农用地	350
草地	其他草地	5	建设用地	公用设施用地	300		采矿用地	正利用 500
水体	河流水面	7		商业服务业设施用地				废弃 350
	水库水面	9		科教文卫用地			工业用地	正利用 500
	坑塘水面	10		机关团体新闻出版用地				废弃 350
	养殖坑塘	10		水工建筑用地		未利用地	裸土地	300
农业用地	茶园	15		物流仓储用地			空闲地	250
	果园	15		特殊用地	350	道路用地	公路用地	300
	可调整果园	15		交通服务场站用地			农村道路用地	200
	其他园地	15		农村宅基地	300		城镇村道路用地	200

$$R_{\text{final}} = R_i \times (1+\alpha \times S_i) \qquad (12\text{-}1)$$

$$S_i = h_i/l_i \qquad (12\text{-}2)$$

式中：R_{final}——每个栅格最终的阻力值；

R_i——栅格i的阻力值；

α——控制坡度的阻力值系数，取值为1；

S_i——栅格i的坡度；

h_i——栅格i的高度；

l_i——栅格i的长度。

表12-4 地形坡度阻力和高程阻力赋值

坡度类型	坡度范围/(°)	坡度阻力值	高程范围/m	高程阻力值
平坡	＜5	1	222～300	1
缓坡	5～15	10	300～500	10
斜坡	15～25	30	500～700	30
陡坡	25～35	50	700～900	50
急坡	＞35	100	900～997	100

3. 生态廊道提取

矿山地区各类用地发挥的景观连通性作用不一，通过电路理论模型①可识别区域重要的生态斑块与廊道。利用Circuitscape 4.0软件，本章选用成对计算模式，将所有成对斑块间的电流值合并生成逐像素的累积电流值，以此模拟研究区自然生态景观斑块间的连通性，分析廊道的相对重要性。

4. 障碍点识别与清除

障碍点是物种在生境斑块间运动受到阻碍的区域[371]，面积通常较小，但会严重降低景观连通性，修复后可显著提升生态源地之间的连通性[372]，是应该优先修

---

① 电路理论模型（circuit theory model）将物种个体视为电荷，根据不同景观要素对物种迁移的阻碍程度分别赋予电阻值，将研究区视作导电表面，通过电荷在导电表面的游走模拟生物的迁移路径，由此获得各生态源地之间的电流模拟图，识别生态斑块和生态廊道，确定景观连通性。

复的关键区域。由于资源枯竭矿区的生境斑块和廊道已经破碎化，障碍点识别需要从大区域生态安全格局中观察生态廊道的断裂点，并预想实施生态修复可能显著提升区域生态源地连通性的片区，并以其作为生态修复的优先区[353]，同时，基于精明收缩理念制定具体的障碍点清除方案。首先，阐明障碍点清除后锡矿山街道的功能性廊道分布特征，并基于典型障碍点的"分期收缩"安排提出节点修复再利用优化顺序。其次，依据重要程度来制定精明收缩规划，梳理、腾退废弃工矿用地和城镇居民点，并针对腾退后的土地开展相应的退耕退建还林还草还湿等复绿工程。最后，运用城市更新的设计手法，探讨废弃工矿用地和建筑改造利用的可能方案。

12.2 生态源地识别与阻力面构建

根据土地利用现状评判基本生态源地，结果高值区主要分布于锡矿山街道与渣渡镇连接的地区。该地区岭地林地资源丰富、地势平坦、污染小、距离城市较远，受到城市开发建设活动的影响更小。碳总量高值区多分布于锡矿山街道与渣渡镇连接的边缘地带、东南部和西南部的林地范围。生境质量高值区分布在东南部山区、中部大岭山，低值区分布在人类活动集聚区。锡矿山街道工业用地、采矿用地和其他连片建设用地生境风险大。气候调节高值区位于地势较为平坦的林地、草地。水敏感低值区大多分布在矿区，以还在利用中的工业用地、采矿用地为主。基于生态系统服务水平评估结果，研究区共筛选出生态源地36个，总面积30.48 km^2（图12-3）。如图12-3所示，锡矿山街道由于存在大量废弃采矿用地、工业用地和城镇住宅用地，密集的生产活动和严重的污染对生态空间的干扰程度大，矿区中部形成明显低值洼地，造成了破碎的生态源地分布格局。

基于坡度和高程数据重分类，叠加公路缓冲区和城镇村道路、农村道路缓冲区修正土地利用赋值的基本阻力系数，得到基本电导面、过程电导面和锡矿山街道最终生态阻力面（最终电导面）（图12-3）。高阻力值地区分布于锡矿山街道中部的上述低值洼地，即矿区、锡矿山矿务局南区、中连乡居民点等，主要原因是矿区生态受侵蚀严重、坡度大，众多废弃工业用地、采矿用地生态破碎化明显，且人类活动集中，活动范围大，活动强度和频率高。

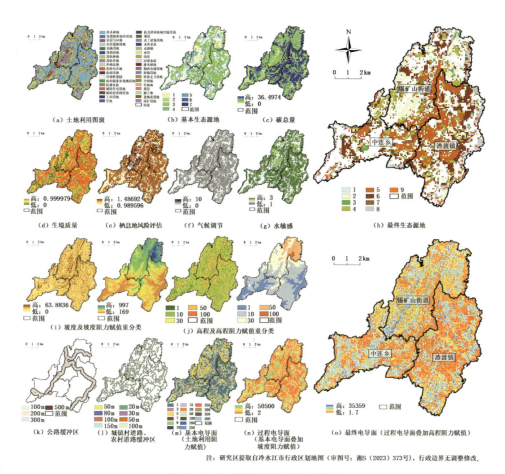

图12-3　生态源地识别与阻力面构建

12.3　生态廊道与障碍点的空间分布特征

基于生态源地与阻力面，利用电路理论模型识别出53条生态廊道（图12-4）。

从生态廊道分布格局来看，连接锡矿山街道东南与渣渡镇西北的大岭山由于林地资源丰富、海拔高、坡度大、采矿用地和工业用地少，形成了纵横交错的密集生态廊道，发挥连通生态源地的通道作用[373]。同时，工业用地、采矿用地和城镇住宅用地电流值低，导致锡矿山街道核心区域缺乏廊道连接，只有两条延伸的潜在生态廊道（图12-4中的廊道11、12），且短而窄。

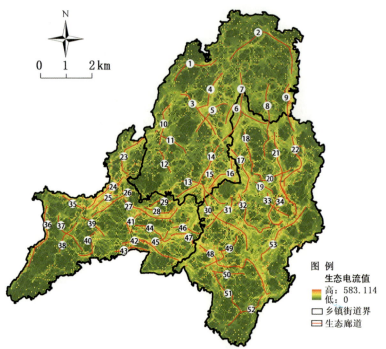

注：研究区提取自冷水江市行政区划地图（审图号：湘S（2023）373号），行政边界无调整修改。

图12-4　生态廊道相对重要性及空间走向

锡矿山街道连通性廊道的断裂点主要分布在a、b、c三处（图12-5、图12-6）。a处的障碍点多是废弃空置的工业用地、采矿用地和城镇住宅用地，面积较广、污染较为严重、生态阻力较大，因而景观连通性有较大的提升空间；b处的障碍点原是部分废弃空置的工业厂房和居民点，对于生境的分割作用明显，修复该类型障碍点对提升连通性作用显著；c处的障碍点多属于次二级障碍点，主要分布在锡矿山矿务局南区及周围，是人口外流导致废弃空置的大面积居民点。

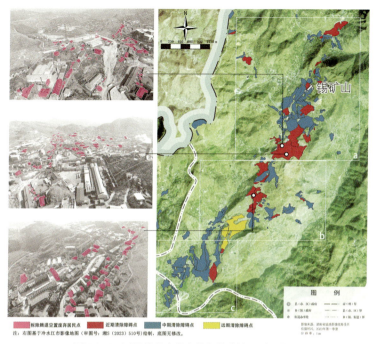

图 12-5　近期障碍点节点修复的土地再利用效果

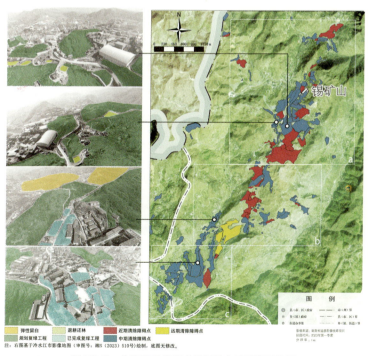

图 12-6　中期障碍点节点修复的土地再利用效果

12　精明收缩理念下的生态安全格局修复：以锡矿山街道为例

12.4 基于精明收缩理念的障碍点分期修复与检验

12.4.1 近期、中期和远期修复路径

锡矿山街道必须在识别障碍点的基础上，考虑功能性廊道的连通性，依据主要障碍点、次要障碍点和次二级障碍点的优先级实施分期收缩，逐渐加强廊道的功能性连接。同时，作为典型的资源枯竭型地区，锡矿山街道障碍点生态修复，必须包含存量和减量规划的政策实施考量，综合运用精明收缩理念进行"有序收缩"和"平滑过渡"[374]，结合优先级进行分期，实现在不同空间的有序收缩。

首先，近期应对位于主要障碍点上的废弃工矿用地和城镇居民点进行梳理、腾退。例如，七星社区居民委员会以东、七里江社区居民委员会以西地区连通性廊道断裂面积较大、污染严重，可根据电流密度优先级，优先拆迁那些流失率较大、产权比较清晰的区域（图12-5）。同时，根据电流值设定不同的开发等级，限制容积率，规定绿地率，通过渐进式退出，主动且有计划地转换成复合型绿色基础设施网络体系，从而实现空间形态有序的逆向收缩。

其次，中期应重点关注次障碍点上的耕地、裸地及近期计划中未关注到的废弃工业用地、采矿用地和城镇居民点。其中，耕地在污染严重的矿山地区生态贡献率极低，中期生态修复过程中可以考虑对低质量耕地实施退耕还林。例如，长龙界社区居民委员会以南、锡矿山矿务局南区西部和南部，面积较广且生境分割明显，可以结合矿山地质环境修复与植被恢复，拓宽中部工矿业地区的生态廊道（图12-6）。同时，在分析结果中电流密度较低的区域可以有选择地建设旅游服务设施。此外，根据国土空间规划要求，中期还应当局部留白，注重生态源地边缘区的管控，提供弹性发展空间，为远期工业遗产景观规划奠定基础。

最后，远期收缩主要考虑次二级障碍点。由于该部分障碍点还是使用中的工矿企业，远期需要结合冷水江市政府建设地质文化镇的规划，谨慎地主动进行局部收缩，提升用地效率。建设用地退出所获得的土地优先转换为工业遗产景观，挖掘锡矿山工业旅游潜能。例如，锌冶炼厂（湖南宜化化工有限责任公司）作为曾经的龙

头企业，其厂房、烟囱和管道作为时代记忆，体现了后工业遗址美学[375]。其在锡矿山的整体旅游规划中有着较大的更新潜力，同时作为承载了几代人采矿记忆的重要生产空间，其在未来可更新改造为集文化展览、娱乐休闲、科普体验等于一体的工业景观公园。未来通过更新设计，可以分区设置科普体验、娱乐休闲、文化展览、儿童探险等主题场馆，结合构筑物、建筑物、展览区等还原采矿冶炼的流程，给游客科普工业生产线文化，还可以利用儿童探险区和景观草坪为游客提供多样化的服务和休憩环境（图12-7）。

图12-7　远期障碍点节点修复的土地再利用效果（示意）

12.4.2 生态廊道恢复情况检验

本章通过对比修复障碍点前后研究区生态电流值来进行生态廊道恢复情况检验，可以发现，清除障碍点前，锡矿山街道最大生态电流值为424.79 A，存在的功能连通性廊道数量较少（图12-8左）；顺利清除障碍点后，锡矿山街道最大生态电流值提升至463.29 A，中部新增3条功能连通性廊道，废弃空置工矿业地区结构性廊道围合的区域内部功能连通性得到改善，形成网状结构（图12-8右）。修复这些障碍点不仅可以为研究区提供多条功能连通性廊道，也可以提升生态系统抵御各种风险的能力。此外，由于考虑了矿区废弃工业用地、采矿用地和城镇居民点梳理和腾退工作要求、人口流失和产权情况，以及冷水江市政府建设地质文化镇的规划要求，本章提出的障碍点的分期修复和精明收缩分期方案与地方发展的政策需求和规划实施具有较高的贴合度。

图 12-8　障碍点清除前后功能性廊道的变化比较

12.5　小　　结

在快速城镇化过程中，对自然资源的无序开发导致区域生态质量不均衡。构建国土空间开发保护格局需要有效维持和修复区域内生态流的正常循环过程，建立生态安全格局，持续推进生态修复，维持生态系统健康。本章以锡矿山街道为例，基于生态系统服务水平评估，通过生态源地识别、生态阻力面设置、生态廊道提取、障碍点识别与清除，将传统生态网络研究范式引入城市生态修复治理工作，提出国土空间生态保护与修复中生态优先区识别的方法与途径。并且，依据优先级实施分期分区收缩，有针对性地消除或弱化生态负面效应，提升生态系统结构连通性与功能完整性，有计划地控制和调整空间要素，主动收缩且谨慎地进行生态修复。本研究希望将生态安全格局分析方法和资源枯竭矿区空间收缩研究相结合，探索符合资源枯竭矿区的具体的分步式生态修复路径。

  本章提出资源枯竭型城市生态安全格局修复中的精明收缩方法，将传统生态安全格局修复研究范式引入收缩城市空间治理，运用生态安全格局的分析技术手段作为精明收缩的空间形态管控的基础，实现科学与设计的有效结合。利用地理设计"四类人、六模型、三循环"框架模型，本章提出融合"生态分析—政策研究—规划设计"的技术路线，对锡矿山街道的案例研究证明其具有可行性。该方法潜在的创新性在于：在当前独立存在的精明收缩研究与生态安全格局修复之间的交叉领域，补充运用定量分析技术指导制定最合理的精明收缩和生态修复步骤。一方面，本研究试图推动资源枯竭型城市生态安全格局修复的落地实施，通过准确制定精明收缩方案，实现在不同空间的有序收缩；另一方面，本研究也探索了资源枯竭型城市面临收缩时的生态安全格局修复工作思路，为资源枯竭型收缩城市有计划地、系统地开展生态修复提供参考。此外，在未来研究中，还需要进一步探索如何在现有修复策略的基础上整合已实施的修复工程，同步修复障碍点，改善区域整体生态状况，形成城市、乡村等的协同耦合，实现系统修复和综合治理。

第五部分

未来展望

13

国土空间规划下城市收缩与复兴中的空间形态调整

国家发改委在《2019年新型城镇化建设重点任务》中首次提出"收缩型中小城市要瘦身强体，转变惯性的增量规划思维"[376]；并在《2020年新型城镇化建设和城乡融合发展重点任务》中再次强调"统筹新生城市培育和收缩型城市瘦身强体"[377]，提出增长与收缩并重的城镇化发展思路。在国土空间规划体系的构建过程中，市县级国土空间总体规划在战略引导城市空间可持续发展方面，担负着处理城市和区域的空间关系、探索城市空间发展模式、进行空间结构优化的职责。根据《市县国土空间总体规划编制指南》（征求意见稿①）[378]，市县级国土空间总体规划需要在"高质量发展、高品质生活"的要求下，实现"区域协同发展、国土空间格局优化、城镇功能结构优化和土地利用控制"，与收缩期的空间发展策略均有呼应，具体体现在：①"区域协同发展"中蕴含着收缩区域和增长区域之间的空间平衡策略；②"国土空间格局优化"中划定的空间增长边界与城市人口和建设用地规模的增长及收缩密切相关；③"城镇功能结构优化"中提出的"高品质居住空间和公共服务"对应着城市收缩中对空置用地和设施的调整，并且，"中心区提质改造"和"优化城市功能布局"与收缩城市的中心区复兴相对应；④"土地利用控制"提出"建设用地节约集约利用"，这影响到城市收缩中工业空置用地的再利用。因此，在市县级国土空间总体规划中，收缩型中小城市是一种重要的类型。

基于相关理念和目标，本章试图通过分析城市收缩与复兴中的空间形态调整方式，探索此类市县级国土空间总体规划的未来规划方法。笔者将从区域收缩（广义收缩）和城市收缩（狭义收缩）两个层面入手，归纳分类现有人口收缩的空间模式，分析空间形态演化规律并总结空间形态类型。进而，基于国土空间总体规划编制要求，从已见成效的国外复兴案例入手，分别探索各种形态类型的空间调整与优化策略，以期为编制国土空间总体规划的空间结构优化提供参考。

13.1　区域和城市收缩的空间模式与形态演化规律及类型

由于人口收缩的空间模式丰富，目前尚无统一的空间格局分类。笔者从区域收

---

① 写作之时自然资源部国土空间规划局尚未发布国土空间总体规划编制指南，本研究参考《市县国土空间总体规划编制指南》（2019年6月12日征求意见稿）相关内容展开论述。

缩（广义收缩）和城市收缩（狭义收缩）两个层次梳理城市人口收缩的空间模式，归纳其形态演化规律和类型。

13.1.1 收缩的空间模式

区域收缩（广义收缩）即直辖市、副省级市和地级市、县市、乡镇或村的城市行政地域范围内[139]的人口收缩，可进一步细分为全域型收缩和局部型收缩。全域型收缩指在行政管辖区内整体出现人口减少和经济衰退现象，表现为人口结构变化（老龄化、少子化）、资源枯竭或产业结构调整导致的全域人口减少[157, 180]，还可表现为长期人口流失和经济增长缓慢导致的小城镇或乡村地区"空心化"[74, 379]。局部型收缩指在区域范围内的次区域中出现的人口减少和经济衰退，主要表现在都市圈和市县域两个层面。在快速发展的都市圈范围内，中心城市周边邻近的次区域（县、镇、乡和村）会在中心城市虹吸效应的影响下，出现劳动力外流、经济活力下降和城镇"空心化"等问题[155, 157]。在西方郊区化过程中，都市圈周边的反磁力中心（即卫星城）建设，也有可能吸引人口外流，导致中心城市收缩[274]。市县域空间尺度下也存在不同类型的次区域收缩，包括边缘式收缩、二分法式收缩、点部集中式收缩和沙漏式收缩[139]（表13-1和图13-1）。

表 13-1 区域收缩的空间模式

	空间模式	概念界定	典型案例
全域型收缩	整体收缩	人口结构变化（老龄化、少子化）、资源枯竭或产业结构调整导致的全域人口减少	日本全域 四川省广安市、四川省宜宾市、湖北省黄冈市
	空心化收缩	长期人口流失和经济增长缓慢导致的小城镇或乡村地区"空心化"	湖南省桃源县、爱沙尼亚全域
局部型收缩	都市圈层面 虹吸收缩	都市圈外围人口向中心城市流动，导致外围城镇收缩	武汉都市圈、成渝都市圈、东京都市圈
	都市圈层面 反磁力收缩	卫星城吸引人口流出，导致中心城市收缩	美国底特律、美国匹兹堡、英国大伦敦地区

续表

空间模式			概念界定	典型案例
局部型收缩	市县域层面	边缘式收缩	边缘地区县（镇）域出现收缩，而市区（县城）人口持续增长	四川省达州市、湖北省十堰市
		二分法式收缩	人口流失的县市（区）将行政单元一分为二	浙江省杭州市、安徽省宣城市
		点部集中式收缩	行政单元内某小块地区出现人口流失	湖南省邵阳市、江西省宜春市
		沙漏式收缩	核心地区县市（区）人口减少，边缘地区县市（区）人口增加	上海市、北京市

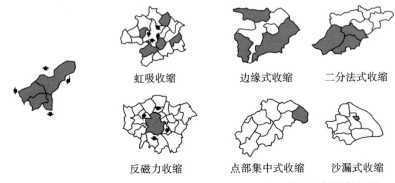

(a) 全域型收缩　(b) 局部型收缩（都市圈层面）　(c) 局部型收缩（市县域层面）
注：深色部分为人口收缩地区，箭头表示人口流向。
图 13-1　区域收缩的空间模式
（资料来源：部分根据文献[139, 155]改绘）

　　城市收缩（狭义收缩）即行政区内的市辖区、县市街道或街区等城市实体地域[139]范围内的人口经济衰退或房屋土地空置。城市收缩包括圈层型收缩和穿孔型收缩两种空间模式。圈层型收缩表现为都市区范围内由城市中心向乡村过渡的若干圈层中的人口迁移和用地变化。在西方城镇化历程中体现为：①由郊区化引发的内城人口外迁，形成中心城区衰退而近郊区繁荣的圈层模式（又称同心圆模式）[135, 380]；②随着后郊区化时代近郊区人口向更远的远郊区外迁，以及中心区成功复兴，城市近郊区圈层人口收缩形成了反圈层模式[274, 380]。我国北京、上海等特大城市，在用地不断向外扩展的过程中，也出现了类似的空间模式[185]。穿孔型收缩指人口经济收缩和住房土地空置零星地出现在建成区中的空间模式[74, 180, 268]。例如，城市工业衰落导致的旧厂区、矿区、港区废弃[87, 379]，产业结构调整引发的开发区土地空置[168, 177]，以及人口总量减少和住房供给过量导致的星状分布的房产空置[274, 380]（表13-2和图13-2）。

表 13-2　城市收缩的空间模式

空间模式		概念界定	典型案例
圈层型收缩	圈层/同心圆模式	由郊区化引发的内城人口外迁，导致中心城区衰退而近郊区繁荣	英国格拉斯哥、美国匹兹堡、美国圣路易斯
	反圈层模式	后郊区化时代近郊区人口向更远的远郊区外迁，加之中心区成功复兴，导致近郊区圈层人口收缩	法国巴黎、美国费城、美国纽约
穿孔型收缩	工业区废弃	工业衰落导致的旧厂区、矿区、港区废弃	美国克利夫兰、英国曼彻斯特、德国莱比锡、中国东北地区
	开发区调整	产业结构调整引发的开发区土地空置	江苏省常州市、江苏省射阳县
	住房空置	人口总量减少和住房供给过量，导致星状分布的房产空置	美国底特律、日本夕张、日本歌志内

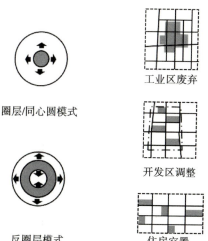

(a) 圈层型收缩　　(b) 穿孔型收缩

注：深色部分为人口收缩地区，箭头表示人口流向。

图 13-2　城市收缩的空间模式

13.1.2　收缩的形态演化规律

在Berg等[206]的生命周期理论中，城市和区域的形态演化被视为一个自然过程，在经历过初期的快速发展后,将在较长时期内维持"扩张—停滞—衰退—复兴"的周期性波动。在区域尺度下,城镇空间在经历集聚发展阶段和空间相对均衡阶段之后[381],可能由于区域人口、经济发展停滞和衰退,进入收缩调整阶段,出现中心城市的收缩和城镇体系结构的再调整(图13-3)。在城市尺度下,城镇在经历研究者熟知的萌芽期和增长扩张期后,可能在结构性危机的影响下进入衰退期[74],而后在规划政策引导下进入收缩调整期(图13-4)。这是根据全球城镇化经验总结出的形态演化规律。

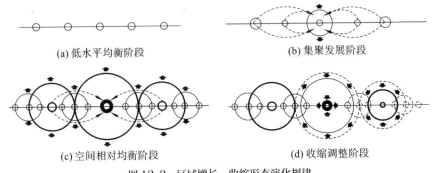

图13-3 区域增长-收缩形态演化规律

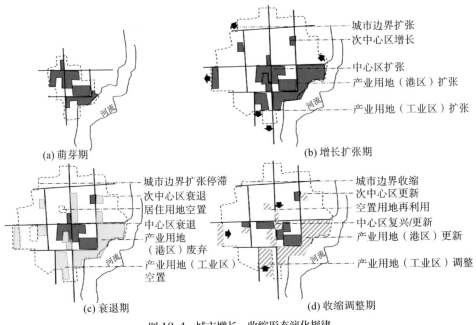

图13-4 城市增长-收缩形态演化规律

13.1.3 收缩的形态类型

依据图13-3、图13-4中区域和城市收缩的形态演化规律，笔者进一步确定了收缩的若干形态类型。

1. 区域的集聚发展与收缩调整

宏观条件变化可能导致地方经济吸引力下降和人口流出，进而打破原本相对均衡的城镇体系结构，导致部分城镇的空间形态出现收缩和调整［图13-4（d）］。例如，日本在人口低生育率和老龄化影响下出现国家层面的全域收缩[180]，同时由于主要发展资源集中于"东海道大都市带"，其他地方经济活力下降[200]。在这种背景下，一方面，日本长期快速扩张的都市圈（如东京、大阪等）开始寻求紧凑式发展，由外延式扩张转向注重内部结构调整，进行"都心再造"；另一方面，在人口流出的大趋势下，大量中小城镇和边缘地区积极调整城市形态，寻求特色发展。

在经济发展不均衡和跨区域人口流动的影响下，我国中西部部分区域也出现了类似收缩调整现象。例如，在武汉城市圈的不断极化发展下，周边城镇（如黄冈市）劳动力大量外流[155]；在成渝城市群区域，中心城市对经济要素和经济活动产生虹吸效应，导致周围城镇发展受限[157]。

2. 中心区的衰退、复兴和更新

收缩城市的中心区常随处可见大量空置建筑和土地，居民外迁、商业萧条、就业岗位流失，城市活力不足。莱比锡、扬斯敦、匹兹堡、克利夫兰、底特律衰败的中心区都是城市收缩标志性的写照[32, 186, 382]。同时，城市中心区也是大部分收缩城市振兴规划和更新政策的重点投入区域。事实证明，在资金集中导入及各种再开发政策的协力作用下，收缩城市的中心区复兴举措是极有可能在短期内显现成效的。实现中心区复兴的手段如下。

（1）商业主导的复兴。投资改善中心区的公共环境，以吸引大型企业迁入，从而提供更多的就业岗位[33, 82, 383]。例如，底特律通过提升中心区的市政服务，改善商业环境和城市环境，建设具有特色的商业商务空间，提供优质且经济的甲级办公空间，吸引数字创意企业家和初创企业家，成功将市中心打造成达到国际标准的中央商务区[278]。

(2) 文化主导的复兴。挖掘文化传统、打造城市名片、发展旅游业也是收缩城市中心区复兴的有效途径[211, 382, 384-388]。收缩城市中心区低廉的租金可以吸引艺术家群体,借用艺术创造力为收缩城市中心区注入活力。营造公共文化景观有利于城市中心区复兴,举办大型公共文化活动也是吸引居民的重要方式。

(3) 良性绅士化。虽然城市更新有可能带来引起社会不公平的绅士化现象,但适度的绅士化能为收缩城市带来经济活力。在衰败的中心区,良性的绅士化有利于恢复中心区的人口活力。现有研究发现,旗舰开发项目和配套住宅建设,可以带来能增加经济收入和就业机会的产业,吸引人口(特别是年轻人和中产者)回迁[32, 389, 390]。

3.次中心区的增长、衰退与更新

城市次中心区区位优势不如中心区,在面临收缩困境时,承受能力和自我修复能力远弱于中心区。在人口总量减少和经济活力不足的城市收缩期,次中心区常进入衰退阶段。片区级别的商业中心空置远比中心区商业衰败来得迅速和严重,在缺乏政策引导的情况下很难恢复之前的活力。

次中心区衰退不同于中心区,其在经历了人口流失和经济衰退之后,存在彻底消亡的可能。根据现有经验看,在收缩城市次中心区设置新的医疗、教育或体育设施,可以一定程度上吸引新的人口和投资,依托机构为收缩地区提供就业岗位,有可能实现次中心区复兴。例如,美国布法罗投资建设了世界级的城市医疗中心,同时通过大学将周边社区与校园整合起来,以此加强次中心区的活力[391]。美国底特律的中城区通过引入医疗、教育、科研机构来恢复人口和经济活力[278]。英国曼彻斯特借助申办奥运会和英联邦运动会来建设体育、交通和艺术等大型项目[133],以此带动次中心区经济发展,给原本衰败的"灰色空间"重新涂抹上色彩。

4.居住用地的空置和再利用

随着城市人口的减少,居住用地空置现象大量出现,给城市形象带来了负面影响。根据德国和美国的研究,拆除废弃房产只能解决部分空置问题,且由于拆除房产的投入高,许多收缩城市政府难以独立负担[392, 393]。因此,很多研究者建议对空置的居住建筑和用地进行调整和再利用,具体可采用以下方式。

（1）社区规划。面对居住用地空置，首先应通过吸引新的居民迁入来稳定社区[394]。弗林特曾经大量建设经济适用房，为各种人群提供合适的住房，吸引新的居民[279]。其次，政府应当积极改造、再利用或处置空置住宅[395, 396]。底特律对不同类型的社区进行规划，不断更新传统社区，帮助高空置率地区的居民搬到人口密集地区[278]。

（2）适应性城市设计。建筑和土地空置给城市提供了塑造更好人居环境的机会。在宽松的经济和社会需求下，城市可以借机增加开放空间和公共服务设施，改善公共环境。由于空置建筑影响城市形态的连续性，应根据区域的收缩程度采取不同的适应性城市设计策略[397]。

5.产业用地的废弃空置和调整更新

在经历工业化和去工业化之后，收缩城市中常遗留有大量产业用地，如废弃的旧港区、厂房、工业遗址等。一般而言，产业用地空置呈现穿孔型收缩的空间模式，其留下的工业建筑具有一定的文化特色和历史价值。国际建筑展的实践证明，一些保存较完整的工业空置建筑能够在改造再利用后发挥出超越原有价值的作用[391]。因此，部分城市在面对产业用地空置时可选择进行更新改造，与其他产业结合发展，为原本废弃衰败的场地带来新的经济活力。

（1）片区更新。片区更新即对废弃产业用地进行更新改造利用。工业用地的特殊性限制了改造利用的形式，目前比较常见的改造利用形式是将其改造为教育和文化用地。谢菲尔德的工业历史悠久，其密集的工业区处于城市中心区的边缘，多被改造为工业博物馆及工作室。例如，改建的凯勒姆岛博物馆和麦格纳科学探险中心赋予了其所处收缩区域新的活力，成为谢菲尔德的旅游景点，吸引了大量当地居民、学生和游客前往[388]。

（2）工业复兴。在经历了去工业化之后，工业型城市原本的产业基础依旧存在并有着一定的复兴潜力。因此，也有部分城市希望通过工业复兴来进行产业调整。例如，扬斯敦钢铁工业的衰败留下了大量的工业空地，其总体规划提出对旧工业棕地进行创造性再利用，将重工业转型为绿色工业，以一种更加环保和可持续的方式进行工业复兴[398]。

13.2 收缩与复兴中的空间形态调整

由上文论述可知，收缩与复兴也是区域和城市发展中的重要阶段。当前的城乡规划编制方法过于偏重增量发展和增长管理，而新的国土空间总体规划以"高质量发展"为目标，应具备全局调控、动态适应和统筹协同增长与收缩的视野，以更好地完成收缩与复兴中的空间形态调整。

13.2.1 国土空间总体规划的战略引领框架

依据国土空间总体规划的编制要求，并对应区域和城市收缩的空间模式和形态特征，可以归纳出以下空间形态调整的基本思路。

1. 在区域协同发展的理念之下，跨区域协调增长和收缩

人口流动引起地方经济发展条件变化，区域收缩中存在着空间发展不平衡的问题，市县级国土空间总体规划中需要提出跨区域衔接策略。区域之间的增长和收缩是相关联的，一个地区流出的人口和外溢的投资，可能成为另一个地区输入的劳务和引进的外资。国土空间总体规划在进行跨区域衔接和城乡统筹时，需要秉承整体调整和分区引导的思路。

2. 基于收缩的形态演化规律和类型，分区进行城镇功能结构优化

依据以人为本、提升品质的原则，市县级国土空间总体规划需要进行城镇空间结构优化，提供高品质居住空间和公共服务，并分析中心城区节约集约用地状况，为中心城区开发强度、密度分区优化和改造提质提供支撑。收缩城市中普遍存在着人口减少引起的房屋和用地空置问题，中心区、次中心区、居住用地和产业用地效率亟待提升，实现建设用地节约集约利用。

3. 围绕土地利用控制，建立"紧+缩"适度的国土空间格局

市县级国土空间总体规划围绕土地利用控制（国土空间用途管制），提出了建设用地节约集约利用的指导思想。基于未来增长和收缩并存的城镇化现实，需要建立"紧+缩"适度的国土空间格局。在增长地区需要秉承紧凑发展的原则，更高效、集约和精致地建设中心城区；在收缩地区需要对城镇开发边界进行收缩调整，主张放弃"必须增长"的发展观念并制定"适度收缩"的规划政策，实现可持续发展[179]。

13.2.2 国土空间总体规划的空间优化策略

将区域和城市收缩空间形态调整与国土空间总体规划编制相匹配，可总结出市县级国土空间总体规划下的收缩与复兴空间优化策略及形态调整措施（图13-5）。

国土空间总体规划的空间优化策略如下。

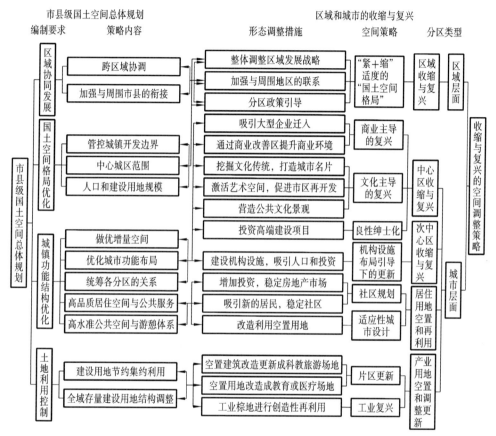

图13-5 市县级国土空间总体规划下的收缩与复兴空间优化策略及形态调整措施

1. 弹性控制城镇开发边界，合理确定中心城区规模

市县级国土空间总体规划的目标是建立以生态文明为导向的高质量发展空间治理模式，实现开发模式由规模扩展向质量提升转变。基于此，应深入研究人口和用地规模的关系，弹性控制城镇开发边界。根据"底线约束、绿色发展"的编制原则，一方面，引导人口流入城镇紧凑式发展，有利于人口和资源聚集；另一方面，

必要时在人口流出的城镇实现用地规模收缩调整，在确保满足基本空间需求的前提下，将城市用地由寻求增量导向激活存量。

2. 精准优化城镇功能结构，分区引导收缩城市形态调整

在收缩城市中，城镇功能结构优化应根据各类分区形态特征，制定分区引导政策。首先，收缩城市的中心区仍有潜力承担城市功能，可以通过提升城市影响力、引导资源和人口聚集、增强城市居民归属感，创造有竞争力和吸引力的物质空间环境和充满人文关怀的公共环境，最终实现中心区的复兴。其次，有选择地培育城市次中心区，丰富次中心区功能。可以通过布局教育、医疗和科研等设施，依托机构提供就业岗位，引导次中心区复兴。此外，要谨慎处理居住用地和产业用地中的空置问题。适当将空置用地转化为绿色空间，改善城市生态环境；合理利用工业弃置用地，引导城市对空置工业用地进行更新改造或再利用；结合医疗、教育、商业等实际用途需求进行功能置换，减少不必要的建设用地开发。

3. 利用城市收缩期，改善生活空间品质

根据"以人为本、提升品质"的原则，合理再利用收缩城市中的空置建筑和用地，作为提升生活空间品质的契机。①通过确定现状居住用地利用率，对照现有人口规模精准预测居住用地规模，实现居住用地节约集约利用。②再利用空置用地，改善居住环境和公共设施，提升宜居性，并考虑将零散的小面积空置用地转化为绿色开放空间。③吸引居民流入或回流，提升社区稳定性，通过社区规划提升凝聚力。④增加住房多样性和公平性，建设经济适用房，为更多的居民提供选择。⑤在住房数量远超过人口规模时，通过改造更新利用，将其转变为非住宅用途，提升用地利用效率。

13.3 小　　结

在收缩与增长情境并存的城镇化新格局之下，国土空间总体规划也需要同时关注收缩与复兴的空间形态调整策略。本章基于收缩视角，对当前区域和城市发展中的空间形态调整进行研究，尝试通过细化国土空间总体规划的编制要求，为实现城市空间优化提供参考和借鉴。首先，本章在区域和城市两个尺度下总结了多种收缩的空间模式。其次，基于收缩形态演化规律，本章指出区域和城市在高速增长之后，均有可能进入城市形态的收缩调整阶段；并在此基础上，总结了区域、中心区、次中心区、居住用地和产业用地5种形态类型，概括了其空间特征和复兴经验。最后，基于《市县国土空间总体规划编制指南》（征求意见稿），从区域协同发展、国土空间格局优化、城镇功能结构优化和土地利用控制4个方面将相关空间优化策略要求和收缩与复兴的空间调整研究进行匹配，总结出编制市县级国土空间总体规划的空间优化策略和形态调整措施。

14

收缩城市治理在国土空间规划管理中的应用领域初探

《中共中央　国务院关于建立国土空间规划体系并监督实施的若干意见》的颁布实施，标志着我国国土空间治理进入了新的阶段。国土空间规划作为国家空间发展的指南、可持续发展的空间蓝图，为收缩城市治理在空间资源调配、开发建设活动铺排等方面提供了全新路径。一方面，国土空间规划体系的构建基于实现生态文明建设的基本目标，其本身就代表发展方式的变革——由过去追求粗放式的增长，转向当前对高质量发展的追求。这本身也给收缩城市治理的发展提供了基础。另一方面，国土空间规划"多规合一"在行政组织、工作对象、运行机制等方面的整合与重构，也为收缩城市治理路径探索提供了更多元的选择。

此外，国土空间规划是多部门、多任务、多层级、多主体的管理行为，收缩城市治理也是多主体、多层次、多目标、长期且动态的政策行为。因此，本章重点关注在国土空间规划管理层面，如何将收缩治理的思想、议题、方法与国土空间规划管理事务进行结合，探讨其共同工作的领域。本章讨论的内容包括：①如何在现有空间规划体系中纳入收缩城市治理的内容？②如何利用空间规划的编制、组织、管理工具实现收缩城市的有效治理？

14.1　基于空间规划管理构建收缩城市多层级治理框架

14.1.1　健全收缩城市治理工作统筹机制

国外众多案例已表明，振兴收缩城市的公共政策需要回归福利性和救济性，引入国家主导、宏观调控和区域再平衡3个考虑因素。面对我国层级化的空间管理构架，应该思考不同层级上的收缩城市治理主体、治理目标、治理系统。结合我国行政体制以及国土空间规划运行机制，针对区域收缩和城市收缩两种类型，笔者认为需要在省、市两个层面制定相应的收缩城市治理统筹机制。

（1）省级层面：依托省级国土空间规划委员会等议事协调机构，设立收缩城市治理专业委员会，负责研判省域范围内市县人口、经济变化趋势，建立跨市域国土空间规划协同管理机制，统筹区域资源调配，加强对收缩区域治理的政策、资源倾斜。

（2）市级层面：成立收缩城市治理工作领导小组，合理控制新增建设用地开发时序，加大对收缩区域存量用地及低效用地处置力度，统筹相关部门在产业布局、财税、城市更新、风貌整治等方面的工作合力，形成系统治理方案。

14.1.2　加强空间规划与发展规划的工作协同

空间是社会经济活动的载体，空间规划是对社会经济发展的容器进行设计安排。同时《中共中央　国务院关于统一规划体系更好发挥国家发展规划战略导向作用的意见》（中发〔2018〕44号）明确了发展规划在引领经济社会发展中的战略导向作用；并要求发挥国家发展规划统筹重大战略和重大举措时空安排功能，明确空间战略格局、空间结构优化方向以及重大生产力布局安排，为国家级空间规划留出接口。收缩城市的政策应对是多层级治理工作，要求空间规划与发展规划协同进行。

具体来说，空间规划在制定和实施过程中，应将收缩城市治理所涉及的空间优化策略纳入发展规划，以利于从经济社会发展维度凝聚各方共识和工作合力。市县级国土空间总体规划中，可考虑将在区域协同发展理念下提出的跨区域衔接策略，转化为区域生产力和区域协同空间政策等；国土空间专项规划和详细规划应注重中心区和次中心区更新、居住用地和产业用地优化调整等内容，并以"规划项目化、项目清单化"等方式纳入发展规划的年度计划，确定年度工作重点和实施要求，形成发展规划和空间规划协同实施的工作闭环。

14.1.3　完善支撑收缩城市治理的国土空间规划体系

在出现局部收缩的地区，国土空间规划在编制审批体系方面应当开展应对收缩问题、展开收缩治理的专项研究。①在省级层面上，制定省级城镇体系布局国土空间专项规划。在高速城镇化发展阶段，城镇体系规划是准确预测城市规模、协调布局城市功能、构建空间发展结构的主要规划工具。在高质量发展阶段，国土空间规划下的城镇体系规划仍然可以发挥作用：促进国土空间合理利用和有效保护，落实国家安全战略、区域协调发展战略和主体功能区战略，明确空间发展目标，优化城镇化格局。在出现局部收缩的省份，可以通过城镇体系规划综合研判人口变化和用地变化趋势，合理确定城镇主体功能定位和职能，制定相应的收缩治理策略。②在市县层面上，基于城乡人口对流思考城镇化机制和过程，并通过城市更新设计促进存量空间持续优化。首先，在市县级国土空间总体规划中，强化城镇、镇村体系布局相关内容，从市域视角构建"城市-县-乡镇-村庄"互动发展和收缩治理策略；其次，在中心、次中心区域详细规划编制时，突出项目策划、功能优化、低效闲置用地再利用、城市设计等内容，引入断面模型，促进市县建成环境与自然环境之间渐进、平滑过渡。

国土空间规划管理在实施监督体系方面也需要纳入收缩城市类型的考量。首先，整合人口、产业、经济等多维数据，依托"国土空间规划一张图"系统，构建"省-市-县-乡（镇）-村"多层次的收缩评估监测模型，支撑对区域收缩"预警-干预-绩效评价"的信息化管理。对于不同类型收缩区域，实行差异化土地资源调配策略，探索通过新增空间指标配置、批而未供用地处置、低效建设用地减量、存量土地盘活、土地储备及供应等计划联动，从区域层面引导土地要素参照人口要素合理流动。

收缩城市治理内容应该被纳入国土空间规划的法规政策体系和技术标准体系建设成果。研究制定存量和低效用地盘活利用相关政策，重点明确盘活路径、规划支撑、土地利用等方面内容，激发市场活力，吸引社会资本参与收缩城市治理。完善低效用地认定标准；结合协同治理、吸引力提升等手段措施，优化公共服务设施配置标准；完善城市设计相关技术指南和标准。

14.2 探索构建适应收缩城市治理的空间组织模式及实施路径

收缩城市治理的三个主要措施（协同治理、形态管控和吸引力提升）均与国土空间组织模式重构与提升紧密相关。同时，随着我国区域协调发展战略的深入实施，以及人与自然和谐共生理念成为中国式现代化的突出内容之一，聚焦自然资源管理领域，当前需要在借鉴国外经验的基础上，从区域协同发展和生态文明建设视角，以及存量规划语境下，开展适应我国实际的收缩城市治理空间组织模式及实施路径的实践探索。

14.2.1 机遇挑战

1.从区域协调发展视角统筹城市收缩治理

党的二十大报告提出"以城市群、都市圈为依托构建大中小城市协调发展格局，推进以县城为重要载体的城镇化建设"。在区域协调发展视角下，全域型收缩城市治理应置于城市群、都市圈的空间维度作系统考虑，与之相适应的管理体制、实施路径等有待进一步探索。

2.存量发展语境下，收缩城市发展动力的培育

在增量发展时期，土地要素投入被视为促进区域发展的重要驱动力。然而，在当前国土空间规划存量发展语境下，为达成优化收缩城市空间组织、助力培育新发展动力的目标，处理好优化增量与盘活存量、土地资源投放计划的关系，实现发展理念转变等，是收缩城市治理面临的重要挑战。

3.生态文明建设理念贯穿收缩城市治理全过程

尊重自然、顺应自然、保护自然，是新时代我国生态文明建设的基本遵循和行动指南。收缩城市国土空间组织模式优化必须落实生态文明建设理念和要求。收缩城市治理过程中，如何突出自然资源全域全要素管控、如何实现生态价值转换进而支撑"吸引力提升"、如何协同开展生态建设与空间优化等，都需要进一步深入探索。

14.2.2 技术思路

1.建立发展指标评价体系

收缩城市治理不仅是对已收缩区域的分类施策，也需要通过监测系列指标，对有可能产生收缩发展趋势的区域进行预判，并及时调整政策和资源导入。鉴于此，有必要结合地方实际，构建包括人口、社会经济、土地利用、生态环境、设施服务、居民意愿等多维度特征的发展指标评价体系，从而精准判别收缩特征，为后续治理提供科学依据。

2.构建高效集约的城乡功能布局

对于区域收缩，基于"城市-郊区-乡村"发展互动，构建多中心的空间结构，发挥中小城市作为区域融合发展黏合剂的作用。县城作为人口增长或收缩的损益边缘，应在功能定位、产业和资源导入等方面予以重点考虑。对于城市收缩，应优化收缩区域功能定位，以城镇开发边界约束倒逼转型发展，促进城市内部整合重组，腾退低效用地，集聚高效用地，鼓励土地功能复合利用，形成高质量发展的空间格局。

3.锚固生态和文化空间基底

基于资源环境承载能力和国土空间开发适宜性评价结果，划定区域结构性生态保护控制线，实施"山水林田湖草沙"全要素系统保护，构建区域生态网络，将历史文化遗产等重要文化空间作为安全底线予以保护。

4.推动区域层面生态空间与城乡功能的链接融合

收缩城市治理应将生态文明建设贯穿始终，因此需将土地资源整合与再分配、生态环境品质提升、收缩区域新发展动力培育进行整体统筹。在定位方面，应将生态基底空间从建设控制地带转化为区域圈层融合互促发展的媒介；在功能方面，将之前消极的生态阻隔转化为可进入、可互动的公共活动空间，进而促进空间布局与城乡功能优化。

5.因地制宜制定"生态+"融合措施

对于县（市）区域，制定"生态+产业"融合策略，蓝绿空间建设先行，推动生态空间与产业发展融合，通过优越的生态环境资源吸引要素（特别是创新要素）集聚，促进产业空间与生态资源相融合。对于乡镇、农村区域，制定"生态+人居"融合策略，以生态单元[生态单元以山、水为基地，以镇区（社区）为核心，结合周边村庄、生态资源形成]建设推动生态空间与人居环境融合，单元尺度与建设用地规模结合行政区域、人口规模划定，在生态单元内配套服务设施，实现生态、生产、生活等功能融合。对于城市穿孔型收缩区域，制定"生态+活力"融合策略，在现有空间形态调整的基础上新增或加大生态建设力度，如提高片区绿地率、强化水系连通和提升景观设计等，同时注重以生态空间串联历史街区、工业遗存等文化空间，力促片区"吸引力提升"。

14.2.3 实施路径

国土空间规划管理是收缩城市治理的基础性支撑。在区域协调发展视角下，需在精准判别收缩特征、预判发展趋势、识别作用和影响范围的基础上，从区域层面统筹收缩城市治理的实施。①推进跨区域一体化的空间协同治理。聚焦打破产业、资本、技术、设施等要素流动的行政壁垒，发挥产业发展共生效应、空间布局联动效应、生态治理协同效应，创新空间资源配置方式，实现空间资源由分散平衡到统筹配置。②以空间结构优化为导向精准配置空间资源。严守人口、用地、生态、安全四条底线，建立"存量为主、增存并举、先减后增"的土地利用模式，科学制定土地供应年度计划。③建立跨部门协同的景观风貌管控机制。立足建设用地全生命周期管理，构建"空间规划+空间设计+建筑设计+景观设计"的景观风貌管控体系。强化部门协同，形成"规划-建设-管理"的全过程管理闭环。

14.3 小　　结

21世纪早期，当时收缩城市还是一个比较生僻的概念，国内的研究者开始大量关注相关的理论研究。十年之后，收缩城市理论已经被国内学术界广泛认可，出现大量的相关研究成果，同时，也逐渐进入政府管理人员的视野，并最终在国家国土空间规划的政策文件上有所体现。国土空间规划体系是国家治理现代化的重要组成部分[399]，区域不平衡发展是国家治理的主要问题之一，而收缩城市就是区域与区域之间、城市与城市之间、城市片区与片区之间发展不平衡的产物。因此，国土空间规划管理也必然需要针对不平衡发展导致的收缩城市问题，给出政策引导。

收缩城市的政策应对是一种治理活动，空间规划是一种现代社会的公共治理工具。国土空间规划改革在某个维度上可以看作由物质建设向社会建设的回归。针对人的生产、生活、生态空间问题展开工作，这就进入了治理的范畴。收缩城市的出现和发展的实质是人的流动、人的发展、人的选择的结果，因此，收缩城市治理的目标也就是去重构人与人、人与建成环境、人与社会经济空间的关系。因此，面向空间治理的收缩城市政策应对，是给国家治理体系现代化改革过程中的国土空间规划体系构建提出的新命题。

参考文献

[1] RIENIETS T. Shrinking cities: causes and effects of urban population losses in the twentieth century[J]. Nature and Culture, 2009, 4（3）: 231-254.

[2] LEO C, BROWN W. Slow growth and urban development policy[J]. Journal of Urban Affairs, 2000, 22（2）: 193-213.

[3] SAVITCH H V, KANTOR P. Urban strategies for a global era: a cross-national comparison[J]. American Behavioral Scientist, 2003, 46（8）: 1002-1033.

[4] CAMARDA D, ROTONDO F, SELICATO F. Strategies for dealing with urban shrinkage: issues and scenarios in Taranto[J]. European Planning Studies, 2015, 23（1）: 126-146.

[5] WIECHMANN T, BONTJE M. Responding to tough times: policy and planning strategies in shrinking cities[J]. European Planning Studies, 2013, 23（1）: 1-11.

[6] SOUSA S, PINHO P. Planning for Shrinkage: paradox or paradigm[J]. European Planning Studies, 2015, 23（1）: 12-32.

[7] HÄUßERMANN H, SIEBEL W. Die schrumpfende stadt und die stadtsoziologie[J]. Soziologische Stadtforschung, 1988, 29: 78-94.

[8] HAASE A, RINK D, GROSSMANN K, et al. Conceptualizing urban shrinkage[J]. Environment and Planning A: Economy and Space, 2014, 46（7）: 1519-1534.

[9] GROßMANN K, BONTJE M, HAASE A, et al. Shrinking cities: notes for the further

research agenda[J]. Cities, 2013, 35（Special SI）: 221-225.

[10] BEAUREGARD R A. Urban population loss in historical perspective: United States, 1820—2000[J]. Environment and Planning A: Economy and Space, 2009, 41（3）: 514-528.

[11] BEAUREGARD R A. Shrinking cities in the United States in historical perspective: a research note[J]. Shrinking cities, 2013: 49-57.

[12] FREIXAS C, FERNANDEZ P. Shrinking cities: a sustainability assessment of eco-urbanism strategies[J]. The Mediated City Conference, 2014.

[13] HOLLANDER J B, NÉMETH J. The bounds of smart decline: a foundational theory for planning shrinking cities[J]. Housing Policy Debate, 2011, 21（3）: 349-367.

[14] BERNT M, HAASE A, GROSSMANN K, et al. How does (n't) urban shrinkage get onto the agenda? Experiences from Leipzig, Liverpool, Genoa and Bytom[J]. International Journal of Urban and Regional Research, 2014, 38（5）: 1749-1766.

[15] AUDIRAC I, FOL S, MARTINEZ-FERNANDEZ C. Shrinking cities in a time of crisis[J]. Berkeley Planning Journal, 2010, 23（1）: 51-57.

[16] MARTINEZ-FERNANDEZ C, AUDIRAC I, FOL S, et al. Shrinking cities: urban challenges of globalization[J]. International Journal of Urban and Regional Research, 2012, 36（2）: 213-225.

[17] BONTJE M. Dealing with deconcentration: population deconcentration and planning response in polynucleated urban regions in north-west Europe[J]. Urban Studies, 2001, 38（4）: 769-785.

[18] PALLAGST K. The end of the growth machine—new requirements for regional governance in an era of shrinking cities[C]//The 46th annual Association of Collegiate Schools of Planning conference. Kansas, 2005.

[19] OSWALT P. Growing and shrinking[Z]. Goethe Institut, 2005.

[20] TUROK I, MYKHNENKO V. The trajectories of European cities, 1960—2005[J].

Cities, 2007, 24（3）: 165-182.

[21] HOLLANDER J, PALLAGST K, SCHWARZ T, et al. Planning shrinking cities[J]. Progress in Planning, 2009, 72（4）: 223-232.

[22] WIECHMANN T. Errors expected—aligning urban strategy with demographic uncertainty in shrinking cities[J]. International Planning Studies, 2008, 13（4）: 431-446.

[23] SCHILLING J, LOGAN J. Greening the rust beit: a green infrastructure model for right sizing America's shrinking cities[J]. Journal of the American Planning Association, 2008, 74（4）: 451-466.

[24] HOEKVELD J J. Time-space relations and the differences between shrinking regions[J]. Built Environment, 2012, 38（2）: 179-195.

[25] 奥斯瓦尔特. 收缩的城市 第一卷 国际研究[M]. 胡恒,史永高,诸葛净,译.上海: 同济大学出版社, 2012.

[26] PANAGOPOULOS T, GUIMARÃES M H, BARREIRA A P. Influences on citizens'policy preferences for shrinking cities: a case study of four Portuguese cities[J]. Regional Studies, Regional Science, 2015, 2（1）: 141-170.

[27] NAM C W, RICHARDSON H. Shrinking cities: a global perspective[M]. London: Routledge, 2014.

[28] MYKHNENKO V, TUROK I. East European cities—patterns of growth and decline, 1960—2005[J]. International Planning Studies, 2008, 13（4）: 311-342.

[29] MARTINEZ-FERNANDEZ C, WU C T, SCHATZ L K, et al. The shrinking mining city: urban dynamics and contested territory[J]. International Journal of Urban and Regional Research, 2012, 36（2）: 245-260.

[30] KOTILAINEN J, EISTO I, VATANEN E. Uncovering mechanisms for resilience: strategies to counter shrinkage in a peripheral city in Finland[J].European Planning Studies, 2015, 23（1）: 53-68.

[31] HOWE S R, BIER T, ALLOR D, et al. The shrinking central city amidst growing

suburbs: case studies of Ohio's inelastic cities[J]. Urban Geography, 1998, 19 (8) : 714-734.

[32] WIECHMANN T, PALLAGST K M. Urban shrinkage in Germany and the USA: a comparison of transformation patterns and local strategies[J]. International Journal of Urban and Regional Research, 2012, 36 (2) : 261-280.

[33] RHODES J, RUSSO J. Shrinking 'smart'?: urban redevelopment and shrinkage in Youngstown, Ohio[J]. Urban Geography, 2013, 34 (3) : 305-326.

[34] COUCH C, COCKS M. Housing vacancy and the shrinking city: trends and policies in the UK and the city of Liverpool[J]. Housing Studies, 2013, 28 (3) : 499-519.

[35] HAASE D, HAASE A, RINK D. Conceptualizing the nexus between urban shrinkage and ecosystem services[J]. Landscape and Urban Planning, 2014, 132: 159-169.

[36] CORTESE C, HAASE A, GROSSMANN K, et al. Governing social cohesion in shrinking cities: the cases of Ostrava, Genoa and Leipzig[J]. European Planning Studies, 2014, 22 (10) : 2050-2066.

[37] HARVEY D. The limits to capital[M]. Chicago:The University of Chicago Press, 1982.

[38] HARVEY D. Spaces of global capitalism: towards a theory of uneven geographical development[M]. London:Verso, 2006.

[39] SMITH N. Uneven development: nature, capital, and the production of space[M]. Athens :The University of Georgia Press, 1984.

[40] GOSPODINI A. Economic crisis and the shrinking Greek cities[C/OL]. http://dspace.epoka.edu.al/bitstream/handle/1/260/127-567-1-PB.pdf;jsessionid=F2A2A09AEA00F31AB6729A512A93CF50?sequence=1.

[41] LÜTKE DALDRUP E.Die«neue gründerzeit»—veränderte rahmenbedingungen erfordern neue strategien in der stadtentwicklung[J]. Raum Planung, 2000, 91: 164-167.

[42] LEETMAA K, KRISZAN A, NUGA M, et al. Strategies to cope with shrinkage in

the lower end of the urban hierarchy in Estonia and central Germany[J]. European Planning Studies, 2015, 23（1）: 147-165.

[43] FRITSCHE M, LANGNER M, KÖHLER H, et al. Shrinking cities—a new challenge for research in urban ecology[M]// BERNT M.Shrinking cities: effects on urban ecology and challenges for urban development. Lausanne: Peter Lang, 2007: 17-33.

[44] FRAZIER A E, BAGCHI-SEN S. Developing open space networks in shrinking cities[J]. Applied Geography, 2015, 59: 1-9.

[45] FRAZIER A E, BAGCHI-SEN S, KNIGHT J. The spatio-temporal impacts of demolition land use policy and crime in a shrinking city[J]. Applied Geography, 2013, 41: 55-64.

[46] AHRENS G-A. Demographic changes—consequences for the transportation sector[J]. Journal of Public Health, 2005, 13（1）: 16-21.

[47] MOLOTCH H. The city as a growth machine: toward a political economy of place[J]. Cities and Society,2005:15-27.

[48] ELZERMAN K, BONTJE M. Urban shrinkage in Parkstad Limburg[J]. European Planning Studies, 2015, 23（1）: 87-103.

[49] HOSPERS G-J. Policy responses to urban shrinkage: from growth thinking to civic engagement[J]. European Planning Studies, 2014, 22（7）: 1507-1523.

[50] POPPER D E, POPPER F J. Small can be beautiful: coming to terms with decline[J]. Planning, 2002, 68（7）: 20-23.

[51] KÜHN M, FISCHER S. Strategic planning—approaches to coping with the crisis of shrinking cities[J]. German Annual of Spatial Research and Policy 2010,2011: 143-146.

[52] SCHENKEL W. Regeneration strategies in shrinking urban neighbourhoods—dimensions of interventions in theory and practice[J]. European Planning Studies, 2015, 23（1）: 69-86.

[53] SÁNCHEZ-MORAL S, MÉNDEZ R, PRADA-TRIGO J. Resurgent cities: local strategies and institutional networks to counteract shrinkage in Avilés (Spain) [J]. European Planning Studies, 2015, 23 (1): 33-52.

[54] MIOT Y. Residential attractiveness as a public policy goal for declining industrial cities: housing renewal strategies in Mulhouse, Roubaix and Saint-Etienne (France) [J]. European Planning Studies, 2015, 23 (1): 104-125.

[55] AUDIRAC I, CUNNINGHAM-SABOT E, FOL S, et al. Declining suburbs in Europe and Latin America[J]. International Journal of Urban and Regional Research, 2012, 36 (2): 226-244.

[56] UNEP. Towards a green economy: pathways to sustainable development and poverty eradication[R/OL].[2024-06-06]. https://batukarinfo.com/system/files/GER_synthesis_en.pdf.

[57] 孙新章, 王兰英, 姜艺, 等. 以全球视野推进生态文明建设[J]. 中国人口·资源与环境, 2013, 23 (7): 9-12.

[58] 胡锦涛. 胡锦涛在中国共产党第十八次全国代表大会上的报告[R/OL]. (2012-11-17) [2024-06-06].http://www.xinhuanet.com/politics/2012-11/17/c_113711665_3.htm.

[59] 诸大建. 绿色经济新理念及中国开展绿色经济研究的思考[J]. 中国人口·资源与环境, 2012, 22 (5): 40-47.

[60] 里夫金. 第三次工业革命:新经济模式如何改变世界[M].张体伟, 孙豫宁, 译.北京: 中信出版社, 2012.

[61] 李磊,刘常青, 韩民春.信息化建设能够提升企业创新能力吗？——来自"两化融合试验区"的证据[J].经济学（季刊）, 2022,22 (3):1079-1100.

[62] EEA. Towards a green economy in Europe: EU environmental policy targets and objectives 2010—2050[R/OL].[2024-06-06]. https://www.researchgate.net/publication/313845632_Towards_a_Green_Economy_in_Europe_EU_Environmental_Policy_Targets_and_Objectives_2010-2050.

[63] BANK T W. Inclusive green growth: the pathway to sustainable development[M]. Washington DC, 2012.

[64] UNESCO. From green economies to green societies: UNESCO's commitment to sustainable development[M]. 2011.

[65] DIVISION U P. World urbanisation prospects: the 2009 revision[R]. New York, 2010.

[66] KAMAL-CHAOUI L, ROBERT A. Competitive cities and climate change[J]. OECD Regional Development Working Papers ,2009.

[67] ELKIN T, MCLAREN D. Reviving the city: towards sustainable urban development[M]. London: Friends of the Earth with Policy Studies Institute, 1991.

[68] SHAW T. Planning for a sustainable environment: a report by the town and country planning association[J]. Business Strategy and the Environment, 1993, 2（4）: 38-39.

[69] BLOWERS A. Planning for a sustainable environment: a report by the town and country planning association[M]. London:Earthscan,1993.

[70] 王慧芳, 周恺. 2003—2013年中国城市形态研究评述[J]. 地理科学进展, 2014, 33（5）: 689-701.

[71] 刘合林. 收缩城市量化计算方法进展[J]. 现代城市研究, 2016, 31（2）: 17-22.

[72] JENKS M, BURTON E, WILLIAMS K. The Compact City: a sustainable urban form[M]. London: Routledge, 1996.

[73] WILLIAMS K, JENKS M, BURTON E. Achieving sustainable urban form[M]. London:Taylor & Francis, 2000.

[74] 周恺, 钱芳芳. 收缩城市:逆增长情景下的城市发展路径研究进展[J]. 现代城市研究, 2015（9）: 2-13.

[75] 李鹤, 张平宇. 矿业城市经济脆弱性演变过程及应对时机选择研究——以东北三省为例[J]. 经济地理, 2014, 34（1）: 82-88.

[76] LI H, ZHANG P Y, CHENG Y Q. Economic vulnerability of mining city—a case

study of Fuxin City, Liaoning Province, China[J]. Chinese Geographical Science, 2009, 19（3）: 211-218.

[77] 国家发改委东北振兴司，人民日报社人民论坛杂志社.走有中国特色的资源型城市转型道路——阜新转型的经验与启示[J]. 人民论坛, 2009（13）:48-49.

[78] 王琼. 探索中国特色的资源型城市经济转型之路——以辽宁省阜新市的转型实践为例[J]. 科技导报, 2004（10）: 7-9.

[79] FALUDI A. The"Blue Banana" revisited[J]. European Journal of Spatial Development, 2015, 13（1）: 1-26.

[80] 霍兰德. 城市兴衰启示录:美国的"阳光地带"与"铁锈地带"[M].周恺, 董丹梨,译.北京: 中国建筑工业出版社, 2020.

[81] 张京祥, 赵丹, 陈浩. 增长主义的终结与中国城市规划的转型[J]. 城市规划, 2013, 37（1）: 45-50,55.

[82] 黄鹤. 精明收缩:应对城市衰退的规划策略及其在美国的实践[J]. 城市与区域规划研究, 2017, 9（2）: 164-175.

[83] LONG Y, WU K. Shrinking cities in a rapidly urbanizing China[J]. Environment and Planning A, 2016, 48（2）: 220-222.

[84] WU K, LONG Y, MAO Q Z, et al. Featured graphic. Mushrooming Jiedaos, growing cities: an alternative perspective on urbanizing China[J]. Environment and Planning A, 2015, 47（1）: 1-2.

[85] GAO S, LONG Y. Shrinking cities in China: the other facet of urbanization[M]. Berlin:Springer, 2019.

[86] 刘风豹, 朱喜钢, 陈蛟, 等. 城市收缩多维度、多尺度量化识别及成因研究——以转型期中国东北地区为例[J]. 现代城市研究, 2018, 33（7）: 37-46.

[87] 高舒琦, 龙瀛. 东北地区收缩城市的识别分析及规划应对[J]. 规划师, 2017, 33（1）: 26-32.

[88] 孙久文, 苏玺鉴. 论东北振兴中的城市精明增长战略[J]. 社会科学辑刊, 2020（5）: 50-62.

[89] 吴康, 龙瀛, 杨宇. 京津冀与长江三角洲的局部收缩:格局、类型与影响因素识别[J]. 现代城市研究, 2015（9）: 26-35.

[90] 李郇, 杜志威, 李先锋. 珠江三角洲城镇收缩的空间分布与机制[J]. 现代城市研究, 2015（9）: 36-43.

[91] 杨宁宁, 罗小龙, 顾宗倪, 等. 增长下的收缩: 长三角城市群局部收缩的演化分析[J]. 城乡规划, 2022（6）: 1-9.

[92] 仲济玲, 沈丽珍. 江苏省收缩城市空间特征及影响因素研究[J]. 《规划师》论丛, 2020（0）: 3-12.

[93] 罗浚朗. 广东省半收缩地区时空演变及用地扩张机理研究[D]. 广州: 华南理工大学, 2020.

[94] 杜志威, 张虹鸥, 叶玉瑶, 等. 2000年以来广东省城市人口收缩的时空演变与影响因素[J]. 热带地理, 2019, 39（1）: 20-28.

[95] 李郇, 李先锋, 邓嘉怡. 产权视角下中国快速城镇化地区的增长与收缩——以珠江三角洲东莞市为例[J]. 热带地理, 2019, 39（1）: 1-10.

[96] 周恺, 钱芳芳, 严妍. 湖南省多地理尺度下的人口"收缩地图"[J]. 地理研究, 2017, 36（2）: 267-280.

[97] 张明斗, 肖航. 东北地区城市收缩的空间格局特征与作用机理[J]. 城市问题, 2020（1）: 33-42.

[98] 单良, 侯鹏飞. 长江经济带收缩城市人居环境发展质量耦合协调时空差异及影响因素[J]. 云南地理环境研究, 2022, 34（5）: 32-46.

[99] 张洋. 陕西省收缩城市的识别、时空格局及协调发展研究[D]. 大连: 辽宁师范大学, 2022.

[100] 彭家英. 成渝地区双城经济圈收缩城市经济韧性测度与空间集聚效应[D]. 重庆: 重庆交通大学, 2022.

[101] 杨青, 蔡银莺. 湖北省人口收缩城市的空间格局与类型识别[J]. 城市问题, 2020（2）: 58-65.

[102] 邓佳栩, 潘雨红. 成渝地区人口收缩特征与影响因素研究[J]. 城乡规划, 2022

(6): 10-19.

[103] 陈肖飞, 郜瑞瑞, 韩腾腾, 等. 人口视角下黄河流域城市收缩的空间格局与影响因素[J]. 经济地理, 2020, 40（6）: 37-46.

[104] LI H, MYKHNENKO V. Urban shrinkage with Chinese characteristics[J]. Geographical Journal, 2018, 184（4）: 398-412.

[105] HE S Y, LEE J, ZHOU T, et al. Shrinking cities and resource-based economy: the economic restructuring in China's mining cities[J]. Cities, 2017, 60（Part A）: 75-83.

[106] CHIEN S-S, WU F L. Transformation of China's urban entrepreneurialism: the case study of the city of Kunshan[J]. Cross-Currents, 2011, 1（1）: 72-99.

[107] YANG Z S, DUNFORD M. City shrinkage in China: scalar processes of urban and hukou population losses[J]. Regional Studies, 2017, 52（8）: 1111-1121.

[108] JIN S T, SUI D Z. Do central state interventions cause urban shrinkage in China?[J]. Journal of Urban Affairs, 2021, 43（9）: 1310-1329.

[109] ZHOU K, YAN Y, QIAN F. A multi-scaled analysis of the shrinking population in a region with out-migration:a case study of Hunan Province[M]//LONG Y, GAO S. Shrinking cities in China: the other facet of urbanization. Singapore: Springer Singapore, 2019: 25-41.

[110] 焦林申, 张敏. 收缩乡村的空废成因与精明收缩规划策略——基于豫东典型乡村的田野调查[J]. 经济地理, 2021, 41（4）: 221-232.

[111] 姜露露, 马仁锋. 海岛城市收缩测度与动因:中国舟山岱山岛案例[J]. 宁波大学学报（理工版）, 2021, 34（3）: 107-114.

[112] MIKHAILOVA E, WU C-T. Urban shrinkage in the double periphery: insights from the Sino-Russian borderland[M]// WU C-T, GUNKO M, STRYJAKIEWICZ T, et al. Postsocialist shrinking cities. London: Routledge, 2022.

[113] 杜志威, 李郇. 珠三角快速城镇化地区发展的增长与收缩新现象[J]. 地理学报, 2017, 72（10）: 1800-1811.

[114] ZHOU, ZHIWEI D, YANGUI D. Two Sides of the same coin: City growth and shrinkage in rapidly urbanizing southern China 78[M]// WU C-T,GUNKO M, STRYJAKIEWICZ T,et al.Postsocialist shrinking cities.London: Routledge,2022.

[115] 刘彦随, 刘玉. 中国农村空心化问题研究的进展与展望[J]. 地理研究, 2010, 29（1）: 35-42.

[116] 刘彦随, 刘玉, 翟荣新. 中国农村空心化的地理学研究与整治实践[J]. 地理学报, 2009, 64（10）: 1193-1202.

[117] 单胜道. "空心村"问题及其对策研究[J]. 农村经济, 2000（3）: 24-25.

[118] 王成新, 姚士谋, 陈彩虹. 中国农村聚落空心化问题实证研究[J]. 地理科学, 2005（3）: 3257-3262.

[119] 王海兰. 农村"空心村"的形成原因及解决对策探析[J]. 农村经济, 2005（9）: 21-22.

[120] 陈玉福, 孙虎, 刘彦随. 中国典型农区空心村综合整治模式[J]. 地理学报, 2010, 65（6）: 727-735.

[121] 龙花楼, 李裕瑞, 刘彦随. 中国空心化村庄演化特征及其动力机制[J]. 地理学报, 2009, 64（10）: 1203-1213.

[122] 于立, 彭建东. 中国小城镇发展和管理中的现存问题及对策探讨[J]. 国际城市规划, 2014, 29（1）: 62-67.

[123] 柳中杰. 小城镇之殊途背后的经济社会原因[J]. 城市问题, 2008（2）: 46-49.

[124] 石忆邵. 中国新型城镇化与小城镇发展[J]. 经济地理, 2013（7）: 47-52.

[125] 杨建军. 关于逆城市化的性质[J]. 人文地理, 1995（1）: 28-32,20.

[126] 黄小花. 发达国家的"逆城市化"现象及其启示[J]. 城市问题, 1997（6）: 8-9,18.

[127] 杨艳昭, 封志明, 赵延德, 等. 中国城市土地扩张与人口增长协调性研究[J]. 地理研究, 2013, 32（9）: 1668-1678.

[128] 王露, 封志明, 杨艳昭, 等. 2000—2010年中国不同地区人口密度变化及其影响因素[J]. 地理学报, 2014, 69（12）: 1790-1798.

[129] 毛其智, 龙瀛, 吴康. 中国人口密度时空演变与城镇化空间格局初探——从2000年到2010年[J]. 城市规划, 2015, 39（2）：38-43.

[130] 徐博, 庞德良. 增长与衰退:国际城市收缩问题研究及对中国的启示[J]. 经济学家, 2014（4）：5-13.

[131] 戴学来. 英国城市经济衰退与城市更新运动[J]. 人文地理, 1997（3）：54-57.

[132] 李亚丽. 英国城市化进程的阶段性借鉴[J]. 城市发展研究, 2013, 21（8）：24-28.

[133] 杨东峰, 殷成志. 如何拯救收缩的城市:英国老工业城市转型经验及启示[J]. 国际城市规划, 2013, 28（6）：50-56.

[134] 杨东峰, 龙瀛, 杨文诗, 等. 人口流失与空间扩张:中国快速城市化进程中的城市收缩悖论[J]. 现代城市研究, 2015（9）：20-25.

[135] 吴康, 孙东琪. 城市收缩的研究进展与展望[J]. 经济地理, 2017, 37（11）：59-67.

[136] 林雄斌, 杨家文, 张衔春, 等. 我国城市收缩测度与影响因素分析——基于人口与经济变化的视角[J]. 人文地理, 2017, 32（1）：82-89.

[137] 邓沛勇, 刘毅华. 中国县域单元城镇人口收缩的空间格局及其影响因素分析[J]. 现代城市研究, 2018（3）：31-38.

[138] 刘贵文, 谢芳芸, 洪竞科, 等. 基于人口经济数据分析我国城市收缩现状[J]. 经济地理, 2019, 39（7）：50-57.

[139] 刘玉博, 周萍. 中国城市收缩空间尺度探析与典型收缩形态识别[J]. 北京规划建设, 2019（3）：42-47.

[140] 刘玉博, 张学良, 吴万宗. 中国收缩城市存在生产率悖论吗——基于人口总量和分布的分析[J]. 经济学动态, 2017（1）：14-27.

[141] 张学良, 刘玉博, 吕存超. 中国城市收缩的背景、识别与特征分析[J]. 东南大学学报（哲学社会科学版）, 2016, 18（4）：132-139,148.

[142] 宋小青, 麻战洪, 赵国松, 等. 城市空地:城市化热潮的冷思考[J]. 地理学报, 2018, 73（6）：1033-1048.

[143] 李智, 龙瀛. 基于动态街景图片识别的收缩城市街道空间品质变化分析——以齐齐哈尔为例[J]. 城市建筑, 2018（6）：21-25.

[144] 付苗, 李诚固, 马佐澎, 等. 我国东北老工业城市的精明收缩[J]. 北京规划建设, 2019（3）：53-57.

[145] 孟祥凤, 王冬艳, 李红. 老工业城市收缩与城市紧凑相关性研究——以吉林四平市为例[J]. 经济地理, 2019, 39（4）：67-74.

[146] 杜锐, 武敏, 张懿, 等. 黑龙江省穆棱市"收缩城市"特征及规划应对策略[J]. 规划师, 2018, 34（6）：118-122.

[147] 杨建龙, 崔丽. 黑龙江资源型城市人口收缩对经济的影响研究——以资源枯竭型城市为例[J]. 学理论, 2019（9）：77-79.

[148] 赵家辉, 李诚固, 马佐澎, 等. 城市精明收缩与我国老工业基地转型[J]. 城市发展研究, 2017, 24（1）：135-138,152.

[149] 孙文睿, 黄旭, 薛德升. 城市收缩背景下外来人口政策满意度——以东莞为例[J]. 热带地理, 2019, 39（1）：50-57.

[150] 符家铭, 刘毅华. 广东省人口局部收缩特征及其影响因素——以东莞莞城为例[J]. 热带地理, 2018, 38（4）：525-535.

[151] 黄玫瑜, 秦小珍, 周金苗. "机器代人"与城镇新增长模式——以广东省佛山市顺德区为例[J]. 热带地理, 2019, 39（1）：11-19.

[152] 张莉. 增长的城市与收缩的区域:我国中西部地区人口空间重构——以四川省与河南省信阳市为例[J]. 城市发展研究, 2015, 22（9）：74-80.

[153] 周恺, 严妍, 赵群荟. 人口收缩情景下的规划政策应对:基于湖南案例的探讨[J]. 北京规划建设, 2019（3）：12-19.

[154] 高喆, 尹宁玮, 童馨仪, 等. 城镇增长下的收缩:以武汉为例[J]. 热带地理, 2019, 39（1）：29-36.

[155] 刘玉博, 张学良. 武汉城市圈城市收缩现象研究[J]. 规划师, 2017, 33（1）：18-25.

[156] 温佳楠. 成渝地区城市收缩识别及其驱动因素分析[J]. 经济论坛, 2019（10）：69-76.

[157] 张学良, 张明斗, 肖航. 成渝城市群城市收缩的空间格局与形成机制研究[J]. 重

庆大学学报（社会科学版），2018, 24（6）：1-14.

[158] 吴浩, 王秀, 陈晓红. 资源型收缩城市空间效率与民生质量的耦合协调研究——以黑龙江省鸡西市为例[J]. 哈尔滨师范大学自然科学学报, 2018, 34（1）：97-103.

[159] 杨晓娟, 肖宁, 赵柏伊. 收缩语境下资源型城市县域空间规划策略与实践——以陕西省略阳县为例[J]. 规划师, 2019, 35（16）：82-88.

[160] 张京祥, 冯灿芳, 陈浩. 城市收缩的国际研究与中国本土化探索[J]. 国际城市规划, 2017, 32（5）：1-9.

[161] 陈川, 罗震东, 何鹤鸣. 小城镇收缩的机制与对策研究进展及展望[J]. 现代城市研究, 2016（2）：23-28, 98.

[162] 李彦群, 耿虹, 高鹏. "精明收缩"导向下新型镇村发展模式探讨——以武汉汪集街为例[J]. 小城镇建设, 2018（4）：76-82.

[163] 耿虹, 李玥, 乔晶, 等. 武汉市小城镇应对收缩的适应性发展路径探索——以新洲区汪集街为例[J]. 现代城市研究, 2019, 34（8）：101-108.

[164] 安琪, 安树伟. 城市收缩与中小城市功能提升[J]. 北京规划建设, 2019（3）：23-27.

[165] 游猎. 农村人居空间的"收缩"和"精明收缩"之道——实证分析、理论解释与价值选择[J]. 城市规划, 2018, 42（2）：61-69.

[166] 游猎, 陈晨. 农村人居空间"精明收缩"的实践探索——以Q市全域农村新型社区总体规划实施为例[J]. 城市规划, 2018, 42（4）：113-118.

[167] 赵民, 游猎, 陈晨. 论农村人居空间的"精明收缩"导向和规划策略[J]. 城市规划, 2015, 39（7）：9-18, 24.

[168] 何鹤鸣, 张京祥, 耿磊. 调整型"穿孔":开发区转型中的局部收缩——基于常州高新区黄河路两侧地区的实证[J]. 城市规划, 2018, 42（5）：47-55.

[169] 刘锦, 邓春凤. 快速城镇化背景下城市人口"隐性收缩"的特征与机制——以广东省茂名市为例[J]. 小城镇建设, 2018（3）：43-48.

[170] 张伟, 单芬芬, 郑财贵, 等. 我国城市收缩的多维度识别及其驱动机制分析[J]. 城市发展研究, 2019, 26（3）：32-40.

[171] 朱金, 李强, 王璐妍. 从被动衰退到精明收缩——论特大城市郊区小城镇的"收缩型规划"转型趋势及路径[J]. 城市规划, 2019, 43（3）: 34-40, 49.

[172] 杨琳, 何邕健. 吉林省收缩城市的空间分布与影响因素分析[J]. 西部人居环境学刊, 2018, 33（3）: 21-27.

[173] 焦林申, 张中华, 张沛, 等. 收缩区域乡镇新建街道空间品质测度——以豫东虞城县为例[J]. 北京规划建设, 2019（3）: 28-35.

[174] 王曼, 孙健, 吴康. 东南沿海工贸型城市增长与收缩初探——以浙江义乌为例[J]. 北京规划建设, 2019（3）: 36-41.

[175] 秦小珍, 杜志威. 金融危机背景下农村城镇化地区收缩及规划应对——以东莞市长安镇上沙村为例[J]. 规划师, 2017, 33（1）: 33-38.

[176] 程艺, 宋涛, 刘海猛. 我国边境收缩城市:格局、类型与影响因素[J]. 北京规划建设, 2019（3）: 48-52.

[177] 赵丹, 张京祥. 竞争型收缩城市:现象、机制及对策——以江苏省射阳县为例[J]. 城市问题, 2018（3）: 12-18.

[178] 吴康. 城市收缩的认知误区与空间规划响应[J]. 北京规划建设, 2019（3）: 4-11.

[179] 周恺, 顾朝林, 钱芳芳. 重视新常态下我国城市的"紧+缩"发展研究[J]. 规划师, 2017, 33（1）: 12-17.

[180] 杜志威, 李郇. 收缩城市的形成与规划启示——基于新马克思主义城市理论的视角[J]. 规划师, 2017, 33（1）: 5-11.

[181] 龙瀛, 吴康, 王江浩. 中国收缩城市及其研究框架[J]. 现代城市研究, 2015（9）: 14-19.

[182] 刘春阳, 杨培峰. 中外收缩城市动因机制及表现特征比较研究[J]. 现代城市研究, 2017（3）: 64-71.

[183] 郭源园, 李莉. 中国收缩城市及其发展的负外部性[J]. 地理科学, 2019, 39（1）: 52-60.

[184] 张杨, 刘慧敏, 吴康, 等. 减量视角下北京与上海的城市总规对比[J]. 西部人居环境学刊, 2018, 33（3）: 9-12.

[185] 胡毅, 孙东琪. 主动收缩:城市可持续发展的一种策略选择——北京城市减量发展的规划应对与转型困境[J]. 北京规划建设, 2019（3）: 20-23.

[186] 刘畅, 马小晶, 卢弘旻, 等. "收缩城市地区"的规划范式探索[J]. 城市规划学刊, 2017（S2）: 136-141.

[187] 陈宏胜, 王兴平, 国子健. 规划的流变——对增量规划、存量规划、减量规划的思考[J]. 现代城市研究, 2015（9）: 44-48.

[188] 李郇, 吴康, 龙瀛, 等. 局部收缩:后增长时代下的城市可持续发展争鸣[J]. 地理研究, 2017, 36（10）: 1997-2016.

[189] 王超深, 陈坚. "收缩型规划"的致因及路径突围——基于利益相关方的理论分析[J]. 城市发展研究, 2017, 24（8）: 8-13.

[190] 王超深, 陈坚, 靳来勇. "收缩型规划"背景下的城市交通规划策略探析——基于情景分析及动态规划理念的启示[J]. 城市发展研究, 2016, 23（8）: 88-94.

[191] 龙瀛, 吴康. 中国城市化的几个现实问题:空间扩张、人口收缩、低密度人类活动与城市范围界定[J]. 城市规划学刊, 2016（2）: 72-77.

[192] 吴康, 李耀川. 收缩情境下城市土地利用及其生态系统服务的研究进展[J]. 自然资源学报, 2019, 34（5）: 1121-1134.

[193] 周盼, 吴佳雨, 吴雪飞. 基于绿色基础设施建设的收缩城市更新策略研究[J]. 国际城市规划, 2017, 32（1）: 91-98.

[194] 马爽, 龙瀛. 基于绿色基础设施的中国收缩城市正确规模模型[J]. 西部人居环境学刊, 2018, 33（3）: 1-8.

[195] 高舒琦. 如何应对物业空置、废弃与止赎——美国土地银行的经验解析[J]. 城市规划, 2017, 41（7）: 101-110.

[196] 刘云刚. 面向人口减少时代的城市规划:日本的经验和借鉴[J]. 现代城市研究, 2016（2）: 8-10.

[197] 周恺, 刘力銮, 戴燕归. 收缩治理的理论模型、国际比较和关键政策领域研究[J]. 国际城市规划, 2020, 35（2）: 12-19, 37.

[198] 沈瑶, 朱红飞, 刘梦寒, 等. 少子化、老龄化背景下日本城市收缩时代的规划对策

研究[J]. 国际城市规划, 2020, 35（2）: 47-53.

[199] 栾志理. 人口减少时代日本九州市应对老龄化社会的公共交通规划及启示[J]. 上海城市规划, 2018（2）: 76-83.

[200] 栾志理, 栾志贤. 城市收缩时代的适应战略和空间重构——基于日本网络型紧凑城市规划[J]. 热带地理, 2019, 39（1）: 37-49.

[201] 邓嘉怡, 郑莎莉, 李郇. 德国收缩城市的规划应对策略研究——以原东德都市重建计划为例[J]. 西部人居环境学刊, 2018, 33（3）: 13-20.

[202] 杨舢. "过渡使用"在国内外的发展及相关研究——一个城市研究的新视角[J]. 国际城市规划, 2019, 34（6）: 49-55.

[203] 廖开怀, 蔡云楠. 近十年来国外城市更新研究进展[J]. 城市发展研究, 2017, 24（10）: 27-34.

[204] WOLFF M. Understanding the role of centralization processes for cities—evidence from a spatial perspective of urban Europe 1990—2010[J]. Cities, 2018, 75: 20-29.

[205] WOLFF M, WIECHMANN T. Urban growth and decline: Europe's shrinking cities in a comparative perspective 1990—2010[J]. European Urban and Regional Studies, 2018, 25（2）: 122-139.

[206] BERG L V D, DREWETT R, KLAASEN L H, et al. Urban Europe: a study of growth and decline[M]. Oxford: Pergamon Press, 1982.

[207] KONDRATIEFF N D. The long waves in economic life[J]. Review （Fernand Braudel Center）, 1979, 2（4）: 519-562.

[208] KUZNETS S S. Secular movements in production and prices:their nature and their bearing upon cyclical fluctuations[M]. Boston: Houghton Mifflin,1930.

[209] BARTHOLOMAE F, WOON NAM C, SCHOENBERG A. Urban shrinkage and resurgence in Germany[J]. Urban Studies, 2017, 54（12）: 2701-2718.

[210] HATTORI K, KAIDO K, MATSUYUKI M. The development of urban shrinkage discourse and policy response in Japan[J]. Cities, 2017, 69: 124-132.

[211] KIM S. Design strategies to respond to the challenges of shrinking city[J]. Journal

of Urban Design, 2019, 24（1）: 49-64.

[212] RÉRAT P. The return of cities: the trajectory of Swiss cities from demographic loss to reurbanization[J]. European Planning Studies, 2019, 27（2）: 355-376.

[213] DUBEAUX S, CUNNINGHAM SABOT E. Maximizing the potential of vacant spaces within shrinking cities, a German approach[J]. Cities, 2018, 75: 6-11.

[214] HAASE A, NELLE A, MALLACH A. Representing urban shrinkage—the importance of discourse as a frame for understanding conditions and policy[J]. Cities, 2017, 69: 95-101.

[215] KINGDON J W. Agendas, alternatives, and public policies[M]. Boston: Little, Brown, 1984.

[216] HARVEY D. Social justice and the city[M]. Athens:University of Georgia Press, 1973.

[217] HARTT M. The diversity of north American shrinking cities[J]. Urban Studies, 2018, 55（13）: 2946-2959.

[218] HOLLANDER J B. An ordinary city: planning for growth and decline in New Bedford, Massachusetts[M]. New York:Palgrave Macmillan, 2017.

[219] HOLLANDER J. Sunburnt cities: the great recession, depopulation and urban planning in the American sunbelt[M]. London:Routledge, 2011.

[220] 邓嘉怡, 李郇. 统一后原东德城市收缩现象及机制研究[J]. 世界地理研究, 2018, 27（4）: 90-99.

[221] 昆斯曼, 唐燕. 2007年看鲁尔:埃姆歇公园国际建筑展为我们留下了什么?[J]. 国际城市规划, 2007（3）: 54-59.

[222] 昆斯曼, 麦贤敏. 埃姆歇公园国际建筑展的创新精神[J]. 国际城市规划, 2007（3）: 23-29.

[223] 史道巴赫, 张柳栩. 埃姆歇公园国际建筑展的社会思考[J]. 国际城市规划, 2007（3）: 30-35.

[224] MARTINEZ-FERNANDEZ C, WEYMAN T, FOL S, et al. Shrinking cities in

Australia, Japan, Europe and the USA: from a global process to local policy responses[J]. Progress in Planning, 2016, 105: 1-48.

[225] WOLFF M, FOL S, ROTH H, et al. Is planning needed? Shrinking cities in the French urban system[J]. Town Planning Review, 2017, 88（1）: 131-145.

[226] BÉAL V, FOL S, MIOT Y, et al. Varieties of right-sizing strategies: comparing degrowth coalitions in French shrinking cities[J]. Urban Geography, 2019, 40（2）: 192-214.

[227] KIYONOBU KAIDU T Y. Sustainable suburbia through the perspective of lower density and shrinkage: the case study of the Nagoya metropolitan region in Japan[M]//ROBIN GANSER R P. Parallel patterns of shrinking cities and urban growth: spatial planning for sustainable development of city regions and rural areas. New York:Routledge,2012: 145-164.

[228] BUHNIK S. The dynamics of urban degrowth in Japanese metropolitan areas: what are the outcomes of urban recentralisation strategies?[J]. TPR: Town Planning Review, 2017, 88（1）: 79-92.

[229] 张莞苣, 刘泉, 赖亚妮. 基于TOD视角的收缩规划方法与机制——以日本选址优化规划为例[J]. 都市快轨交通, 2022, 35（4）: 31-40.

[230] 杨小萍, 陈亚钘. 日本城市收缩的形成机制与复兴策略研究[J]. 城市建筑, 2021, 18（16）: 37-41.

[231] 栾志理, 乔泽浩. 人口收缩时代日本北海道中小城市的精明收缩策略研究[J]. 上海城市规划, 2023（1）: 141-146.

[232] 董禹, 曾尔力, 李罕哲, 等. 城市收缩背景下日本基础教育设施规划应对策略及其启示[J]. 西部人居环境学刊, 2021, 36（3）: 116-124.

[233] 衣霄翔, 张郝萍, 肖飞宇. 面向精明收缩的国土空间优化研究——日本北海道发展经验及启示[J]. 北京规划建设, 2022（3）: 31-36.

[234] RINK D, COUCH C, HAASE A, et al. The governance of urban shrinkage in cities of post-socialist Europe: policies, strategies and actors[J]. Urban Research &

Practice, 2014, 7（3）: 258-277.

[235] TINTĚRA J, KOTVAL Z, RUUS A, et al. Inadequacies of heritage protection regulations in an era of shrinking communities: a case study of Valga, Estonia[J]. European Planning Studies, 2018, 26（12）: 2448-2469.

[236] HOCK J. Bulldozers, busing, and boycotts:urban renewal and the integrationist project[J].Journal of Urban History, 2013, 39（3）:433-453.

[237] BRENNER N, PECK J, THEODORE N. After neoliberalization?[J]. Globalizations, 2010, 7（3）: 327-345.

[238] PIERRE J. The politics of urban governance[M]. London:Red Globe Press, 2011.

[239] KIRKPATRICK L O. Urban triage, city systems, and the remnants of community: some "sticky" complications in the greening of Detroit[J]. Journal of Urban History, 2015, 41（2）: 261-278.

[240] TIEBOUT C M. A pure theory of local expenditures[J]. Journal of Political Economy, 1956, 64（5）: 416-424.

[241] GUIMARÃES M H,NUNES L C, BARREIRA A P, et al. Residents' preferred policy actions for shrinking cities[J]. Policy Studies, 2016, 37（3）: 254-273.

[242] HAASE A, BERNT M, GROSSMAN K, et al. Varieties of shrinkage in European cities[J]. European Urban and Regional Studies, 2016, 23（1）: 86-102.

[243] DANIELL K A, KAY A. Multi-level governance: an introduction[M]//Multi-level Governance: conceptual challenges and case studies from Australia. 2017: 3-32.

[244] MALLACH A, HAASE A, HATTORI K. The shrinking city in comparative perspective: contrasting dynamics and responses to urban shrinkage[J]. Cities, 2017, 69: 102-108.

[245] RUMPEL P, SLACH O, KOUTSKÝ J. Shrinking cities and governance of economic reneration: the case of Ostrava[J]. Ekonomika a Management, 2013, 11（2）: 113-128.

[246] HALLER C, ALTROCK U. Neue stagnations-und schrumpfungskoalitionen im

stadtumbau[M]//BERNT M, HAUS M, ROBISCHON T. Stadtumbau komplex: governance, planung, prozess. Darmstadt:Schader-Stiftung,2010: 158-179.

[247] GURR T R, KING D S. The state and the city[M]. London:Red Globe Press, 1987.

[248] AUDIRAC I. Shrinking cities: an unfit term for American urban policy?[J]. Cities, 2018, 75: 12-19.

[249] PECK J. Austerity urbanism: the neoliberal crisis of American cities[M]. New York: Rosa Luxemburg Stiftung, 2015.

[250] MALLACH A. What we talk about when we talk about shrinking cities: the ambiguity of discourse and policy response in the United States[J]. Cities, 2017, 69: 109-115.

[251] BERNT M. The emergence of "Stadtumbau Ost"[J]. Urban Geography, 2017, 40（2）: 174-191.

[252] HARVEY D. A Brief History of Neoliberalism[M]. New York:Oxford University Press, 2005.

[253] HE S, WU F. China's emerging neoliberal urbanism: perspectives from urban redevelopment[J]. Antipode, 2010, 41（2）: 282-304.

[254] WU F. Planning centrality, market instruments: governing Chinese urban transformation under state entrepreneurialism[J]. Urban Studies, 2018, 55（7）: 1383-1399.

[255] LAZE A. Local government in post-socialist urban governance[J]. Urban Governance in Europe, 2009: 297-314.

[256] STEPAN M, MÜLLER A. Welfare governance in China[J]. Journal of Cambridge Studies, 2012, 7: 54-72.

[257] NÖLKE A, VLIEGENTHART A. Enlarging the varieties of capitalism: the emergence of dependent market economies in east central Europe[J]. World Politics, 2009, 61（4）: 670-702.

[258] KOUTSKÝ J. Old industrial regions-development paths, possibilities of

transformation[M].[S.l.:s.n.], 2011.

[259] ROUBÍNEK P, KLADIVO P, HALÁS M, et al. Changes in the financing of municipalities and local governments of selected cities: possible effects on disintegration processes and municipal policy[J]. Ekonomie a Management, 2015, 18（1）: 134-150.

[260] KOUTSKÝ J, HLAVÁČEK P, SLACH O, et al. Post-socialist transition of traditionally industrialised areas in the Czech Republic[C]//Proceedings of the 5th Central European Conference in Regional Science–CERS. 2014.

[261] HLAVÁČEK P, RAŠKA P, BALEJ M. Regeneration projects in central and eastern European post-communist cities: current trends and community needs[J]. Habitat International, 2016, 56: 31-41.

[262] 新华社. 胡锦涛在中国共产党第十八次全国代表大会上的报告[R/OL].（2012-11-08）[2024-06-06]. https://www.gov.cn/ldhd/2012-11/17/content_2268826.htm.

[263] 习近平. 习近平: 让发展成果更多更公平惠及全体人民[N]. 新华社, 2022-01-17.

[264] 郭炎, 刘达, 赵宁宁, 等. 基于精明收缩的乡村发展转型与聚落体系规划——以武汉市为例[J]. 城市与区域规划研究, 2018, 10（1）: 168-186.

[265] PAROLEK D G, PAROLEK K, CRAWFORD P C. Form based codes: a guide for planners, urban designers, municipalities, and developers[M]. Hoboken:John Wiley & Sons, 2008.

[266] 帕罗莱克, 帕罗莱克, 克劳福德. 城市形态设计准则——规划师、城市设计师、市政专家和开发者指南[M]. 王晓川, 李东泉, 张磊, 译. 北京：机械工业出版社, 2011.

[267] 刘泉, 赖亚妮. 基于形态准则视角的TOD横断面分区分类管理[J]. 国际城市规划, 2018, 33（6）: 94-101.

[268] 高舒琦. 收缩城市研究综述[J]. 城市规划学刊, 2015（3）: 44-49.

[269] Duany Plater-Zyberk & Company. Image library: rural-urban transects[Z/OL]. http://transect.org/rural_img.html.

[270] 王晓川. 精明准则——美国新都市主义下城市形态设计准则模式解析[J]. 国际城市规划, 2013, 28（6）: 82-88.

[271] DUANY A, TALEN E. Transect planning[J]. Journal of the American Planning Association, 2002, 68（3）: 245-266.

[272] 戚冬瑾, 周剑云. 基于形态的条例——美国区划改革新趋势的启示[J]. 城市规划, 2013, 37（9）: 67-75.

[273] DUANY A, SORLIEN S, WRIGHT W. Smartcode version 9.2[M].[S.l.:s.n.], 2009.

[274] 马佐澎, 李诚固, 张婧, 等. 发达国家城市收缩现象及其对中国的启示[J]. 人文地理, 2016, 31（2）: 13-17.

[275] 张俊杰, 叶杰, 刘巧珍, 等. 基于"精明收缩"理论的广州城边村空间规划对策[J]. 规划师, 2018, 34（7）: 77-85.

[276] 王雨村, 王影影, 屠黄桔. 精明收缩理论视角下苏南乡村空间发展策略[J]. 规划师, 2017, 33（1）: 39-44.

[277] YOUNG I M. Inclusion and democracy[M]. New York :Oxford University Press, 2002.

[278] DFC. The land use element: the image of the city[J]. 2012.

[279] ASSOCIATES H L. Imagine Flint: master plan for a sustainable Flint[J]. 2013.

[280] Anon. One region forward: a new way to plan for Buffalo Niagara[J] .2015.

[281] Anon. Greencode: a new zoning direction for Buffalo[EB/OL]. https://bufgreencode.com.

[282] 肖周艳, 陈晓键. 国内城乡空间形态发展现状对比及趋势研究——以苏州昆山市、佛山顺德区和成都双流县为例[J/OL].（2012-10-17）[2024-06-06]. https://max.book118.com/html/2015/0718/21325038.shtm.

[283] TALEN E. Help for urban planning: the transect strategy[J]. Journal of Urban Design, 2010, 7（3）: 293-312.

[284] 张英男, 龙花楼, 马历, 等. 城乡关系研究进展及其对乡村振兴的启示[J]. 地理研究, 2019, 38（3）: 578-594.

[285] 申晓艳, 丁疆辉. 国内外城乡统筹研究进展及其地理学视角[J]. 地域研究与开发, 2013, 32（5）: 6-12, 45.

[286] 单皓. 美国新城市主义[J]. 建筑师, 2003（3）: 4-19.

[287] 戚冬瑾, 周剑云. 土地利用规划的范式转变——基于生态伦理的横断面规划思想的引介[J]. 规划师, 2015, 31（5）: 139-144.

[288] SHIBLEY R G, HOVEY B, CARTER D, et al. Queen city in the 21st century:Buffalo's comprehensive plan[M/OL].（2006-02-07）[2024-06-06].https://ubir.buffalo.edu/xmlui/bitstream/handle/10477/255/QueenCityinthe21stCentury_final.pdf?sequence=1&isAllowed=y.

[289] 卡斯特. 网络社会的崛起[M]. 夏铸九, 王志弘, 译.北京: 社会科学文献出版社, 2006.

[290] CASTELLS M. The rise of the network society[M]. 2nd ed. Oxford: Wiley-Blackwell, 2010.

[291] 卡斯特. 认同的力量[M]. 2版.曹荣湘, 译.北京: 社会科学文献出版社, 2006.

[292] 艾少伟, 苗长虹. 从"地方空间"、"流动空间"到"行动者网络空间":ANT视角[J]. 人文地理, 2010, 25（2）: 43-49.

[293] 沈丽珍, 顾朝林. 区域流动空间整合与全球城市网络构建[J]. 地理科学, 2009, 29（6）: 787-793.

[294] 沈丽珍, 顾朝林, 甄锋. 流动空间结构模式研究[J]. 城市规划学刊, 2010（5）: 26-32.

[295] 牛俊伟. 从城市空间到流动空间——卡斯特空间理论述评[J]. 中南大学学报（社会科学版）, 2014, 20（2）: 143-148,189.

[296] 沈丽珍, 甄峰, 席广亮. 解析信息社会流动空间的概念、属性与特征[J]. 人文地理, 2012, 27（4）: 14-18.

[297] 张英男, 龙花楼, 屠爽爽, 等. 电子商务影响下的"淘宝村"乡村重构多维度分析——以湖北省十堰市郧西县下营村为例[J]. 地理科学, 2019, 39（6）: 947-956.

[298] 罗震东. 新自下而上城镇化：中国淘宝村的发展与治理[M]. 南京：东南大学出版社, 2020.

[299] 陈宏伟, 张京祥. 解读淘宝村:流空间驱动下的乡村发展转型[J]. 城市规划, 2018, 42（9）：97-105.

[300] 李苑君, 吴旗韬, 张玉玲, 等. "流空间"视角下高速公路交通流网络结构特征及其形成机制——以广东省为例[J]. 地理研究, 2021, 40（8）：2204-2219.

[301] 黄沣爵, 杨滔. 珠三角城市空间联系及社会网络——基于"流空间"的分析[J]. 热带地理, 2022, 42（3）：422-430.

[302] 蒋建国. 地方空间与网络文化的地方性建构[J]. 贵州社会科学, 2016（10）：99-103.

[303] 孙中伟, 路紫. 流空间基本性质的地理学透视[J]. 地理与地理信息科学, 2005（1）：109-112.

[304] 高鑫, 修春亮, 魏冶. 城市地理学的"流空间"视角及其中国化研究[J]. 人文地理, 2012, 27（4）：32-36, 160.

[305] JIN B, YANG W H, LI X, et al. A literature review on the space of flows[J]. Arabian Journal of Geosciences, 2021, 14（13）：1-24.

[306] 唐佳, 甄峰, 汪侠. 卡斯特"网络社会理论"对于人文地理学的知识贡献——基于中外引文内容的分析与对比[J]. 地理科学, 2020, 40（8）：1245-1255.

[307] AGNEW J A, DUNCAN J S. The power of place: bringing together geographical and sociological imaginations[M]. London :Unwin Hyman, 1989.

[308] RELPH E C. Place and placelessness[M]. London: Routledge Kegan & Paul, 1976.

[309] 张中华, 张沛. 地方理论:城市空间发展的再生理论[J]. 城市发展研究, 2012, 19（1）：52-57.

[310] STALDER F. The space of flows: notes on emergence, characteristics and possible impact on physical space[J].2001.

[311] 董超. "流空间"的地理学属性及其区域发展效应分析[J]. 地域研究与开发, 2012, 31（2）：5-8,14.

[312] STALDER F. The status of objects in the space of flows[J]. 2003.

[313] OLIVIER B. Time（s），space（s）and communication in Castells's' Network Society'[J]. Communicare, 2013, 32（2）: 20-39.

[314] HALBERT L, RUTHERFORD J. Flow-place: reflections on cities, commutation and urban production processes[J]. GaWC Research Bulletin, 2010.

[315] 刘晓莉, 陈淑兰, 唐艺窈. 新化文印产业发展中"故乡"与"他乡"的变化、功能与联系[J]. 世界地理研究, 2015, 24（4）: 131-141,151.

[316] 冯军旗. 新化复印产业的生命史[J]. 中国市场, 2010（13）: 5-8.

[317] 冯军旗. "新化现象"的形成[J]. 北京社会科学, 2010（2）: 47-53.

[318] 黄孝东. 试论"新化现象"形成过程中的社会文化动因[J]. 世纪桥, 2014（3）: 90-91.

[319] 侯金香. 解读新化快印产业演进史[J]. 数字印刷, 2015（8）: 25-33.

[320] 湖南省人民政府发展研究中心调研组. 小产业推动新化文印产业回乡发展对策研究[M]//谈文胜, 唐宇文, 蔡建河. 新机遇 新使命 新作为: 2020年湖南发展研究报告. 北京: 社会科学文献出版社, 2020: 45-50.

[321] 王冠. 网络社会的流动空间集聚与扩散[J]. 人文杂志, 2013（3）: 111-115.

[322] MARCIŃCZAK S, VAN DER VELDE M. Drifting in a global space of textile flows: apparel bazaars in poland's lódź region[J]. European Planning Studies, 2008, 16（7）: 911-923.

[323] 于潇, 李袁园, 雷峻一. 我国省际人口迁移及其对区域经济发展的影响分析——"五普"和"六普"的比较[J]. 人口学刊, 2013, 35（3）: 5-14.

[324] 刘晏伶, 冯健. 中国人口迁移特征及其影响因素——基于第六次人口普查数据的分析[J]. 人文地理, 2014, 29（2）: 129-137.

[325] 刘望保, 汪丽娜, 陈忠暖. 中国省际人口迁移流场及其空间差异[J]. 经济地理, 2012, 32（2）: 8-13.

[326] 刘涛, 齐元静, 曹广忠. 中国流动人口空间格局演变机制及城镇化效应——基于2000和2010年人口普查分县数据的分析[J]. 地理学报, 2015, 70（4）: 567-581.

[327] 张耀军, 岑俏. 中国人口空间流动格局与省际流动影响因素研究[J]. 人口研究, 2014, 38（5）: 54-71.

[328] 李扬, 刘慧, 汤青. 1985—2010年中国省际人口迁移时空格局特征[J]. 地理研究, 2015, 34（6）: 1135-1148.

[329] 杨传开, 宁越敏. 中国省际人口迁移格局演变及其对城镇化发展的影响[J]. 地理研究, 2015, 34（8）: 1492-1506.

[330] 王桂新, 潘泽瀚. 我国流动人口的空间分布及其影响因素——基于第六次人口普查资料的分析[J]. 现代城市研究, 2013, 28（3）: 4-11, 32.

[331] 闫庆武, 卞正富. 基于GIS的中国省际人口迁移流的空间特征分析[J]. 人文地理, 2015, 30（3）: 125-129.

[332] 王国霞, 秦志琴, 程丽琳. 20世纪末中国迁移人口空间分布格局——基于城市的视角[J]. 地理科学, 2012, 32（3）: 273-281.

[333] 肖宝玉, 朱宇. 福建省城镇流动人口的空间分异格局——基于六普数据的分析[J]. 人文地理, 2014, 29（4）: 85-91.

[334] 苏昌贵. 湖南省未来人口预测与发展趋势分析[J]. 经济地理, 2014, 34（7）: 20-27.

[335] HALL P, PFEIFFER U. Urban future 21: a global agenda for twenty-first century cities[M]. London:Routledge, 2000.

[336] CARLEY M , TRUST J R M. Housing and neighbourhood renewal : Britain's new urban challenge[M].[S.l.:s.n.],1990.

[337] 谢恒, 刘平宇. 从经济学角度透视"邵东现象"中的商品大市场[J]. 江苏商论, 2006（6）: 26-28.

[338] 刘珍江. 邵东民营经济发展模式的转型与创新研究[D].长沙：湖南大学, 2008.

[339] 湖南省财政厅. 桃源县产业战略助推县域经济蝶变腾飞[EB/OL].（2014-04-22）[2024-06-06].http://czt.hunan.gov.cn/czt/xxgk/dfcz/cd/201404/t20140422_2775074.html.

[340] LUCY W H, PHILLIPS D L. Confronting suburban decline: strategic planning for

metropolitan renewal[M].[S.l.]:Island Press, 2000.

[341] 中华人民共和国自然资源部. 自然资源部办公厅关于印发《省级国土空间规划编制指南》（试行）的通知[EB/OL]. （2020-01-17）[2024-06-06].http://gi.mnr.gov.cn/202001/t20200120_2498397.html.

[342] 余云州, 王朝宇, 陈川. 新时代省级国土空间规划的特性与构建——基于广东省的实践探索[J]. 城市规划, 2020, 44（11）: 23-29,37.

[343] 中华人民共和国自然资源部. 自然资源部办公厅关于印发《市级国土空间总体规划编制指南（试行）》的通知[EB/OL]. （2020-09-22）[2024-06-06].http://gi.mnr.gov.cn/202009/t20200924_2561550.html.

[344] 中华人民共和国中央人民政府. 中共中央 国务院印发关于建立国土空间规划体系并监督实施的若干意见[EB/OL]. （2019-05-23）[2024-06-06]. http://www.gov.cn/zhengce/2019-05/23/content_5394187.htm.

[345] 自然资源标准化信息服务平台. 《国土空间规划城市设计指南》行业标准（征求意见稿）公开征求意见[EB/OL]. （2020-10-29）[2024-06-06]. http://www.nrsis.org.cn/seekPublicAdvice/pagePublishAdviceStdList/10000500.

[346] 钱芳芳. "收缩城市"理论视角下的湖南省城镇化发展新趋势研究[D].长沙: 湖南大学, 2017.

[347] 金萍, 喻瑶, 段建南,等. 冷水江市农村非农建设闲置土地研究[J]. 湖南农业科学, 2010（18）: 43-45.

[348] DUANY A. Introduction to the special issue: the transect[J]. Journal of Urban Design, 2002, 7（3）: 251-260.

[349] Grass Valley.Development code applicability[EB/OL].https://library.municode.com/ca/grass_valley/codes/code_of_ordinances?nodeId=TIT17DECO_ART1DECOAP_CH17.12ZOMAZO.

[350] Anon. Miami 21 code[EB/OL]. https://formbasedcodes.org/codes/miami-21/.

[351] 徐进勇, 李箭飞. 基于人居环境分类理念的规划控制方法探索——"断面图"和"聪明规则"在清远市广清大道城市设计中的运用[J]. 规划师, 2010, 26（5）:

55-60.

[352] 戚冬瑾, 周剑云, 赵睿. 横断面规划思想在城市更新中的应用——以广州新中轴南段城市更新方案为例[J]. 城市规划, 2019, 43（10）: 67-79.

[353] DAVIES A, OLIVER B. Life within and life of a mining town: the historical geography of Western Australia's first iron ore town[J]. Australian Geographer, 2018, 49（1）: 25-40.

[354] 王国霞, 刘婷. 中部地区资源型城市城市化与生态环境动态耦合关系[J]. 中国人口·资源与环境, 2017, 27（7）: 80-88.

[355] UNDERWOOD J G, FRANCIS J, GERBER L R. Incorporating biodiversity conservation and recreational wildlife values into smart growth land use planning[J]. Landscape and Urban Planning, 2011, 100（1-2）: 136-143.

[356] 刘辉, 张志赟, 税伟, 等. 资源枯竭型城市增长边界划定研究——以淮北市为例[J]. 自然资源学报, 2017, 32（3）: 391-405.

[357] 王振波, 张蔷, 张晓瑞, 等. 基于资源环境承载力的合肥市增长边界划定[J]. 地理研究, 2013, 32（12）: 2302-2311.

[358] BARBOUR E, DEAKIN E A. Smart growth planning for climate protection: evaluating California's senate bill 375[J]. Journal of the American Planning Association, 2012, 78（1）: 70-86.

[359] 魏璐瑶, 陈晓红. 基于精明发展的城市绩效与生态环境耦合研究——以哈长城市群为例[J]. 地理科学, 2017, 37（7）: 1032-1039.

[360] DEILAMI K, KAMRUZZAMAN M. Modelling the urban heat island effect of smart growth policy scenarios in Brisbane[J]. Land Use Policy, 2017, 64: 38-55.

[361] 王振山, 张绍良, 陈浮, 等. 中国城市土地集约与生态利用协同度测度——以31个省会城市为例[J]. 城市问题, 2015（11）: 38-44.

[362] 衣霄翔, 赵天宇, 吴彦锋, 等. "危机"抑或"契机"？——应对收缩城市空置问题的国际经验研究[J]. 城市规划学刊, 2020（2）: 95-101.

[363] WALKER C, COLTON FLYNN K, OVANDO-MONTEJO G, et al. Does demolition

improve biodiversity? Linking urban green space and socioeconomic characteristics to avian richness in a shrinking city[J]. Urban Ecosystems, 2017, 20（6）: 1191-1202.

[364] RILEY C, PERRY K, ARD K, et al. Asset or liability? Ecological and sociological tradeoffs of urban spontaneous vegetation on vacant land in shrinking cities[J]. Sustainability, 2018, 10（7）:2139.

[365] 管雯君, 杨传勇. 自然资源部统筹下的新型地理设计思路探索[J]. 规划师, 2018, 34（12）: 68-72.

[366] 马劲武. 地理设计简述:概念、框架及实例[J]. 风景园林, 2013（1）: 26-32.

[367] HALMY M W A. Assessing the impact of anthropogenic activities on the ecological quality of arid Mediterranean ecosystems（case study from the northwestern coast of Egypt）[J]. Ecological Indicators, 2019, 101（1）: 992-1003.

[368] 宁琦, 朱梓铭, 覃盟琳, 等. 基于MSPA和电路理论的南宁市国土空间生态网络优化研究[J]. 广西大学学报（自然科学版）, 2021, 46（2）: 306-318.

[369] 尹海伟, 孔繁花, 祈毅, 等. 湖南省城市群生态网络构建与优化[J]. 生态学报, 2011, 31（10）: 2863-2874.

[370] 尹海伟, 孔繁花. 城市与区域规划空间分析实验教程[M]. 南京:东南大学出版社, 2018.

[371] 方莹, 王静, 黄隆杨, 等. 基于生态安全格局的国土空间生态保护修复关键区域诊断与识别——以烟台市为例[J]. 自然资源学报, 2020, 35（1）: 190-203.

[372] 王回茴, 李汉廷, 谢苗苗, 等. 资源型城市工矿用地系统修复的生态安全格局构建[J]. 自然资源学报, 2020, 35（1）: 162-173.

[373] 彭建, 郭小楠, 胡熠娜, 等. 基于地质灾害敏感性的山地生态安全格局构建——以云南省玉溪市为例[J]. 应用生态学报, 2017, 28（2）: 627-635.

[374] 周恺, 戴燕归, 涂婳. 收缩城市的形态控制：断面模型与精明收缩的耦合框架[J]. 国际城市规划, 2020, 35（2）: 20-28.

[375] NYE D E. American Technological Sublime[M]. Cambridge： MIT Press, 1996.

[376] 中华人民共和国国家发展和改革委员会. 国家发展改革委关于印发《2019年新

型城镇化建设重点任务》的通知[EB/OL].（2019-03-31）[2024-06-06]. https://www.ndrc.gov.cn/xxgk/zcfb/tz/201904/t20190408_962418.html .

[377] 中华人民共和国国家发展和改革委员会. 国家发展改革委关于印发《2020年新型城镇化建设和城乡融合发展重点任务》的通知[EB/OL].（2020-04-03）[2024-06-06]. https://www.ndrc.gov.cn/xxgk/zcfb/tz/202004/t20200409_1225431.html.

[378] 中华人民共和国自然资源部. 市县国土空间总体规划编制指南（征求意见稿）[Z]. 2019.

[379] MARTINEZ-FERNANDEZ M C, WU C-T. Shrinking cities in Australia[C]//3rd State of Australian Cities National Conference.2007.

[380] CHEN S X, DING R Z. Urban shrinkage and the identification of China's shrinking cities. A study based on semi-industrialized semi-urbanized structure[J]. Problemy Ekorozwoju, 2018, 13（1）：185-195.

[381] FRIEDMANN J. Regional development policy：a case study of Venezuela[M]. Cambridge：MIT Press，1966.

[382] 张洁, 郭城. 德国针对收缩城市的研究及策略:以莱比锡为例[J]. 现代城市研究, 2016（2）：11-16.

[383] FRIESECKE F. Revitalization of urban areas through business improvement districts（BIDs）—trends and expectations for shrinking cities[C]// 5th FIG Regional Conference-Promoting Land Administration and Good Governance. 2006.

[384] BONTJE M. Facing the challenge of shrinking cities in East Germany: the case of Leipzig[J]. GeoJournal, 2004, 61（1）：13-21.

[385] GANNING J P. Arts stability and growth amid redevelopment in U.S. shrinking cities'downtowns: a case study[J]. Economic Development Quarterly, 2016, 30（3）：239-251.

[386] MCCARTHY J. Regeneration of cultural quarters: public art for place image or place identity?[J]. Journal of Urban Design, 2006, 11（2）：243-262.

[387] STEVENS Q. Creative milieux: how urban design nurtures creative clusters[J].

Journal of Urban Design, 2015, 20（1）:1-7.

[388] 黄玮婷. 英国城市收缩现象的经验及启示[J]. 规划师, 2014, 30（S5）: 205-209.

[389] ORTIZ-MOYA F. Coping with shrinkage: rebranding post-industrial Manchester[J]. Sustainable Cities and Society, 2015, 15: 33-41.

[390] 李翔, 陈可石, 郭新. 增长主义价值观转变背景下的收缩城市复兴策略比较——以美国与德国为例[J]. 国际城市规划, 2015, 30（2）: 81-86.

[391] SCHILLING J. Buffalo as the nation's first living laboratory for reclaiming vacant properties[M]//RUGARE S, SCHWARZ T. Cities growing smaller Kent State Cleveland urban design collaborative. 2008: 32-44.

[392] 杜志威, 金利霞, 张虹鸥. 精明收缩理念下城市空置问题的规划响应与启示——基于德国、美国和日本的比较[J]. 国际城市规划, 2020, 35（2）: 29-37.

[393] 高舒琦. 精明收缩理念在美国锈带地区规划实践中的新进展: 扬斯敦市社区行动规划研究[J]. 国际城市规划, 2020, 35（2）: 38-46.

[394] RADZIMSKI A. Changing policy responses to shrinkage: the case of dealing with housing vacancies in Eastern Germany[J]. Cities, 2016, 50: 197-205.

[395] NÉMETH J, HOLLANDER J B, WHITEMAN E D, et al. Planning with justice in mind in a shrinking Baltimore[J]. Journal of Urban Affairs, 2018, 42（3）: 1-20.

[396] PRADA-TRIGO J. Local strategies and networks as keys for reversing urban shrinkage: challenges and responses in two medium-size Spanish cities[J]. Norsk Geografisk Tidsskrift, 2014, 68（4）: 238-247.

[397] RYAN B D. Rightsizing shrinking cities: the urban design dimension[M]//DEWAR M, THOMAS J M. The city after abandonment. Philadelphia: University of Pennsylvania Press, 2012: 268-288.

[398] City of Youngstown. Youngstown 2010[Z/OL]. https://youngstownohio.gov/sites/default/files/Ytown2010_chapter6.pdf.

[399] 张京祥, 夏天慈. 治理现代化目标下国家空间规划体系的变迁与重构[J]. 自然资源学报, 2019, 34（10）: 2040-2050.

插图索引

图1-1　城市收缩研究案例 ……………………………………………………… 009
图1-2　城市收缩因果循环反馈机制 …………………………………………… 014
图1-3　收缩城市研究的理论框架 ……………………………………………… 025
图2-1　2000—2014年深圳人口和经济增速变化 ……………………………… 035
图2-2　1995—2013年阜新市人口和经济增速变化 …………………………… 038
图3-1　地级城市行政区划示意图 ……………………………………………… 050
图4-1　城市增长与收缩的生命周期模型 ……………………………………… 063
图4-2　城市增长与收缩的启发式模型 ………………………………………… 064
图4-3　城市增长与收缩的政治经济模型 ……………………………………… 065
图4-4　收缩城市斯普林菲尔德市中心的儿童雕塑广场 ……………………… 077
图5-1　国家、区域、地方协同下的收缩城市多层级治理模型 ……………… 097
图6-1　城市-乡村断面模型 ……………………………………………………… 102
图6-2　断面模型与精明收缩的耦合关系 ……………………………………… 104
图6-3　基于断面模型的精明收缩与精明增长形态管控技术路径 …………… 106
图6-4　区域和城市尺度下的城市形态控制 …………………………………… 107
图6-5　收缩城市底特律的空置住房 …………………………………………… 112
图6-6　收缩城市底特律的空置土地 …………………………………………… 112
图6-7　底特律土地利用开发类型矩阵（部分摘录） ………………………… 113
图6-8　弗林特强度轮模型（部分摘录） ……………………………………… 114

图7-1	新化县区位和常住人口密度变化	125
图7-2	洋溪镇近十年产业空间和城镇空间的新变化	127
图7-3	洋溪镇的活力阶段演化	128
图8-1	湖南省2000年、2010年、2020年人口年龄分布	139
图8-2	湖南省各地州市2000年、2010年、2020年常住人口与户籍人口规模差值	140
图8-3	2010年湖南省各地州市流动人口户籍登记地	140
图8-4	2010—2020年湖南省及各地州市人口变化情况	141
图8-5	湖南省2000—2021年人口自然增长率变化趋势	143
图8-6	湖南省常住人口发展的总体趋势预测	143
图8-7	2001—2017年湖南省各地州市国有建设用地供应规模（单位：ha）	146
图8-8	2014年、2015年湖南省国有建设用地供应计划	147
图8-9	2000年、2010年湖南省县市常住/户籍人口数量统计（按2010年常住人口数量排序）	148
图8-10	2000—2010年湖南省各县（市、区）常住人口密度增长/收缩变化	149
图8-11	2010—2020年湖南省各县（市、区）常住人口密度增长/收缩变化	150
图8-12	2000—2020年湖南省各县市区常住人口密度变化轨迹	151
图8-13	2000—2010年与2010—2020年湖南省各县（市、区）劳动力变化趋势	153
图8-14	湖南省县市区劳动力变化、GDP增长和城镇化发展水平的交叉分析	155
图9-1	邵东市区位	165
图9-2	邵东市市域常住人口变化（2000年、2010—2020年）	166
图9-3	邵东市乡镇街道尺度下常住人口变化情况（2000—2010年、2010—2020年）	167
图9-4	邵东工业品市场	168
图9-5	邵东商贸业向电子商务转型	170
图9-6	邵东市的收缩治理政策框架	172
图9-7	桃源县区位	173
图9-8	桃源县域常住人口变化（2000年、2010—2020年）	174

图9-9	桃源县乡镇街道尺度下常住人口收缩的时空特征（2000—2010年、2010—2020年）	175
图9-10	桃源县的收缩治理政策框架	179
图9-11	冷水江市区位	180
图9-12	冷水江市域常住人口变化（2000年、2010—2020年）	181
图9-13	冷水江市乡镇街道尺度下常住人口收缩的时空特征（2000—2010年、2010—2020年）	182
图9-14	冷水江锡矿山的城镇风貌	183
图9-15	冷水江锡矿山的生态修复工程	184
图9-16	冷水江市的收缩治理政策框架	186
图10-1	冷水江市中心城区边界调整（模拟）示意图	200
图10-2	调整用地（模拟）示意图	201
图10-3	邵东工业品市场的空置情况	202
图10-4	邵东工业品市场基于空间活力复兴的调整策略示意图	204
图10-5	街道改造示意图	206
图10-6	多元功能空间示意图	206
图11-1	断面模型序列构建流程图	213
图11-2	从T1到T6生态区取样	215
图11-3	典型建筑的形态、高度及区位关系	216
图11-4	冷水江市的断面模型序列图	216
图11-5	所选取的两个项目的区位与肌底现状	223
图11-6	城中村与周边地区形态的关系	224
图11-7	城中村的形态管控路径模拟	225
图11-8	城郊工业厂房与邻近地区形态的关系	226
图11-9	城郊工业厂房的形态管控路径模拟	227
图12-1	冷水江市锡矿山街道区位	231
图12-2	"四类人、六模型、三循环"技术路线	233
图12-3	生态源地识别与阻力面构建	239

图12-4　生态廊道相对重要性及空间走向 240

图12-5　近期障碍点节点修复的土地再利用效果 241

图12-6　中期障碍点节点修复的土地再利用效果 241

图12-7　远期障碍点节点修复的土地再利用效果（示意） 243

图12-8　障碍点清除前后功能性廊道的变化比较 244

图13-1　区域收缩的空间模式 252

图13-2　城市收缩的空间模式 253

图13-3　区域增长-收缩形态演化规律 254

图13-4　城市增长-收缩形态演化规律 254

图13-5　市县级国土空间总体规划下的收缩与复兴空间优化策略及形态调整
　　　　措施 259

表格索引

表1-1	城市收缩动因及作用方式	011
表1-2	城市收缩对策分类	019
表1-3	地方政府应对收缩的战略原则和政策对策案例	021
表2-1	紧凑城市和收缩城市对比	034
表2-2	《深圳市城市总体规划（2010—2020年）》编制关键事件	036
表2-3	阜新市经济转型发展历程	038
表4-1	中东欧前社会主义国家收缩城市案例和收缩应对总结	071
表4-2	各国收缩城市协同治理政策的形成、执行和监管	074
表5-1	案例城市的人口收缩情况（1970—2010年）	086
表5-2	案例城市的治理主体	087
表5-3	案例城市的治理结构	087
表5-4	案例研究对比分析	094
表6-1	收缩城市的形态控制案例	111
表6-2	布法罗尼亚加拉大都市区的不同场所类型	116
表6-3	邻里建筑类型	117
表8-1	2010—2020年湖南省人口分布与规模变化	142
表8-2	湖南省各地州市的人口发展规划	144
表8-3	2000—2010年湖南省县市区人口收缩、城镇化和经济增长交叉分析表	156
表8-4	湖南省县市区2010—2020年人口收缩、城镇化和经济增长交叉分析表	158

表8-5	湖南省及各地州市乡镇街道尺度下的常住人口密度收缩的空间自相关性检验	160
表9-1	桃源县工业集中区三大园区主导产业类型	178
表10-1	冷水江市城镇开发边界调整（模拟）前后用地平衡表	196
表11-1	冷水江市各生态区的基本特征与形态标准	217
表11-2	冷水江市各生态区的用途标准	219
表12-1	生态系统服务评估方法	234
表12-2	威胁因子属性表	235
表12-3	景观类型阻力赋值	236
表12-4	地形坡度阻力和高程阻力赋值	237
表13-1	区域收缩的空间模式	251
表13-2	城市收缩的空间模式	253